Cien libros, una vida

Antonio Martínez Asensio

Cien libros, una vida

AGUILAR

Papel certificado por el Forest Stewardship Council®

Primera edición: mayo de 2025
Primera reimpresión: junio de 2025

© 2025, Antonio Martínez Asensio
Autor representado por Silvia Bastos, S. L. Agencia literaria
© 2025, Penguin Random House Grupo Editorial, S. A. U.
Travessera de Gràcia, 47-49. 08021 Barcelona

Penguin Random House Grupo Editorial apoya la protección de la propiedad intelectual. La propiedad intelectual estimula la creatividad, defiende la diversidad en el ámbito de las ideas y el conocimiento, promueve la libre expresión y favorece una cultura viva. Gracias por comprar una edición autorizada de este libro y por respetar las leyes de propiedad intelectual al no reproducir ni distribuir ninguna parte de esta obra por ningún medio sin permiso. Al hacerlo está respaldando a los autores y permitiendo que PRHGE continúe publicando libros para todos los lectores. De conformidad con lo dispuesto en el artículo 67.3 del Real Decreto Ley 24/2021, de 2 de noviembre, PRHGE se reserva expresamente los derechos de reproducción y de uso de esta obra y de todos sus elementos mediante medios de lectura mecánica y otros medios adecuados a tal fin. Diríjase a CEDRO (Centro Español de Derechos Reprográficos, http://www.cedro.org) si necesita reproducir algún fragmento de esta obra. En caso de necesidad, contacte con: seguridadproductos@penguinrandomhouse.com

Printed in Spain – Impreso en España

ISBN: 978-84-03-52552-8
Depósito legal: B-4740-2025

Compuesto en Mirakel Studio, S. L. U.

Impreso en QP Print
Molins de Rei (Barcelona)

AG 2552A

Para mis hijos, Begoña, Pablo y María

Índice

Prólogo 13

Primera parte
Los clasicazos

1. *El conde de Montecristo* de Alexandre Dumas 19
2. *Bartleby, el escribiente* de Herman Melville 23
3. *El corazón de las tinieblas* de Joseph Conrad 27
4. *Marianela* de Benito Pérez Galdós 31
5. *La isla del tesoro* de Robert Louis Stevenson 35
6. *Drácula* de Bram Stoker 38
7. *Crimen y castigo* de Fiódor Dostoievski 42
8. *Orgullo y prejuicio* de Jane Austen 46
9. *Notre-Dame de París* de Victor Hugo 49
10. *El ingenioso hidalgo Don Quijote de la Mancha* de Miguel de Cervantes 53
11. *La dama de las camelias* de Alexandre Dumas (hijo) .. 56
12. *Peter y Wendy* de J. M. Barrie 61
13. *Cumbres Borrascosas* de Emily Brontë 65
14. *Los pazos de Ulloa* de Emilia Pardo Bazán 69
15. *Las aventuras de Alicia en el País de las Maravillas* de Lewis Carroll 73
16. *Los viajes de Gulliver* de Jonathan Swift 77
17. *Frankenstein o el moderno Prometeo* de Mary Shelley 82

18. *La Celestina* de Fernando de Rojas 85
19. *Mujercitas* de Louisa May Alcott 88
20. *Jane Eyre* de Charlotte Brontë 91
21. *Madame Bovary* de Gustave Flaubert 96
22. *La Regenta* de Leopoldo Alas «Clarín» 99
23. *Capitanes intrépidos* de Rudyard Kipling 104
24. *El retrato de Dorian Grey* de Oscar Wilde 108
25. *Odisea* de Homero 111

Segunda parte
Los clásicos modernos

26. *Cien años de soledad* de Gabriel García Márquez 117
27. *La invención de Morel* de Adolfo Bioy Casares 120
28. *El viejo y el mar* de Ernest Hemingway 123
29. *La peste* de Albert Camus 126
30. *Fahrenheit 451* de Ray Bradbury 129
31. *La familia de Pascual Duarte* de Camilo José Cela 133
32. *La señora Dalloway* de Virginia Woolf 136
33. *El gran Gatsby* de Francis Scott Fitzgerald 140
34. *La forja de un rebelde* de Arturo Barea 143
35. *La transformación* de Franz Kafka 147
36. *El amante de lady Chatterley* de D. H. Lawrence 151
37. *El Gatopardo* de Giuseppe Tomasi di Lampedusa 155
38. *Réquiem por un campesino español*
    de Ramón J. Sender 159
39. *Lolita* de Vladimir Nabokov 162
40. *Luces de bohemia* de Ramón María del Valle-Inclán ... 166
41. *El túnel* de Ernesto Sabato 170
42. *A sangre fría* de Truman Capote 174
43. *El camino* de Miguel Delibes 177
44. *Nada* de Carmen Laforet 181
45. *Solaris* de Stanisław Lem 185
46. *Demian* de Hermann Hesse 189

47. *Colmillo Blanco* de Jack London... 193
48. *La perla* de John Steinbeck.. 196
49. *1984* de George Orwell 200
50. *La muerte en Venecia* de Thomas Mann........................... 204

Tercera parte
Serán clásicos

51. *Stoner* de John Williams 211
52. *Corazón tan blanco* de Javier Marías 215
53. *Soldados de Salamina* de Javier Cercas 218
54. *La caverna* de José Saramago.. 221
55. *Últimas tardes con Teresa* de Juan Marsé...................... 224
56. *La vida ante sí* de Romain Gary.. 228
57. *La carretera* de Cormac McCarthy................................... 232
58. *Desgracia* de J. M. Coetzee 236
59. *La fiesta del chivo* de Mario Vargas Llosa 240
60. *Veinticuatro horas en la vida de una mujer*
    de Stefan Zweig 243
61. *Entre visillos* de Carmen Martín Gaite............................ 247
62. *Memorias de Adriano* de Marguerite Yourcenar.......... 250
63. *Los girasoles ciegos* de Alberto Méndez 253
64. *Sostiene Pereira* de Antonio Tabucchi............................. 256
65. *Primera memoria* de Ana María Matute 259
66. *La insoportable levedad del ser* de Milan Kundera...... 262
67. *El barón rampante* de Italo Calvino................................. 266
68. *El señor de las moscas* de William Golding................... 270
69. *El desierto de los tártaros* de Dino Buzzati................... 274
70. *La plaza del Diamante* de Mercè Rodoreda................... 277
71. *Buenos días, tristeza* de Françoise Sagan....................... 281
72. *El coleccionista* de John Fowles.. 285
73. *Claus y Lucas* de Agota Kristof 288
74. *A sangre y fuego* de Manuel Chaves Nogales................ 291
75. *Soy leyenda* de Richard Matheson.................................... 294

Cuarta parte
Mis lecturas más personales

76. *Mentira* de Enrique de Hériz 299
77. *Ataduras* de Doménico Starnone 302
78. *Hotel Vivir* de Fernando Beltrán 305
79. *Libro de réquiems* de Mauricio Wiesenthal 309
80. *La ridícula idea de no volver a verte* de Rosa Montero 311
81. *Los seres felices* de Marcos Giralt Torrente 315
82. *El comprador de aniversarios* de Adolfo García Ortega 318
83. *La conquista del aire* de Belén Gopegui 321
84. *Brooklyn Follies* de Paul Auster 324
85. *Beatus ille* de Antonio Muñoz Molina 327
86. *La hija del comunista* de Aroa Moreno Durán 330
87. *Velázquez desaparecido* de Laura Cumming 333
88. *El lápiz del carpintero* de Manuel Rivas 336
89. *El soldado de porcelana* de Horacio Vázquez-Rial 339
90. *El olvido que seremos* de Héctor Abad Faciolince 342
91. *La escritura o la vida* de Jorge Semprún 345
92. *Los rojos de ultramar* de Jordi Soler 348
93. *Crónica de la mucha muerte* de Javier Fernández de Castro 351
94. *Cuentos completos* de Jorge Luis Borges 354
95. *El sur* de Adelaida García Morales 357
96. *El corazón helado* de Almudena Grandes 361
97. *El festín de Babette* de Isak Dinesen 364
98. *Oso* de Marian Engel 368
99. *El Domingo de las Madres* de Graham Swift 372
100. *Mr Gwyn* de Alessandro Baricco 376

Agradecimientos 381

Prólogo

Contar todos los libros que me han marcado sería como escribir una autobiografía porque siempre, desde que tengo uso de razón, me ha acompañado un libro. Leer ha sido lo que más me ha gustado en mi vida. Ha sido mi pasión, mi diversión y también mi terapia, mi educación y mi refugio. Pero lo segundo que más me ha gustado ha sido hablar de libros, contarlo. Mi familia y mis amigos lo saben (y lo sufren). Creo que no hay nada tan divertido como contar un libro, como explicar a los demás por qué te ha gustado, y nada tan placentero como que te digan después que lo han leído y les ha encantado.

Compartir lecturas, compartir la pasión por leer y por los libros, es una de las cosas que más me seduce en la vida. Para mí sería imposible tener una pareja con la que no compartiera libros ni pasiones lectoras, impensable que no leyera. No hay nada mejor que leer juntos, leer por encima de su hombro incluso, hablar luego de lo leído, emocionarse recordándolo. Nada como buscar sus marcas en los libros que te deja, saber que se leerá libros subrayados y anotados por ti, porque de alguna forma, leer los libros de otro es conocerle mucho mejor. Es aprender a quererle.

Pero es que yo, además, he tenido la suerte de poder hablar de libros profesionalmente, en la radio desde hace muchos años, y por escrito cuando he tenido la oportunidad. Empecé en Onda Cero y he llegado a la Ser, donde he cumplido (y sigo cumpliendo) mis sueños. El 29 de junio de 2019 se emitió en la Cadena Ser el primer programa de *Un libro una hora*. Fue «Madame Bovary». Y desde entonces llevamos casi trescientos capítulos. Es maravilloso enfrentarse cada semana a una adaptación de un clásico de la literatura y preguntarse cómo contarlo, qué contar, y tratar de transmitir las mismas emociones que el libro, pero en 55 minutos. Yo, lo único que no quería era que el programa se convirtiera en un sustituto de la lectura y creo, humildemente, que lo hemos conseguido. Los mensajes que cada semana nos envían nuestros oyentes nos dicen que muchos de ellos se lanzan a comprar el libro después de escucharnos. Maravilloso.

Además, tengo la suerte de hacer cada semana la sección de libros del programa *Hoy por hoy*, que se llama «La biblioteca», con Àngels Barceló y con Pepe Rubio. Así he tenido la oportunidad de entrevistar a muchos de los autores que admiro y confieso que, a veces, aún me pongo nervioso cuando hablo con ellos. Desde hace poco, además, escribo todos los meses en *Zenda* un artículo de una serie que hemos llamado «Sopa de libros». Soy un hombre afortunado, porque me relaciono con autores maravillosos y porque me pagan por leer y contarlo.

Hablar de libros, transmitir mi pasión por ellos, es lo que he pretendido hacer en este libro que, por supuesto, no es un libro de crítica, sino un recorrido por los libros que han sido importantes para mí, y que son importantes en general. Y he intentado explicar por qué deberían leérselos y por qué fueron importantes para mí.

En la primera parte he seleccionado veinticinco libros que son, sin duda, clásicos: los «clasicazos». Ahí está desde *El ingenioso hidalgo don Quijote de la Mancha* hasta la *Odisea*, *El conde de Montecristo* o *Madame Bovary*. Son todos anteriores a 1900 menos *Peter y Wendy*, que es de 1904.

La segunda parte son veinticinco libros que son clásicos modernos. Está *Cien años de soledad*, o *El viejo y el mar*, como está *Nada* o *1984*, que nadie duda que ya son clásicos.

En la tercera parte, en cambio, están veinticinco libros que yo creo que serán clásicos en el futuro, como *Stoner*, *Corazón tan blanco* o *La caverna*.

Por último, en la cuarta parte están veinticinco libros que han sido fundamentales en mi vida, que me han marcado, que me han abrigado, que me han cambiado. Y ahí hay libros muy variados, muy diferentes.

Hay una cosa importante que tengo que aclarar en la elección de estos cien libros. Y es que solo hay un libro de cada autor. Podría haber metido en la lista varios libros de Galdós, podría haber metido *Moby Dick* de Melville, pero ya estaba *Bartleby, el escribiente*, podría haber metido tres o cuatro de Saramago, de Vargas Llosa o de Gabriel García Márquez, como podría haber metido muchos de Marsé, de Almudena Grandes, o de Zweig, pero solo hay un título de cada autor.

Además, hay ausencias terribles. No hay nada de Faulkner, no está *Pedro Páramo*, no hay nada de Bolaño ni de Cortázar. Cada uno echará de menos uno, pero es que cien libros son muy pocos. Se han quedado fuera libros que han sido esenciales para mí, como *El río de la luna* de José María Guelbenzu o *La náusea* de Sartre, incluso algunos de Karl Ove Knausgard, o *Un buen chico* de Javier Gutiérrez. Hay tantos... Habrá que pedirle a David Trías que me encargue una segunda parte.

Pero ya está bien de excusas. Los cien libros que están son esenciales y no creo que haya dudas respecto a ninguno de ellos.

Escribir *Cien libros, una vida* ha sido un viajazo. Creo que es un libro que se puede leer de principio a fin, en orden, o que se puede abrir por cualquier capítulo y avanzar en la dirección que se quiera. No hay una historia que recorre los capítulos, aunque hay casi siempre referencias personales cuando explico por qué ha sido importante cada libro para mí.

Aquí está mi vida. En las líneas de cada libro y entre las líneas. En las emociones de cada lectura, en los aprendizajes. En cada uno de los cien títulos. Espero que lo disfruten, que lo compartan, que les divierta pero, sobre todo, espero que se lancen a leer los libros que no conozcan o que relean.

Hay que leer. Hoy, tal vez, más que nunca.

PRIMERA PARTE

Los clasicazos

1

El conde de Montecristo
de Alexandre Dumas

El conde de Montecristo fue el libro que me hizo sentir que lo único que quería hacer en mi vida era leer. Tenía catorce años, pero recuerdo todavía esa sensación, ese placer, la plenitud que solo se puede sentir cuando terminas una bella historia magníficamente contada, esa droga que te hace preguntarte de inmediato qué vas a leer después. Recuerdo la sensación de avanzar y de perderme en sus páginas, de agotarme y de querer continuar.

He vuelto a leer la novela de Dumas mucho tiempo después, para preparar los dos programas que le dedicamos en *Un libro una hora* y volví a sentir esa misma emoción. Tuvimos que hacer dos programas porque no nos cabía todo en una hora, así que decidimos contar en la primera parte la traición y el encarcelamiento, y en la segunda, la venganza. En mi cabeza recordaba que más o menos era la mitad cada parte, pero al leerla por segunda vez me di cuenta de que de sus mil doscientas páginas, la traición ocupaba solo trescientas y el resto era la venganza. Y tiene sentido, porque es la venganza más elaborada, pensada, justificada y sufrida de la historia de la literatura.

La novela comienza con una frase que contiene muchas de las cosas importantes en el argumento de *El conde de Montecristo*:

> El 24 de febrero de 1815, el vigía de Nuestra Señora de la Guarda dio la señal de que se hallaba a la vista el bergantín El

Faraón procedente de Esmirna, Trieste y Nápoles. Como suele hacerse en tales casos, salió inmediatamente en su busca un práctico, que pasó por delante del castillo de If y subió a bordo del buque entre la isla de Rión y el cabo Mongión.

Contiene el barco que trae de vuelta a Edmundo Dantés, y que es el origen de las envidias de uno de sus enemigos, Danglars, que pretende ser el nuevo capitán cuando se jubile el actual, y no va a permitir que sea Edmundo Dantés quien se haga con el cargo. Contiene la vuelta, porque eso mismo es lo que no soporta Fernando, enamorado de Mercedes, la novia de Edmundo Dantés, que quiere que Edmundo desaparezca para que sea él quien se case con Mercedes. Y esta primera frase contiene también la isla de If, donde encerrarán a Edmundo Dantés.

Entre Danglars y Fernando denuncian a Edmundo Dantés, con una carta «anónima», por hacer de correo entre Napoleón, exiliado, y la junta bonapartista de París. Esa carta existe de verdad, aunque Dantés no conoce el contenido y solo sabe que va dirigida al señor Noirtier. Pero la mala suerte hace que el procurador del rey que lleva el caso de Edmundo Dantés, el señor de Villefort, es el hijo de ese Noirtier a quien iba dirigida la carta del emperador. Villefort decide enterrar a Dantés en la isla de If, sin juicio, antes que correr el riesgo de que nadie sepa el destinatario de esa carta o puedan acusarle a él de bonapartista. Maldad y mala suerte. Una terrible combinación.

Sería muy complicado señalar los momentos estelares de esta novela, porque son muchos. La novela está llena de escenas inolvidables. Pero yo recuerdo con pasión el momento en el que Edmundo Dantés, encerrado en una celda inmunda de la cárcel de la isla de If, aislado del mundo, descubre que en la celda de al lado hay otra persona, con la que consigue comunicarse, y su lucha, luego, por llegar hasta la otra celda.

Y así conoce a uno de los grandes personajazos de la literatura universal, el abate Farias, un hombre de una cultura impresionante que enseña todo lo que sabe a Edmundo Dantés. Tienen todo el tiempo por delante (por desgracia) y Dantés lo aprovecha muy bien. Y para colmo, el abate Farias tiene, además, un secreto. Conoce la ubicación del mayor tesoro que se haya conocido, en la gruta de la isla de Montecristo. La forma en la que Dantés sale de la isla es antológica también:

> Dantés se sintió lanzado al mismo tiempo a un inmenso vado, hendiendo los aires como un pájaro herido de muerte, y bajando, bajando a una velocidad que le helaba el corazón. Aunque le atraía hacia abajo una cosa pesadísima que precipitaba su rápido vuelo, parecióle como si aquella caída durase un siglo, hasta que, por último, con un ruido espantable, se hundió en un agua helada que le hizo exhalar un grito, ahogado en el mismo instante de sumergirse. Edmundo había sido arrojado al mar con una bala de a treinta y seis atada a sus pies. El cementerio del castillo de If era el mar.

La segunda parte es un ejercicio brutal de construcción de un personaje. Edmundo Dantés reaparece bajo el nombre del conde de Montecristo, y el lector es el único que lo sabe. El resto del mundo, el resto de los personajes, no sabe que está siendo manipulado, y destruido poco a poco en una venganza a la que no le importa el tiempo, que va armándose de una forma muy compleja pero perfecta y que llevará a cada uno de los enemigos de Dantés a la derrota.

Pero tal vez una de las cosas más interesantes de este personaje que construye Dumas es la forma en la que duda, según pasa el tiempo. Esa reflexión final sobre el bien y el mal, sobre la propia venganza, sobre la vida dedicada a devolver la afrenta, sobre el tiempo perdido. Y es que para Dumas, las apariencias esconden la realidad. Todos tienen secretos, el de Montecristo es doble, su pasado y su futuro, es decir, la misión que se ha impuesto. El secreto del resto de los personajes es el origen delictivo de su fortuna, el asesinato y la traición. Porque conocer el secreto equivale a tener el poder sobre los hombres. Montecristo conoce el secreto de sus enemigos, pero nunca revela el suyo.

Alexandre Dumas nació en 1802 y fue una figura dominante en la escena literaria del siglo XIX francés. *El conde de Montecristo* se terminó de escribir en 1844 y fue publicada en una serie de dieciocho entregas, como folletín, durante los dos años siguientes. Las novelas de Dumas nacen siempre de un acontecimiento cercano, de un encuentro fortuito: en el caso de *El conde de Montecristo* Dumas leyó «El diamante y la venganza», la historia de un joven obrero a punto de casarse que es denunciado por un amigo como agente de los ingleses. Dicen que el abate Faria existió de verdad, que la señora de Villefort está inspirada en la señora Lafarge, acusada de haber envenenado lentamente a su esposo, y que en esta novela reivindica a su padre, el general Dumas, héroe de la Revolución abandonado en las cárceles del reino de Nápoles. Su padre, el general Thomas-Alexandre Dumas, fue conocido como el Conde Negro. Nació en Haití en 1762, hijo de un aristócrata francés que se fue en busca de fortuna al Caribe y terminó arruinado. Su madre era la esclava negra Marie-Césette Dumas. Thomas-Alexandre fue vendido como esclavo por su padre, para poder obtener el dinero para ir a Francia, pero una vez recuperada su herencia, liberó a su hijo y se lo llevó a la metrópoli con catorce años. Allí Thomas-Alexandre recibió entrenamiento en la academia de esgrima de Versalles, convirtiéndose rápidamente en uno de los mejores espadachines del país. Fue el primer general mulato de un ejército occidental. Esta historia la cuenta maravillosamente Tom Reiss en su libro *El conde negro*.

El conde de Montecristo es una obra brutal que todo el mundo debería leer, por lo menos, una vez en la vida.

2

Bartleby, el escribiente
de Herman Melville

Bartleby, el escribiente es uno de los libros más especiales que me he leído. Tal vez porque no se parece a nada de lo que había leído cuando llegué a él (tal vez solo al extraordinario *Wakefield* de Nathaniel Hawthorne). La historia es sencilla: un escribiente entra a trabajar como copista en un despacho, y al principio es un hombre diligente, que hace bien su trabajo, aunque no se relaciona mucho con los demás, es triste y solitario y tiende a quedarse ensimismado. Pero de pronto un día, cuando el dueño del despacho (y narrador) le pide que haga una cosa, Bartleby se niega, con una frase que pasará a la historia de la literatura:

> Imaginen mi sorpresa —mejor dicho, mi consternación— cuando, sin moverse de su rincón, Bartleby, con una voz particularmente suave pero firme, contestó: «Preferiría no hacerlo». Me senté un rato en absoluto silencio, recuperando mis aturdidos sentidos. Se me ocurrió de inmediato que quizá mis oídos me habían engañado o que Bartleby había malinterpretado completamente lo que había querido decir. Reiteré mi requerimiento con el tono más claro que pude adoptar. Pero la misma respuesta surgió casi con la misma claridad: «Preferiría no hacerlo».

Bartleby, el escribiente puede ser, efectivamente, una historia sencilla y transparente, o un misterio sin resolución posible.

Es todo y es nada. Se publicó a finales de 1853 de forma serializada en la revista *Putnam's* y tres años después se reeditó en una versión corregida. Dicen que esta novela corta está íntimamente ligada al estado mental y profesional por el que atravesaba su autor, Herman Melville, tras el fracaso comercial de su colosal *Moby Dick*.

Herman Melville nació en Nueva York en 1819 y murió en 1891 sumido en el olvido y en la precariedad económica. *Bartleby, el escribiente* fue leída en 1853 como la prueba evidente de su declive y desvarío. Algunos han querido ver en el personaje de Bartleby a un *alter ego* de Melville, al copista deprimido que todo el rato se estaría preguntando si frente a la escritura ha de decantarse por la renuncia, o, quizá al contrario, por continuar. También se ha considerado que esta obra es precursora del existencialismo y de la literatura del absurdo. El caso es que desde su publicación su influencia ha sido muy poderosa. Albert Camus lo consideraba uno de sus referentes, Borges veía en él temas kafkianos y otros autores lo han comparado con la obra de Beckett. Pero es verdad que es casi imposible que te deje indiferente.

Italo Calvino dijo que un clásico es un libro que nunca termina de decir lo que tiene que decir y, por eso, en cada nueva lectura acabamos encontrando algo distinto. Puede ser una ácida parodia de los avances en materia de política laboral que se sucedieron en Nueva York a mediados del siglo XIX, o tal vez una reflexión sobre las consecuencias del aislamiento deshumanizador al que nos aboca el trabajo moderno, o una inmersión directa en la enfermedad mental, puede que un romance homosexual no sublimado, tal vez un código solo descifrable por iniciados en masonería, o un precursor del absurdismo kafkiano, el primer texto existencialista o un furioso alegato contra el determinismo de la modernidad.

El subtítulo de *Bartleby, el escribiente* es «una historia de Wall Street», y es curioso que precisamente, la obra de Melville haya sido concebida como un símbolo del movimiento Occupy Wall Street.

El filósofo esloveno Slavoj Žižek propuso «Preferiría no hacerlo» como lema oficial del movimiento. La fórmula «I would prefer not to» se ha impreso en playeras y carteles: el estado catatónico de Bartleby ha sido la inspiración para llevar a cabo acciones de resistencia de este movimiento. El 17 de septiembre de 2011 en la plaza de la Libertad, en pleno distrito financiero de Manhattan, el movimiento Occupy Wall Street exigió al gobierno más regulación y señalaba a los principales bancos y corporaciones norteamericanas y a la Bolsa de Nueva York como culpables de la crisis económica mundial. Bartleby sería el representante de todas las personas que viven el drama de repetir de forma compulsiva una actividad indeseada y carente de sentido. Y hasta pudo ser el primer trabajador despedido que ocupó Wall Street.

Porque en la novela de Melville ocurre que en un momento, Bartleby decide quedarse a dormir en el despacho. Un domingo por la mañana el abogado va a su oficina y cuando mete la llave en la cerradura nota cierta resistencia y alguien gira la llave desde dentro. Es Bartleby, en mangas de camisa y con una bata andrajosa, que le dice que está muy ocupado en ese momento y que prefiere no dejarle entrar. Y le sugiere que vuelva dentro de un rato. Y el abogado, que por supuesto podría haber hecho otra cosa, le hace caso y se va. Pero la situación es insostenible. Su jefe termina denunciándolo y le terminan metiendo en la cárcel. Es verdad que antes de que se lo lleven, su jefe le ofrece su propia casa para vivir. Le ofrece acogerlo, pero a eso Bartleby también se niega.

Hay una tristeza que lo impregna todo, hay una melancolía y un dejarse llevar que te va llenando mientras lees, como si no pudieras entender al escribiente, pero sintieras lo mismo que él, el absurdo de vivir, la dificultad de conectarse cada día, de repetir las mismas cosas:

> Como no tenía ningún cargo vergonzante y era una persona bastante sosegada e inofensiva en sus maneras, le permitieron andar libremente por toda la prisión y, en particular, por los patios

interiores de hierba. Así que allí lo encontré, de pie, solo, en el más tranquilo de los patios, con la cara vuelta hacia un muro de gran altura, mientras alrededor, desde las estrechas rendijas de las ventanas de la prisión, creí ver los ojos de asesinos y ladrones acechándolo.

Bartleby, el escribiente tiene, para mí, uno de los finales más emocionantes de la literatura. Y es que, aunque nadie sabe nada del escribiente, empieza a circular un rumor sobre él, que dice que Bartleby trabajó durante un tiempo en la Oficina de Cartas Muertas de la Oficina de Correos de Washington. La Dead Letter Office fue fundada en Estados Unidos en 1825, se encargaba de recoger y examinar el correo que, por diversas razones, no había podido ser entregado ni devuelto a su remitente. A finales del siglo XIX un cuarenta por ciento de esas cartas, tras una investigación, llegaba a su destinatario. El resto se destruía o se vendía como papel viejo:

¡Cartas muertas! ¿No les suena eso a cadáveres? Imaginen un hombre que, por naturaleza y por desgracia, es proclive a una exangüe desesperanza. Veamos, ¿existe otro trabajo más adecuado para acrecentar esta desesperanza que el de manipular continuamente esas cartas no reclamadas y clasificarlas para destruirlas en las llamas? Porque queman montones de ellas cada año. Algunas veces, entre el papel doblado, el pálido empleado encuentra un anillo —el dedo al que estaba destinado quizá esté descomponiéndose ya en su tumba— o un billete enviado con la más diligente de las caridades —aquel a quien iba a aliviar ya ha dejado de comer y no volverá a tener hambre—; el perdón para aquellos que murieron de desesperación; la ilusión para quienes sucumbieron por falta de confianza; buenas nuevas para los que, asfixiados por las continuas calamidades, fallecieron ya. Portadoras de mensajes de vida, estas cartas se precipitan a la muerte.
¡Ay, Bartleby! ¡Ay, humanidad!

3

El corazón de las tinieblas
de Joseph Conrad

Hay libros que cuando te los lees en la madurez haces una lectura totalmente distinta a la que hiciste en la juventud. A mí me ha pasado con dos, en especial. Uno de ellos es *Lolita* de Nabokov, de la que hablaremos luego, y otro es *El corazón de las tinieblas* de Conrad. Me lo leí cuando tenía, más o menos, dieciocho años, y aunque entendía cada una de las palabras no comprendí nada de lo que me estaba contando. Me sentí como si estuviera leyendo en un idioma recién aprendido. Es curioso, porque esto lo he hablado con mi amigo Fernando, un arquitecto sensible y culto, y me ha confesado que le pasó lo mismo. Y lo que es más, Juan Gabriel Vásquez, maravilloso escritor y traductor de *El corazón de las tinieblas*, también me contó que le había pasado los mismo.

Cuando lo volví a leer, casi cuarenta años después, hice una lectura absolutamente luminosa, y no solo lo he entendido, sino que me ha parecido una maravilla, y se me ha erizado la piel en cada fase de ese viaje, mientras Marlow se va desnudando de todo para adentrarse en la selva, mientras entiende de pronto el horror de nuestra civilización buscando a Kurtz. Se me pone la piel de gallina solo de contarlo. ¡Qué maravilla!

He visto al diablo de la violencia, al diablo de la codicia, al diablo del deseo; pero ¡por todos los cielos!, aquellos eran diablos de ojos rojos, fuertes y lujuriosos, que tentaban y arrastraban a los hombres. Pero allí, en la ladera, adiviné que bajo el sol cegador de aquella tierra me encontraría a un demonio fofo, ladino, de ojos apagados, de una locura rapaz y despiadada. Varios meses después y unas mil millas más lejos sabría cuán insidioso podía ser.

Todo es apasionante en esta novela. Lo primero desde dónde está contada. Marlow es un narrador, alguien que está contando la historia mientras esperan en una yola de recreo, en Londres, a que la marea les permita zarpar. Pero Charlie Marlow no solo es un hombre que cuenta las historias de una forma especial. Dice Conrad que «el significado de un episodio, para él, no estaba adentro, como una nuez, sino afuera, envolviendo el relato». Y va contando cómo fue contratado para capitanear un barco de vapor que tendría que remontar un río para buscar a Kurtz, un agente comercial que se había vuelto loco, que había establecido, en lo más profundo de la selva un régimen de terror donde él era el rey. ¿Qué le ha pasado a Kurtz? ¿Es la propia selva la responsable de esa locura?

Creo que le susurró cosas acerca de él mismo que él ignoraba, cosas que no había concebido siquiera hasta que pidió el consejo de esta inmensa soledad, y el susurro resultó irresistiblemente fascinante. Resonó con fuerza en su interior porque él, en el fondo, estaba hueco…

Hay todo un juego brutal y extraño a lo largo de la novela, una lucha entre la luz y la sombra, y entre lo que sabemos y el vacío. Y durante todo el viaje remontando el río, Marlow se va vaciando de todo lo que sabe para llenarse de lo que le dice la selva, lo mismo que le ha pasado a Kurtz, y lo que la selva le cuenta (y nos cuenta a todos) es el horror de nuestra civilización.

Pero todo comienza con la llegada al río, a la primera estación donde Marlow tendrá contacto con los seres que la pueblan. El demonio fofo, la dejadez, la muerte, la esclavitud, el caos, las costuras de la civilización. Negros que lo miran con ojos de terror mientras agonizan, esclavos que trabajan diariamente en el absurdo, blancos con camisa almidonada que encuentran el equilibrio en el orden, la frustración y el maltrato. La selva como una llamada y como una amenaza. Cada escena que nos describe Conrad es más brutal que la anterior, hasta que nosotros sufrimos, como lectores, la misma sensación de vacío, de incomprensión, que en el fondo nos señala. Y entonces comienza la subida del río:

> Las aguas se abrían delante de nosotros y se cerraban por detrás, como si la selva hubiera lentamente bajado a las aguas para cortarnos el camino de regreso. Penetrábamos más y más en el corazón de las tinieblas. Todo era silencioso allí. A veces, en la noche, el redoble de los tambores detrás del telón de árboles corría río arriba y quedaba vagamente suspendido, como flotando en el aire, sobre nuestras cabezas, hasta la primera luz del día.

Józef Teodor Konrad Korzeniowski nació en la actual Ucrania, que entonces era Polonia, en 1857 y murió en Inglaterra en 1924. En 1886 se le concedió la nacionalidad británica. En realidad, como cuenta Juan Gabriel Vásquez, el inglés era solo su tercer idioma, tras el polaco y el francés. Dice Vásquez que su prosa es extraña, que no parece de ninguna parte y que si la lengua es la verdadera patria de un novelista, Conrad fue siempre un inmigrante en la suya. *El corazón de las tinieblas* apareció por primera vez en una serie de tres partes en *Blackwood Magazine*, en 1899. Fue publicada como novela completa en 1902. A los treinta y tres años Joseph Conrad se embarcó para el Congo. Navegó hasta Matadi y luego tuvo que soportar una caminata de cuatrocientos kilómetros hasta llegar a Kinshasa, donde el río vuelve a ser navegable. Pero *El corazón de las tinieblas* no es la historia de ese viaje, es mucho más. Es una búsqueda de las diferencias entre el bien y el mal, la cordura y la locura.

Cuando Marlow llega al campamento de Kurtz, ve algunas cosas asombrosas, inolvidables. Una de ellas es la presencia de una mujer, que podría ser la mujer de Kurtz en aquel lugar, que no habla, que solo se pasea por la orilla cuando Kurtz se embarca en la lancha de Marlow para volver. Levanta los brazos al cielo, va vestida de una forma extraña, y en ese silencio, como en gran parte de la novela, está reflejado el dolor que siente. La otra es el propio Kurtz, un hombre que, según Marlow, «no conocía la contención, ni la fe, ni el miedo, y, sin embargo, luchaba ciegamente consigo mismo». Enfermo, cansado, Kurtz se embarca con Marlow para volver, pero en medio de la travesía muere. Y esa es una de las escenas claves de la novela. Cuando la cara se le transforma, como si hubiera visto el rostro de la muerte:

¿Habrá vuelto a vivir toda su vida, cada detalle de deseo, tentación y entrega, durante ese supremo instante de conocimiento absoluto? Gritó en un susurro ante alguna imagen, alguna visión: gritó dos veces, un grito que no era más que un suspiro: «¡El horror! ¡El horror!».

El corazón de las tinieblas es una novela extraordinaria, una obra que te cambia. Es imposible salir indemne de su lectura. Es un viaje al interior de cada uno de nosotros porque el verdadero corazón de las tinieblas tal vez sea el corazón de los hombres.

4
Marianela
de Benito Pérez Galdós

Marianela es, sin duda, uno de los libros de mi vida. O más debería decir de mi juventud. Porque es una de esas lecturas que hacen que te conviertas en lector. Una de esas novelas inolvidables. Sin embargo, puede que sea raro elegir esta obra entre todas las maravillas que ha escrito Benito Pérez Galdós. Hice una lectura extraordinaria de *Fortunata y Jacinta* en un peculiar viaje a Portugal, solo, y la devoré en tres días. Tal vez por eso la recuerdo con tanta pasión. *Misericordia*, en cambio, no me marcó tanto cuando la leí en el instituto y sin embargo cuando la he releído para contarla en *Un libro una hora* me ha parecido brutal, una de sus mejores novelas. Recuerdo de *Doña Perfecta* el drama final, que me impresionó mucho, esa historia de amor tremenda. Me ha encantado siempre la primera serie de los *Episodios Nacionales*. Los ingleses habrían hecho con ellos la gran serie de televisión y esa es una asignatura pendiente en este país (tantas, pendientes, con la literatura). *La desheredada* es otra maravilla, o *Tristana*. Pero yo he elegido *Marianela*.

La historia es deliciosa, una pobre chica de pueblo, fea y buenísima, hace de lazarillo de Pablo, un señorito ciego que es su mejor amigo, y tal vez algo más. Pablo es un joven muy guapo y de alguna forma está enamorado de Marianela, o Nela, como la llama. Es un amor platónico, claro. Un día, Pablo le cuenta a Nela que la noche anterior su padre le ha leído un texto sobre la belleza ideal, una belleza que no se ve ni se toca ni se percibe con ningún sentido, y él le dijo a su padre que ese tipo belleza era el de la Nela. Y le cuenta que su padre se echó a reír:

>—Sí, tú eres la belleza más acabada que puede imaginarse —añadió Pablo con calor—. ¿Cómo podría suceder que tu bondad, tu inocencia, tu candor, tu gracia, tu imaginación, tu alma celestial y cariñosa, que ha sido capaz de alegrar mis tristes días; cómo podría suceder, cómo, que no estuviese representada en la misma hermosura?... Nela, Nela —añadió balbuciente y con afán—, ¿no es verdad que eres muy bonita?

Y la Nela se pone como una amapola y no sabe qué decir. Cuenta Galdós que durante un breve instante de terror y ansiedad Marianela cree que el ciego la está mirando. Y eso para ella sería lo peor que le podría pasar, porque así Pablo descubriría lo fea que es. Sin embargo, es tan buena, que cuando llega al pueblo un oftalmólogo, Teodoro Golfín, que da esperanzas de que con una operación, tal vez vuelva a ver, Marianela siente que está muy alegre y muy triste a la vez.

Es maravilloso dónde te sitúa como lector Galdós. Porque sabes desde el principio que jamás Pablo va a acabar con Marianela, que ella no solo es fea, sino que además es pobre y huérfana, pero es enternecedor asistir a los deseos del ciego, inocente y buena persona, idealista, mientras la tragedia se va preparando a su alrededor, una tragedia que en realidad es una buena noticia: pronto podrá ver. Porque Pablo llega a decirle a Nela que van a vivir juntos toda la vida y que jamás se separarán, que se casarán cuando pueda ver y que será su esposa querida. Nela, la pobre, le dice que lo quiere mucho, muchísimo, pero que no se afane por verla, que quizá no sea tan guapa como cree. Y todo se complica cuando aparece Florentina, una prima de Pablo, bellísima y con quien su padre lo quiere casar. Es tan guapa que la Nela la confunde con la Virgen cuando la ve por primera vez.

Hay otro tema brutal en *Marianela*, que es la relación que tiene Nela con la muerte, cómo está varias veces al borde del suicidio, cómo su madre la llama desde algún lugar, cómo Nela se siente atraída por la Trascava, un lugar peligroso que tiene un césped resbaladizo que va bajando hasta perderse en una gruta. A Nela le atrae mucho ese lugar. Observa la boca de la sima, que se abre en el terreno como un embudo. Se adivina un hueco, un tragadero oculto por espesas hierbas. Nela dice que a ratos oye la voz de su madre, que le dice clarito que se está muy bien allí. Una adolescente que se siente fea y teme ser rechazada y tontea con el suicidio. Parece muy actual. Tal vez por eso, cuando leí *Marianela*, con apenas quince años, me impresionó tanto. Pero me sigue impresionando.

Y al fin llega el día de la operación, y una mañana, ocho días después, corre la noticia de que Pablo ya tiene vista. Marianela está tentada de escaparse con su amigo Celipín (personaje que será recuperado por Galdós en *El doctor Centeno*) o irse con su madre. Vaga por los alrededores de las minas, pasa las noches sin dormir. Le cuentan que Pablo quiere verla, pero que desde el primer instante supo distinguir las cosas feas de las bonitas: un pedazo de lacre encarnado le agradó mucho, y un pedazo de carbón le pareció horrible. Da la impresión de que todo lo que es bello le produce un entusiasmo que parece delirio y todo lo que es feo le causa horror. Pobre Nela. No hay forma de convencerla de que vaya a casa de Pablo. Hasta que consiguen llevarla. Su pulso está acelerado, está pálida, descompuesta, con señales de una espantosa alteración física y moral. Se queda tumbada en una cama, sin poderse apenas mover. De pronto se oyen pasos. Viene Pablo. Nela está aterrorizada. Pablo entra despacio, riendo. Sus ojos, libres de la venda que él mismo se ha levantado, miran hacia adelante. Apenas percibe todavía las imágenes laterales, así que se dirige hacia su prima y no ve ni al doctor ni a la Nela. Pablo le dice a Florentina que es lo más hermoso que ha visto nunca, y de pronto pone su rodilla en tierra:

Florentina, yo creí que no podría quererte, creí posible querer a otra más que a ti… ¡Qué necedad! Gracias a Dios que hay lógica en mis afectos… Mi padre, a quien he confesado mis errores, me ha dicho que yo amaba a un monstruo… Ahora puedo decir que idolatro a un ángel. El estúpido ciego ha visto ya, y al fin presta homenaje a la verdadera hermosura…

Es entonces cuando ve las mantas, y entre ellas un rostro cadavérico, de aspecto muy desagradable. Con los ojos cerrados, el aliento fatigoso, parece que la pobre Marianela está agonizando. Pablo cree que es una pobre que han recogido y alarga una mano hasta tocar aquella cabeza y la Nela le dice quién es mientras se lleva a los labios la mano de Pablo para besarla.

Marianela se muere de vergüenza, de celos, de despecho, de tristeza, de amor contrariado.

Marianela, mezcla de idilio romántico de raíz folletinesca y de novela social, fue un éxito. Hasta llamó la atención de Oscar Wilde, que saludó a Galdós en uno de sus viajes a París como el autor de *Marianela*. Fue llevada al teatro en 1916 en adaptación de los hermanos Quintero, con Margarita Xirgu en el papel protagonista, acontecimiento que emocionó a Galdós, que ya casi ciego, en plena representación, tendió los brazos a la actriz llamándola Nela desde el patio de butacas repetidas veces.

5

La isla del tesoro
de Robert Louis Stevenson

Esta es una historia que a mí me lleva directamente a la infancia. Os tengo que confesar que descubrí esta novela (y otras muchas) en una edición en versión tebeo que se llamaba *Joyas literarias juveniles* (con 300 ilustraciones a todo color) que editaba Bruguera. Una delicia. Por eso, tal vez tengo grabada la portada, con un chico escondido en un barril mientras tres piratas (los tres piratas más típicos que te puedas imaginar, uno de ellos con un loro en el hombro y la pata de palo) hablan sobre la cubierta de un barco.

Y es que esta novela tiene todos los ingredientes para capturarte desde el principio. Un chico que se ha quedado huérfano de padre, que trabaja en una taberna en medio de la nada, encuentra un mapa del tesoro que llevaba encima un pirata que muere mientras está allí alojado. Y, claro, no se le ocurre otra cosa más que ponerse en contacto con un conocido y proponerle encontrar ese tesoro:

> Habiéndome pedido el caballero Trelawney, el doctor Livesey y los demás caballeros que escribiera, desde el principio hasta el fin, toda la historia de la isla del tesoro, sin omitir nada salvo la posición de la misma, y eso solo porque todavía queda allí algún tesoro no descubierto, tomo la pluma en el año de gracia de 17 (y pico) y retrocedo al tiempo en que mi padre regentaba la posada Almirante Benbow y en que el viejo y atezado marinero, con la

cicatriz causada por un sablazo, por primera vez se alojó bajo nuestro techo.

Así comienza esta aventura en la que nada puede salir bien porque el barco que fletan tiene a una tripulación de antiguos piratas que están buscando el mismo mapa y el mismo tesoro, aquel que enterró el capitán Flint. No tarda en haber un motín en cuanto avistan la isla, liderado por John Silver el Largo, un personajazo que se ha quedado en el imaginario popular. A partir de ese momento pasa de todo. Batallas entre «los buenos» y «los malos» (que no lo son tanto, ni los unos ni los otros), un náufrago que lleva viviendo años solo en la isla, un mapa del tesoro, trampas mortales para quien ose desenterrarlo, luchas, persecuciones, banderas piratas, y una canción:

> *Quince hombres tras el cofre del muerto,*
> *¡oh, oh, oh, y una botella de ron!*

No es raro que esta novela conecte con la infancia porque Robert Louis Stevenson la escribió como un juego. El hijastro de Stevenson dibujó un mapa. Dice Stevenson que el mapa parecía «un dragón gordo y rampante». El dragón gordo desató al novelista que llevaba dentro. Después de debatir largo y tendido sobre historias de piratas, un relato brotó sin esfuerzo de su pluma a un ritmo de capítulo diario. Leía en voz alta a la familia el episodio del día «después de comer». *La isla del tesoro* era el postre. Dicen que la voz de Stevenson era «extraordinariamente vibrante». Tenía una naturaleza enfermiza y desde los veintiséis años empezó a viajar en busca de climas más benignos para su tuberculosis. Pasó los últimos años de su vida navegando por el Pacífico Sur, hasta que recaló en Upolu, una de las islas Samoa, donde se construyó una casa en la que, a los cuarenta y cuatro años, en 1894, murió de un ataque cerebral. Los aborígenes, que le habían bautizado con el nombre vernáculo de Tusi-tala («Cuentacuentos»), velaron su cuerpo durante toda la noche. Está enterrado en el monte Vaea, frente al mar. Hay una maravillosa canción de Luis Eduardo Aute, *Vailima*, que lo cuenta.

La isla del tesoro se llamó inicialmente *El cocinero de a bordo* y puede ser que Stevenson no pensara publicarla, lo que explicaría la cantidad de material de otros escritores que hay en los primeros capítulos. De hecho, *La isla del tesoro* fue finalmente publicada en 1881 por entregas en la revista *Young Folks* (una revista infantil y juvenil que publicaba relatos bastante mediocres) bajo el seudónimo de «capitán George North». Y no tuvo mucho éxito, parece mentira. Tal vez porque la novela tenía demasiado nivel para esos lectores, porque realmente *La isla del tesoro* es una obra maestra.

La novela no decae en ningún momento. Mi parte favorita es la búsqueda del tesoro, con John Silver a la cabeza, pero es que no terminan de pasar cosas, y hasta la resolución es apasionante, ese final abierto, esa llegada a puerto con el tesoro, que al final, es lo que menos importa. Un tesoro que algunos se gastan en diecinueve días y el vigésimo ya están mendigando por el puerto. Hay parte del tesoro que sigue escondido en la isla, aunque Jim no querría volver por nada del mundo:

> Los lingotes de plata y las armas siguen enterrados, que yo sepa, allí donde los dejó Flint; y, en lo que se refiere a mí, allí seguirán, podéis estar seguros. Ni con bueyes ni con sogas me harían volver a aquella isla maldita; y los peores sueños que jamás padezco son aquellos en los que oigo romper las olas en sus costas, o cuando me incorporo sobresaltado en el lecho al oír la aguda voz del Capitán Flint que resuena en mis oídos:
> —¡Pesos duros españoles! ¡Pesos duros españoles!

La isla del tesoro es emocionante, a ratos puede hasta ser terrorífica. Tiene un humor canalla maravilloso, tiene aventuras, viajes, batallas, misterio, y unos personajes inolvidables. ¿Quién no quiere viajar en un barco pirata a buscar un tesoro enterrado?

6

Drácula
de Bram Stoker

Drácula es, seguramente, la novela que más miedo me ha dado jamás. Recuerdo que la primera vez que la leí me quedé hasta tarde, en una casita que tenía en la sierra, con la chimenea encendida, y en silencio, mientras mis hijos dormían. En una de las escenas más terroríficas, de pronto, se abrió la puerta de la calle de par en par, y a mí casi me da un infarto. Creo que tardé un par de minutos en tener el valor de levantarme para cerrarla. Fue el viento, claro, qué otra cosa podría ser, y que estaba mal cerrada, seguro, pero es que *Drácula* tiene el poder de conectarnos con nuestros miedos más profundos.

Es una novela epistolar. Comienza con Jonathan Harker viajando a Transilvania, al castillo del conde Drácula porque el conde ha adquirido una propiedad en Inglaterra y el pasante del procurador va hasta su castillo para que firme los papeles. El viaje ya es espeluznante. Lo primero es que le han avisado de que en esa fecha, el 4 de mayo, a las doce de la noche, todos los maleficios reinarán sobre la tierra. Para colmo lo recoge una calesa tirada por cuatro caballos y conducida por un extraño cochero que a veces se baja y se pierde en la oscuridad, mientras la calesa es rodeada por lobos. Pero la llegada al castillo es brutal:

—¡Sea bienvenido a mi morada! Entre por su propia voluntad, entre sin temor y deje aquí parte de la felicidad que lleva consigo.

Así recibe el conde Drácula a Jonathan Harker. La estancia del joven Harker en el castillo es espectacular. Descubre vampiras que se alimentan de bebés, y ve al conde un día andando por la pared de castillo como si fuera un lagarto. Decide escaparse y para ello llega a los aposentos de Drácula y encuentra un ataúd lleno de tierra donde reposa el conde, rejuvenecido. Aun así logra escapar y regresar a Inglaterra.

Mientras, la novia de Jonathan Harker, Mina, personajazo y auténtica protagonista de la novela, se escribe con su mejor amiga, Lucy, y hablan de sus proyectos de vida. Para Mina, el principal es casarse con Jonathan y en cambio Lucy, no se decide entre sus tres pretendientes. Ambas se encuentran en la localidad de Whitby. Mina está preocupada porque hace ya un mes que no sabe nada de Jonathan y porque Lucy empieza a tener unas crisis de sonambulismo que afectan a su salud. Y es que el conde Drácula está preparando su llegada, y eso afecta mucho a Lucy y también a un tipo siniestro que está organizando su llegada desde un manicomio, Renfield.

Es asombroso cómo a través de cartas, de noticias y hasta del diario de un médico, Bram Stoker va construyendo esta historia apasionante que no se puede dejar de leer y que aterroriza al lector a cada momento. *Drácula* se publicó en 1897. Dicen que (igual que le pasó a Mary Shelley con *Frankenstein*) Bram Stoker soñó con el vampiro.

La noche del 7 de marzo de 1890 Stoker tuvo una pesadilla y escribió, al despertar, las primeras anotaciones del personaje. Comenzó a reunir y organizar diversos materiales para lo que en principio iba a ser una obra de teatro. Se enteró de la existencia del histórico y sanguinario voivoda Vlad III de Valaquia, también conocido como «el Empalador», y descubrió que el padre, Vlad II, había sido miembro de la Orden del Dragón, y por eso Vlad III fue apodado «Draculea» o «Hijo del Diablo». A Stoker le gustó la sonoridad exótica y extranjera del nombre. Estudió *El vampiro* de John Polidori, le añadió una pizca de *Macbeth* y otra de Edgar

Allan Poe, algo de algunos títulos de Alexandre Dumas, Prosper Mérimée, Wilkie Collins y, muy especialmente, *The Parasite* de su amigo Arthur Conan Doyle. Y con todo eso creó el personaje del vampiro de Transilvania, que ya forma parte de nuestra cultura. Y, encima, escribió una novela donde cabe todo. Es oscura, profunda, inquietante, terrorífica, erótica, patológica, filosófica, psicológica y hasta feminista.

Cuando Lucy, la amiga de Mina, empieza a tener unos síntomas muy extraños a la vez que en su cuello aparecen unas marcas, aparece otro de los personajes fundamentales de la novela, Van Helsing, que intenta averiguar qué le está pasando a Lucy. Otro personajazo brutal. Drácula llega a las costas de Inglaterra en un barco, el Demeter, del que solo desembarca un enorme lobo, que huye a esconderse, porque su tripulación ha ido desapareciendo misteriosamente. Unos empleados del conde descargan unos cajones llenos de tierra, que transportan a su residencia:

> Tan pronto como la proa de la goleta tocó la arena, surgió de la cala un perrazo enorme, que saltó sobre el puente, como impulsado por el choque, y se precipitó a la orilla. Dirigiéndose a toda velocidad hacia lo alto del acantilado, donde se halla el cementerio en un terreno tan escarpado que algunas losas sepulcrales están en parte suspendidas en el vacío por el lento desgaste de las rocas, desapareció en la noche, que parecía aún más negra más allá de la luz del reflector.

La historia de Lucy no acabará bien. O sí, pero muy al final. Y a partir de ahí comienza la persecución de Drácula. No hay respiro en esta novela. A veces podría parecer una novela de aventuras, o veces hasta una nóvela romántica. Es brutal la catarata de emociones que se suceden, el juego psicológico con el vampiro, cómo el lector se encariña con unos personajes extraordinarios. Y de entre todos a mí me gustaría destacar a Mina: una mujer, que es independiente, valiente, inteligente, que está toda la novela tomando decisiones y acertando, que termina dirigiendo la persecución de Drácula y que se niega a una seducción, que lucha contra lo que siente, que evoluciona constantemente. A mí me parece un personaje admirable y más a principios del siglo xx.

Decía Stephen King que el triunfo de *Drácula* como novela y de Drácula como personaje (y el de Stoker como autor) está en haber conseguido humanizar el hasta entonces concepto siempre «ajeno» del Mal. Lo consigue manteniendo a lo largo de casi toda la historia al Mal fuera de la acción. El conde aparece durante los primeros capítulos y, luego desaparece por completo durante unas trescientas páginas para volver a ser visible, fugazmente, en pocas oportunidades durante su estancia en Londres. Stephen King califica esta estrategia como «uno de los trucos más memorables y atractivos en toda la literatura inglesa», y es que nada asusta más que aquello que no se ve pero que, sin embargo, nos mira y nos vigila.

7
Crimen y castigo
de Fiódor Dostoievski

Crimen y castigo cuenta, seguramente, el asesinato más famoso de la literatura universal. Raskólnikov, el protagonista de esta novela, es tan pobre que no sabe cómo salir del pozo, y de pronto se acuerda de la vieja prestamista que vive cerca de él. Cree que esa mujer, que él dice que es inútil, mala y está enferma, que a nadie le sirve de provecho, podría ser una herramienta para salvar a muchos:

> Cientos, miles quizá de existencias acarreadas al buen camino; decenas de familias salvadas de la miseria, de la disolución, de la ruina, de la corrupción, de los hospitales venéreos... Y todo eso, con sus dineros. Mátala, quítale esos dineros; para con ellos consagrarte después al servicio de la Humanidad toda y al bien general. ¿Qué te parece? ¿No quedaría borrado un solo crimen, insignificante, con millares de buenas acciones?... ¡Por una vida..., mil vidas salvadas de la miseria y la ruina! Una muerte, y cien vidas, en cambio.

Tan alucinante como eso. Total, dice Raskólnikov, si ella se va a morir sola dentro de poco, por qué no darle una ayudita. Es muy difícil entender estas dudas de Raskólnikov sin entender la pobreza, la miseria en la que vive, y es de esta forma como Dostoievski nos empieza a contar la historia. Así es como viste esta novela y estos personajes que te encogen el corazón desde las primeras líneas, porque *Crimen y castigo* se lee clavando los pulgares en las páginas, sin poderse uno creer la historia que le cuentan, sumergido en esa ruina, en esa suciedad, en esa falta de esperanza:

> —Señor mío —empezó casi con solemnidad—, la pobreza no es un pecado, es la verdad. También sé que la embriaguez no es ninguna virtud. Pero la miseria, señor mío, la miseria…, esa sí que es pecado. En la pobreza conserva usted todavía la nobleza de sus sentimientos innatos; en la miseria ni hay ni ha habido nadie nunca que los conserve.

Y así, el bueno de Raskólnikov se decide a llevar a cabo su siniestro plan. Va a ver a la vieja y, cuando llama, la puerta se entreabre, despacio, y dos ojos penetrantes y recelosos se posan en él desde el fondo oscuro. En aquel momento Raskólnikov pierde su sangre fría y está a punto de echarlo todo a perder, pero entra. Le muestra a la vieja una prenda que supuestamente lleva a empeñar. Pero lleva escondida un hacha en la chaqueta. De pronto la saca, la esgrime con ambas manos, sin darse cuenta de lo que hace, y casi sin esfuerzo, con gesto maquinal, la deja caer de contrafilo sobre la cabeza de la vieja:

> Aliona Ivánovna lanzó un grito muy tenue y se desplomó, pero aún tuvo tiempo de llevarse las manos a la cabeza. En una de ellas seguía teniendo la «prenda». Él, a seguida, la hirió por segunda y por tercera vez, siempre con el revés del hacha y siempre en la mollera. La sangre brotó cual de una copa volcada, y el cuerpo se desplomó de espaldas, en el suelo. Él se echó atrás para facilitar la caída y se inclinó sobre su rostro: estaba muerta.

Raskólnikov se pone a buscar el botín que cree que va a encontrar, pero tiene tan mala suerte que la hermana de la vieja aparece por la puerta y Raskólnikov la tiene que matar también. El miedo se apodera de él después de aquel segundo homicidio, completamente inesperado. Tiene que huir. Se lanza al pasillo. Y de repente, tras la puerta, escucha a alguien llamar, y después de un momento, el visitante inesperado se impacienta y se pone a zarandear con todas sus fuerzas el tirador de la puerta, mientras llama a gritos a la vieja y a su hermana. Como no obtiene respuesta, baja a buscar al portero, momento en el que Raskólnikov entreabre la puerta y sale. Se esconde en la escalera y, al fin, logra huir. Al entrar en su habitación se echa en el diván tal y como está. No duerme pero se sume en un sopor. Sombras y fragmentos de algo como ideas cruzan por su mente. Permanece así tendido largo tiempo, hasta que amanece. La escena es terrible, inolvidable, parece que has estado allí. A nadie le extrañaría, después de leerla, que sus manos estuvieran un poco manchadas de grasa o hasta de sangre, y sin embargo, solo han pasado cien páginas. Acaba de terminar la primera parte de la novela. Quedan casi seiscientas páginas por delante.

Cuando en 1866 se publicó la primera parte de *Crimen y castigo*, tuvo un éxito enorme. Fiódor Dostoievski se enfrentaba a la pobreza y las deudas, pero la aparición de las sucesivas partes de la novela supuso todo un acontecimiento social y público. Cuando la gente se refería a él solía quejarse de su fuerza abrumadora y del efecto angustioso que ejercía sobre ellos. Lo que yo les decía.

Pero casi al mismo tiempo comenzaron las interpretaciones. Se habló de que era una novela «antinihilista», pero es que hasta la segunda mitad del siglo XX se han seguido escribiendo estudios críticos acerca de la novela. Ha sido vista como una novela detectivesca, un ataque contra la juventud radical, un estudio sobre la «alienación» y la psicopatología criminal, una obra profética, una denuncia de las condiciones sociales en la Rusia urbana del siglo XIX, un alegato religioso y un análisis de la «voluntad de poder».

Pero es que *Crimen y castigo* habla de muchas cosas. Habla

del bien y del mal, habla mucho de la pobreza, es una novela social, pero también habla de la intelectualidad de la época, de la importancia de entender tu propio mundo, como habla de la familia, tema central, y por supuesto contiene una maravillosa historia de amor. Pero el tono general de la novela es mucho más extraordinario que cualquiera de sus episodios individuales.

Seguramente es una de las mejores novelas que he leído jamás. Sin embargo, es tan densa, tan inabarcable que es difícil enfrentarse a ella por segunda vez.

8
Orgullo y prejuicio
de Jane Austen

Leer a Jane Austen es un placer extraordinario. Perderse por sus diálogos, ser capaz de seguir sus argumentos, a veces complejos, es un disfrute. Y yo, tengo que reconocer, no era muy de Jane Austen hasta que empecé a leerla cuando pusimos en marcha *Un libro una hora*.

Jane Austen nació en 1775 en Steventon, Inglaterra, y murió en 1817, con apenas cuarenta y dos años. Escribió tan solo seis novelas, pero seguramente todo el mundo las conoce: *Sentido y sensibilidad*, *Mansfield Park*, *La abadía de Northanger*, *Persuasión*, *Emma* y *Orgullo y prejuicio*.

Orgullo y prejuicio fue publicada en 1813. Es una novela apasionante, llena de diálogos brillantes e inteligentes y de personajes inolvidables, como la protagonista, Elisabeth. Como cada una de las novelas de Jane Austen, es una historia construida con detalle, con cuidado, llena de momentos que no hay que perderse porque son esenciales, de giros en la trama, de descubrimientos, de sorpresas, de escenas extraordinarias. A mí me apasiona cómo construye sus novelas, pero también es maravilloso lo que cuenta, porque cada una de ellas trata un tema muy interesante.

En el caso de *Orgullo y prejuicio* no solo nos cuenta una maravillosa historia de amor, sino que además cuenta la historia de dos personas que se dan cuenta de que se han equivocado. Y corrigen. Y actúan en consecuencia. Eso, en esta época ya es excepcional, pero a principios del siglo XIX era una cosa revolucionaria. Como se dice en algún momento de la obra, los que jamás cambian de opinión deben asegurarse de juzgar bien al principio.

De entrada, la historia es sencilla y típica. Voy a contarla muy a grandes rasgos. De hecho, todo podría resumirse con la primera frase de la novela:

> Es una verdad reconocida por todo el mundo que un soltero dueño de una gran fortuna siente un día u otro la necesidad de una mujer.

Hasta los ricos buscan casarse. Y los Bennet son una familia que no disfruta de una gran posición económica, y tienen cinco hijas. Cuando un buen partido llega a la zona, se interesa por la hija mayor y la corteja. Y ahí empieza todo. Luego dejará de interesarse, después volverá a hacerlo, y en medio hay bailes, soledad, normas sociales, problemas económicos, una forma muy particular de ver el mundo y una serie de personajes extraordinarios. Y además están Elisabeth y Mr. Darcy. Y eso son palabras mayores.

Mr. Darcy representa el orgullo del que habla el título de la novela, y Elisabeth, el prejuicio. Ambos se atraen desde el principio, pero no consiguen acercarse nunca, y cuando lo hacen saltan chispas. Ella es inteligente, divertida, le gusta leer, y no puede soportar a ese hombre que la incomoda, la altera, y encima parece que va hablando mal de su hermana. Sin embargo, siente por él algo muy difícil de definir.

Darcy opina que la mujer perfecta debe ser una mujer inteligente y que lea mucho. Desde el principio, y esa es otra de las características de Jane Austen, el lector sabe cosas que desconocen algunos personajes, sabe que se atraen, sabe incluso que serían una pareja perfecta, pero Darcy, bellísimo, inteligente, serio, seguro y muy rico, es un tipo orgulloso. Hay un momento en el que hablan de la magnífica biblioteca que Darcy tiene en su casa, sin embargo, no por eso Elisabeth se siente más cerca de Darcy porque ella todo lo interpreta como un signo de superioridad por parte de él. Tiene ese prejuicio horrible que le hace ver a Darcy como un tipo altivo. Pero es que Darcy es muy exigente y Elisabeth atrae esa exigente mirada de Darcy porque es el único personaje masculino de la novela capaz de estar a la altura de todas las cualidades de ella. Lo justo sería que ella también descubra todas las cualidades de Darcy. Pero eso va a costar más. Es apasionante cómo Darcy no puede evitar declararse:

—He luchado en vano. Ya no quiero hacerlo. Me resulta imposible contener mis sentimientos. Permítame usted que le manifieste cuán ardientemente la admiro y la amo.

Y es brutal cómo Elisabeth lo rechaza al principio y cómo él explica todo lo que ella necesita saber para que lo acepte. Así, Darcy renuncia a su orgullo, y cuando le da las explicaciones necesarias, Elisabeth es capaz de vencer sus prejuicios y darse cuenta de que se ha equivocado y que Darcy tiene unos valores extraordinarios y la ama, y no solo eso, sino que ha vencido su orgullo para decírselo.

Jane Austen nos habla de la necesidad constante de estar alerta ante la diferencia entre apariencia y realidad. Y eso es muy revolucionario ahora y lo era más entonces. Nos habla de personas que se dan cuenta de que se han equivocado y en vez de persistir en el error, dan marcha atrás y hacen las cosas bien. Maravilloso.

Hay que leer a Jane Austen, de arriba abajo. Sin prejuicios (ni orgullo).

9

Notre-Dame de París
de Victor Hugo

Notre-Dame de París es una novela maravillosa, excesiva, brutal, con unas historias tan al límite, tan descarnadas, tan apasionadas, que es imposible leerla sin que se te encoja el corazón. Creo que es una de esas experiencias que hay que tener por lo menos una vez en la vida.

La novela comienza con la doble celebración, el 6 de enero de 1482, del día de Reyes y la fiesta de los locos. Ese día hay hoguera en la Grève y misterio en el Palacio de Justicia. El pueblo asiste a la representación del misterio y a la elección del Papa de los Locos, en la Gran Sala. Ya solo esa descripción de esta doble festividad te deja aplastado en la silla. Es increíble. Hay algo tan apasionado en la forma de escribir de Victor Hugo que sientes cada baile, el agobio de la multitud, el olor, ves la luz, y de pronto sientes cómo te elevas para ver París desde la altura de la catedral.

Y cuando termina esa escena aparece el elegido Papa de los Locos y resulta ser un personaje que se ha quedado en el ideario de la cultura occidental: el jorobado Quasimodo:

> No intentaremos que el lector se haga una idea de aquella nariz tetraédrica, de aquella boca en forma de herradura, de aquel ojillo izquierdo obstruido por una enmarañada ceja pelirroja, mientras que el derecho desaparecía por completo bajo una enorme verruga, de aquellos dientes desordenados con los bordes des-

portillados, como las almenas de una fortaleza, de aquel labio calloso sobre el que uno de esos dientes se superponía como el colmillo de un elefante, de aquel mentón hendido y, sobre todo, de la fisonomía extendida sobre todo esto, de esa mezcla de malicia, asombro y tristeza.

Personajazo. Complejo, lleno de sentimientos contradictorios. Por cierto, el nombre Quasimodo viene del principio del introito que se canta el primer domingo después de Pascua, tomado de Epístola I de san Pedro: *quasi modo geniti infantes* («como niños recién nacidos»). La historia del jorobado es increíble, y en ella es protagonista uno de los tipos más oscuros que ha dado la literatura, Frollo, que en ese caso se compadeció de un recién nacido abandonado en la puerta de la catedral, y lo crio, seguramente porque acababa de perder a su propio hermano. De esa forma, Quasimodo ha crecido en la catedral de Notre-Dame, y se ha hecho a sus formas de manera que su cuerpo contrahecho está perfectamente adaptado a las del edificio.

La literatura puede que fuera la que salvó una vez a Notre-Dame de París cuando algunos quisieron demoler las fachadas medievales y las estructuras góticas. Victor Hugo se plantó, dijo que lo que querían hacer era «mutilar» un patrimonio que aunque degradado debía preservarse. Lo intentó con panfletos, pero solo logró convencer a todos con una novela. Publicó *Notre-Dame de París* en 1831, y el efecto fue asombroso. Fue tan popular en su momento que hizo que surgiera en Francia toda una ola de preservación. Al final las autoridades encargaron su restauración y la catedral se salvó pero, sobre todo, la novela de Victor Hugo generó una referencia cultural definitiva.

El tercer personaje fundamental de la novela es Esmeralda. Es verdad que hay otros que son muy importantes en la trama, como Gringoire, o el capitán Phoebus, y hasta la reclusa de la Tour-Roland, la Sachette, esencial para entender el personaje de Esmeralda. Pero la gitana que baila delante de la catedral es la que mueve el mundo de Quasimodo y de Frollo y la que desencadena la enorme tragedia que es esta novela pura del romanticismo:

> No era alta, pero lo parecía por la audacia con que se estiraba su fino talle. Era morena, pero se intuía que de día su piel debía de tener ese bello reflejo dorado de las andaluzas y las romanas. Sus pequeños pies también eran andaluces, pues estaban a la vez comprimidos y a gusto en sus graciosos zapatos. Bailaba, daba vueltas, giraba como un torbellino sobre una vieja alfombra persa extendida descuidadamente bajo sus pies; y cada vez que, sin parar de dar vueltas, su radiante rostro pasaba por delante de alguien, sus grandes ojos negros le lanzaban un destello.

Claude Frollo la ve bailar desde la catedral y la desea, con tal fuerza, que va más allá de lo imaginado. Cuando Esmeralda es acusada y perseguida, Quasimodo la rescata y se la lleva a la catedral, donde Frollo la descubre. Y a partir de ahí hace cosas muy sorprendentes. Primero intenta acostarse con ella, se tumba a su lado y cuando Esmeralda se despierta lo rechaza violentamente. Frollo termina pidiéndole que se apiade de él, con el desgarro del enamorado no correspondido. Le declara su amor, inmenso, le cuenta su sufrimiento, y le hace una propuesta imposible. Le dice que si ella quisiera podrían huir juntos y buscar el lugar de la tierra donde haya más sol, más árboles, más cielo azul, y amarse sin saciarse jamás. Ella lo interrumpe con una risa terrible y estrepitosa. Si él la entrega la ejecutarán, con lo que le está ofreciendo la vida a su lado, o la muerte. Ella le llama monstruo y le dice que nada los reunirá, ni el infierno.

Hay una declaración de amor que seguramente es la más alucinante que he leído, y más viniendo de un hombre de la Iglesia:

> ¡Una criatura tan bella que Dios la habría preferido a la Virgen, y la habría escogido como madre, y habría querido nacer de ella, si ella hubiera existido cuando se hizo hombre!

Alucinante. Pero no lo consigue. La trama se va complicando. El pueblo toma la catedral para liberar a Esmeralda, pero ella termina siendo ejecutada. Y la muerte de Esmeralda es otra de esas escenas que te cortan el aliento y en la que te das cuenta de hasta qué punto las versiones cinematográficas están edulcoradas, y más las de dibujos animados. Quasimodo y Frollo, el arcediano, ven desde la catedral la ejecución de Esmeralda, a la que el autor llama varias veces la egipcia:

> Quasimodo dirigió entonces la mirada hacia la egipcia, cuyo cuerpo, suspendido en el patíbulo, veía estremecerse a lo lejos bajo el vestido blanco en los últimos estertores de la agonía, luego la desplazó de nuevo hacia el arcediano, tendido al pie de la torre y ya desprovisto de forma humana, y dijo con un sollozo que surgió de lo más profundo de su pecho: —¡Oh, todo lo que he amado!

Notre-Dame de París es una gran novela, y leerla es una gran experiencia, pero sobre todo es una sucesión de emociones, de sentimientos desbocados, de pasiones que nunca llegan a disfrutarse, de pulsiones. Uno termina de leerla muy sorprendido, pero sobre todo agotado y emocionado.

10

El ingenioso hidalgo Don Quijote de la Mancha
de Miguel de Cervantes

Intentar explicar por qué me apasiona *El ingenioso hidalgo Don Quijote de la Mancha* tal vez sea una tarea vana. Los convencidos no necesitan saberlo ni yo, seguramente, les puedo aportar grandes cosas, y los que han renunciado o abominan de leerlo, los que están cansados de las alabanzas y se cansan antes de llegar al galgo corredor, no les voy a convencer. Pero, bueno, no podía dejar de incluir este título en los cien libros de mi vida, porque es cierto que la novela de Cervantes me ha acompañado siempre.

Cuando yo era muy pequeño, tal vez con nueve años, mi abuelo se dio cuenta de mi pasión por los libros y me preguntó una tarde qué libro quería de su biblioteca. Yo le contesté que el Quijote y me llevé una edición de Austral, que ya entonces estaba en mal estado y que ahora da pena hasta abrirlo. No sé por qué. Intenté leerlo entonces y no lo conseguí, y sin embargo sabía que eso era una joya. Lo intenté muchas veces, y al final lo logré.

El Quijote es un libro que siempre hay que tener abierto. Me lo contaba el gran Miguel Munárriz hace poco, que él lo termina y vuelve a empezarlo, una y otra vez. Creo que esa es la actitud, y creo que es la forma de leer el Quijote. De verdad. Un libro que nunca termina de leerse. Porque tengo que confesar que cuanto mayor he sido, cuanta más madurez he tenido, más me he divertido leyéndolo, más me ha gustado, y más cosas he encontrado en las aventuras de don Quijote.

En *Un libro una hora* tuvimos el atrevimiento de contarlo, y para ello, para que nos cupiera, dejamos fuera todas las historias, todas las novelas que hay dentro de la propia novela. Y se podría hacer al contrario, se podría leer solo las historias que contiene *El ingenioso hidalgo Don Quijote de la Mancha*, y ya merecería la pena haberlo leído.

Y siempre hablo de este título, que en realidad es la primera parte de las aventuras de don Quijote, publicado en 1605. Diez años después Cervantes publicó la segunda parte, que se titula *Segunda parte del ingenioso caballero Don Quijote de la Mancha*, que es otra novela muy distinta, que don Quijote, y aunque en él ocurren cosas tan extraordinarias como la llegada a Barcelona, y don Quijote ve el mar, y cosas tan tristes como la muerte de don Quijote, yo prefiero la primera parte.

A mí me parece que todo es una genialidad llena de humor. El arranque es maravilloso, con esa descripción que hace en un párrafo de quién es Quijano y cómo es su casa, pero la primera salida, que hace él solo, la llegada a la venta donde le arman caballero, es divertidísima. Como lo es la negociación con Sancho Panza, y la sucesión de aventuras cuando sale con él. Son de sobra conocidas, la de los gigantes, la de las ovejas, la de los presos que libera don Quijote, y son tronchantes los comentarios de Sancho, sus dudas, y cómo al final, es la parte más sensata, aunque sigue al lado de don Quijote, quién sabe si por amistad, por bondad o por ambición.

Porque, además, don Quijote no está rematadamente loco. Tiene una monomanía sobre el mundo caballeresco que deja mucho espacio a la cordura. Y es que Cervantes se documentó con los tratados médicos de la época, para matizar perfectamente la falta de cordura de don Quijote. De hecho, más que de un caso de locura, parece tratarse de un procedimiento creativo tendente a ilustrar literariamente el problema de la realidad y de la ficción.

Y es que hay otra parte en las aventuras de don Quijote y Sancho que van más allá de las cosas más tronchantes, y son esos casos en los que la realidad es algo interpretable. Cuando el Quijote ve a un hombre que lleva en la cabeza lo que interpreta como yelmo, Sancho ve una bacía, o sea que Sancho cree que es una especie de palangana de barbero, y don Quijote, que es una especie de casco para la guerra. Hasta que poco después, y tras discutir una y otra vez sobre el objeto, don Quijote dice que si él quiere creer eso que lo dejen en paz y no se metan. Y que en todo caso será un baciyelmo.

Al final, entre bromas y menos bromas, don Quijote, o más bien Alonso Quijano, logra vivir literariamente, al modo caballeresco, los últimos años de su vida, una vez convertido en Don Quijote de la Mancha. Y sobre ello Cervantes construye una maravillosa historia en la que el hombre, al fin, tiene el derecho divino de hacer realidad sus sueños.

11

La dama de las camelias
de Alexandre Dumas (hijo)

La dama de las camelias no solo es una de las grandes historias de amor de la literatura, sino que además tiene a uno de esos personajes que ha permanecido en la memoria colectiva: Marguerite Gautier, el símbolo del melodrama. Yo pertenezco a una generación que cuando dramatizaba mucho mi madre me decía, «Anda, no seas Margarita Gautier». Un mundo de referencias culturales basadas en el cine que se ha perdido. (Mi padre me decía «No te enrolles, Charles Boyer»).

    La historia es brutal. Armand se enamora como loco de Marguerite Gautier, una cortesana. La describe diciendo que es especial, con una sonrisa digna de una duquesa, alta y delgada hasta la exageración, con unos ojos negros coronados por cejas de un arco tan puro que parece pintado, largas pestañas, unos dientes blancos como la leche, el pelo, negro como el azabache, ondulado, y una expresión virginal, incluso infantil.

    El personaje de la cortesana es muy interesante. Una mujer que vive en los márgenes de la sociedad respetable, emancipada, con ambiciones, pero siempre dependiendo del dinero de sus protectores, a los que puede elegir. Se pasea en carruaje, gasta fortunas en el casino, asiste a todos los estrenos del teatro y la ópera, se viste a la última moda. Esto no significa que la vida de estas mujeres sea un lecho de rosas, al contrario: no dejan de ser juguetes en manos de sus amantes. La enfermedad, un embarazo o la vejez

(Dumas dice que esa es la primera muerte para las cortesanas) pueden hacer que caigan en desgracia y pierdan todos sus privilegios. Pero también hay una cosa muy interesante, y es que las *cortesanas* supusieron todo un hito cultural. Provistas de deseos y de una sexualidad activa, se aventuraron, junto a las primeras feministas, en el cambio social que llevó a la emancipación de la mujer:

> Le advierto que quiero ser libre de hacer lo que mejor me parezca sin darle la más mínima explicación de mi vida. Hace tiempo que busco a un amante joven, sin voluntad, enamorado y que no desconfíe, al que pueda amar sin conceder derechos. Nunca he encontrado a nadie así. Los hombres, en lugar de estar satisfechos de que se les conceda durante mucho tiempo lo que difícilmente habrían esperado obtener una sola vez, piden a su amante cuentas del presente, del pasado e incluso del futuro. A medida que se acostumbran a ella, quieren dominarla, y cuanto más se les da lo que quieren, más exigentes se vuelven. Si ahora me decido a aceptar a otro amante, quiero que tenga tres cualidades que no abundan: que sea confiado, sumiso y discreto.

El personaje de Marguerite Duras está basado en Marie Duplessis. De hecho, el crítico de teatro Jules Janin, francés contemporáneo de Dumas y autor de una biografía sobre Marie, escribía en el prólogo de la edición de 1851 que uno de los mayores hallazgos de la novela era la cantidad de datos reales extraídos de la vida de Duplessis. Dumas había alimentado con ellos la avidez de los lectores que deseaban conocer los secretos de la cortesana más cotizada de París.

Pero volvamos a la historia: Armand pierde la cabeza por Marguerite. Y en un momento en el que ella está enferma, Armand la visita a diario y la cuida, y eso hace que Marguerite se fije en él, tal vez porque ha hecho algo que nadie hace. Y aquí nos encontramos otro de los grandes temas de la novela y de la época: la tuberculosis, llamada en la Europa de 1848 «la peste blanca». Se asociaba a la creatividad, la sensibilidad y la vida bohemia. Durante casi todo el siglo XIX, el aspecto tuberculoso sería un símbolo de vulnerabilidad y de belleza femenina. Se sabe incluso que algunas mujeres de la alta sociedad se imponían dietas a base de agua y vinagre a fin de provocarse anemias y que su piel fuera más pálida.

Armand quiere ser el amante de Marguerite Gautier, pero quiere mucho más, quiere que ella, prácticamente, sea su mujer. Una vez que consigue ser su amante, le propone que se vayan a vivir al campo una temporada. Allí Marguerite, por un lado, se siente bien. Dice Dumas hijo que la cortesana empieza a desaparecer, pero Marguerite termina echando de menos París y convence a Armand para que se alquilen un piso en París. Todo parece ir bien, pero, de pronto, aparece el padre de Armand. Primero no sabemos lo que ha ocurrido en ese encuentro entre el padre y la cortesana, pero enseguida vemos el efecto, porque Marguerite abandona a Armand, y lo hace de una forma rotunda, negándole cualquier posibilidad de reconciliación:

> Cuando leas esta carta, Armand, ya seré la amante de otro hombre. Todo ha terminado entre nosotros. Vuelve con tu padre, querido. Vuelve a ver a tu hermana, una chica casta que nada sabe de nuestras miserias, con la que no tardarás en olvidar lo mucho que te ha hecho sufrir esa pérdida de Marguerite Gautier, a la que amaste por un momento y que te debe los únicos instantes felices de una vida que ahora espera que no sea muy larga.

Armand se lo toma mal y reacciona atacándola, insultándola, humillándola en público y en privado. Mientras, Marguerite está cada vez más enferma. Y termina muriendo, tras una agonía terrible y pronunciando el nombre de Armand.

Narrativamente a partir de entonces leeremos la verdad, el punto de vista de Marguerite a través de su diario, que le entregan a Armand. Y entonces sabemos lo que ocurrió en la reunión clave entre el señor Duval, padre de Armand, y Marguerite Gautier. Este es un fragmento de una carta que le envía el padre a la cortesana antes de concertar la cita:

> Quiero que sepa por qué he venido a París. Acabo de decirle que tengo una hija, joven, hermosa y pura como un ángel. Está enamorada, y también ella ha convertido ese amor en el sueño de su vida. Bien, pues mi hija va a casarse. Se casa con el hombre al que ama, y entra en una familia honorable que quiere que en la mía todo sea honorable también. La familia del hombre que debe convertirse en mi yerno se ha enterado de cómo vive Armand en París y me ha hecho saber que cancelará el compromiso si Armand sigue llevando esa vida. El futuro de una muchacha que no le ha hecho nada y que tiene derecho a hacer su vida está en sus manos.

O sea que Marguerite Gautier se sacrifica por amor. Alucinante. Renuncia a su amante, renuncia al amor, para que él se salve. El padre de Armand le impone la abnegación más absoluta y atroz, y ella se lo concede porque nada embellece y purifica más a una mujer que el sacrificio. Como señala Roland Barthes, Marguerite acepta porque el señor Duval le sirve en bandeja aquello que ella siempre ha estado esperando: el reconocimiento. El amor de Armand le había proporcionado ya gran parte de ese reconocimiento, pues había pasado de ser una cortesana a una mujer amada y valorada, pero ella sabe que no puede pedir más. El padre de Armand aparece entonces con una oferta mejor: convertirse en una mártir, en una santa, porque solo las santas se sacrifican a sí mismas:

> El tono paternal en que me hablaba el señor Duval, los castos sentimientos que evocaba en mí, la posibilidad de ganarme la estima de aquel anciano leal, y la tuya, que estaba segura de que obtendría en un futuro, todo eso despertaba en mi corazón nobles

pensamientos que me dignificaban ante mí misma y me hablaban de santas vanidades que hasta entonces no conocía. Cuando pensaba que algún día aquel anciano, que me suplicaba por el futuro de su hijo, pediría a su hija que incluyera mi nombre en sus oraciones, como si fuera el de una misteriosa amiga, me transformaba y me sentía orgullosa de mí misma.

Hay una última escena que les quiero contar que es impresionante. Armand, cuando se entera de que Marguerite ha muerto y, loco de desesperación, dice que necesita volver a verla. Y elabora un plan extraordinario para hacerlo. Solicita un cambio de tumba. Para trasladar a los muertos de una tumba a otra hay que reconocerlos. Dice que tiene que ver lo que Dios ha hecho con esa mujer a la que tanto amó, y así, quizá la desagradable visión sustituirá el desesperado recuerdo. Y la escena es impresionante. Cuando abren el ataúd, un intenso olor a podrido lo llena todo. El sepulturero empieza a descoser la mortaja y descubre, de repente, la cara de Marguerite:

> Fue una visión espantosa, algo horrible de contar. Los ojos no eran más que dos agujeros, habían desaparecido los labios, y los blancos dientes se agolpaban unos contra otros. El largo pelo negro y reseco estaba pegado a las sienes y tapaba en parte las cavidades verdes de las mejillas, pero aun así yo reconocía en aquella cara el rostro blanco, rosado y feliz que tan a menudo había visto.

Alucinante. *La dama de las camelias* es una de las más maravillosas historias de amor de la literatura.

12

Peter y Wendy
de J. M. Barrie

Esta es una de las novelas más inquietantes y extrañas que me he leído jamás. Eso sí, es apasionante, como lo es su autor, J. M. Barrie. Es verdad que se puede leer como un cuento infantil. Me imagino que si le lees la novela a unos niños (yo no lo he hecho), hay todo un mundo que les atrapa desde el principio, el niño que llega volando por la ventana, persiguiendo a su sombra, acompañado por un hada, y tal vez no se fijan en los detalles inquietantes, tal vez no se hacen preguntas. Creo que las preguntas son siempre peores que las respuestas, y es verdad que la novela es el género, como dice Cercas, que plantea preguntas (mientras que el ensayo ofrece respuestas). Pero hacerse preguntas cuando lees *Peter y Wendy* es casi tan peligroso como encontrarte con Garfio mientras paseas por el País de Nunca Jamás.

La primera pregunta que nos podemos hacer es ¿qué es Peter Pan? Esto es lo que le cuenta Peter a Wendy:

—Wendy, yo me escapé el día en que nací.

Ella se quedó muy sorprendida, aunque aquello le interesó; y usando sus modales de salón le indicó, dándose una palmadita en el camisón, que podía sentarse más cerca de ella.

—Fue porque oí a mis padres —le explicó él en voz baja— hablando de lo que iba a ser yo cuando me hiciera mayor —continuó hablando con gran agitación—. Yo no quiero ser mayor jamás —dijo con pasión—. Quiero ser siempre pequeño para poder divertirme. Por eso me escapé a los jardines de Kensington y viví con las hadas durante mucho tiempo.

Eso él, porque a los niños perdidos, que están en el País de Nunca Jamás, les ocurrió otra cosa: Barrie dice que los niños que se caen del cochecito cuando la niñera está mirando hacia otro lado, si no los reclaman en siete días, los envían lejos, al País de Nunca Jamás. Eso sí, las niñas son demasiado listas para caerse del cochecito, por eso no hay niñas. ¿Eso quiere decir que se mueren? ¿Qué los secuestran? Si no los reclaman en siete días ¿dónde?

En 1911, cuando se publicó *Peter y Wendy*, el personaje de Peter Pan ya era famoso. Había aparecido en la novela de Barrie *El pajarito blanco*, donde era un bebé que vivía con las aves. Luego se convirtió en ídolo de masas como el adolescente protagonista de la obra teatral de más éxito del Londres de principios del siglo xx, *Peter Pan o el niño que no quería crecer*, estrenada en 1902. El personaje era prácticamente tan famoso como su autor, un escocés de origen humilde que era toda una celebridad, rico, respetado y con presencia habitual en las crónicas periodísticas y los ecos de sociedad. Un auténtico rockstar. En mi opinión, con muchas cosas oscuras.

Pero sigamos con la novela. Peter Pan echa por encima polvo de hada a Wendy y a sus hermanos y todos salen por la ventana hacia la isla del País de Nunca Jamás. Con el enfado de Campanilla, el hada de Peter, que siente unos celos terribles de Wendy y que, cuando llegan a la isla, intenta matarla. Sin medias tintas: intenta matarla. Peter se enfada con ella por eso y la destierra para toda la eternidad, pero luego la perdona.

La muerte está por todos lados en *Peter y Wendy*. Peter aparece vestido con hojas otoñales y telarañas unidas por la savia de los árboles, ropa que sugiere el bosque, pero también la tumba. Viven en una casita subterránea que evoca los túmulos funerarios y se alimentan de comida de mentira. La muerte se considera un juego más. Para Peter, «¡morir será una aventura formidable!», frase que se convierte en un leitmotiv casi vampírico y que, por cierto, se eliminó de las representaciones teatrales que se hicieron durante los años de la Primera Guerra Mundial (en la que murieron alrededor de un millón de jóvenes soldados británicos).

En el País de Nunca Jamás viven los niños perdidos, pero también los indios y los piratas, y todos combaten contra todos. Batallas en las que muere gente pero que se toman como un juego. Garfio es otro personajazo impresionante:

> Todo él era cadavérico y negruzco; tenía el cabello peinado en tirabuzones tan largos que a cierta distancia parecían velas, lo que daba a su apuesto rostro una expresión malévola. Los ojos eran del azul de la flor del nomeolvides y profundamente melancólicos, menos cuando se encontraba en plena pelea intentando clavar el garfio, porque entonces aparecían en ellos dos puntos rojos que emanaban una luz aterradora.

Tanto Garfio como Peter sufren de una soledad desesperada en la que se necesitan el uno al otro, ya que ambos libran la misma batalla contra el paso del tiempo: el adulto, aterrado ante la perspectiva de la muerte; el joven, empeñado en lograr uno de los anhelos más ancestrales del ser humano, la inmortalidad.

Otra de las cosas raras que suceden en la novela es la peculiar relación que se establece entre Wendy y Peter. A veces parece que son pareja, y que los niños perdidos son los hijos. De hecho todos coinciden en que necesitan a una mamá. Pero hasta Peter se pregunta a veces qué son. Porque otras veces Peter es el jefe, sin más, y ella, una más de la pandilla; y en otros momentos, Peter es uno más de los niños perdidos, y Wendy, la mamá de todos. Cuando Wendy le pregunta a Peter qué siente por ella, Peter le contesta que «el cariño de un hijo».

En la isla corren mil aventuras deliciosas y en ocasiones terribles, como la batalla final contra Garfio, que antes de saltar por la borda sin saber que le está esperando el cocodrilo le pregunta a Peter quién es, qué es. Y Peter le contesta «Soy la juventud, soy la alegría».

Hasta que Wendy y sus hermanos empiezan a echar de menos su casa y deciden que hay que volver. Y Peter los acompaña. Y en ese final donde ocurre otra cosa que a mí me sorprendió mucho (e hizo, perdónenme todos, que Peter terminara de caerme fatal). Resulta que la madre de Wendy tiene un ligero recuerdo de Peter, y hasta de algunos besos que él le daba. Y Peter siguió acudiendo a su ventana hasta que conoció a Wendy, y seguirá llegando año tras año a la ventana de Wendy mientras ella crece hasta que descubre a la hija de Wendy, que se llama Jane, y también se la llevará al País de Nunca Jamás. Y cuando Jane crece, tiene una hija, llamada Margaret, a la que Peter se llevará también al País de Nunca Jamás.

Una cosa más. Cuando un año Wendy le pregunta a Peter por Campanilla, Peter la ha olvidado, como ha olvidado a Garfio:

—Hay tantísimas hadas —dice Peter—. Será que ya no existe. Las hadas viven poco tiempo, pero son tan pequeñas que un rato les parece mucho.

Pero *Peter y Wendy* es un libro maravilloso, lleno de magia. Maravillosamente escrito, con una sensibilidad extraordinaria, llena de misterio, de secretos, de alegría y de imaginación. No quiero que solo quede la extrañeza, la inquietud de las zonas oscuras, porque la novela es emocionante, divertida, inolvidable. Una historia universal que ha sobrevivido y que sobrevivirá siempre.

13

Cumbres Borrascosas
de Emily Brontë

Cuando pronuncio el apellido Brontë, antes de pensar en libros, no puedo dejar de pensar en esa familia compuesta por seis hijos, cinco mujeres y un hombre. La mayor murió con once años, la menor con diez años, el hombre murió con algo más de treinta, después de revelar un gran talento artístico y no publicar nunca nada, y al fin, quedaron el resto de las hermanas Brontë: Charlotte, autora de *Jane Eyre*, de *Vilette* y de *Shirley*, muerta con treinta y ocho años; Anne, autora de *Agnes Grey* y de *La inquilina de Wilfell Hall*, muerta con veintinueve años; Emily, autora de *Cumbres Borrascosas*, muerta con treinta años. Y encima, todas vivieron en la parroquia del pueblo de Haworth, en Yorkshire, un pueblo que parece que no era tan pequeño como cuenta la leyenda, sino que era una población de casi cinco mil habitantes. Pero en fin, con el páramo como patio trasero, no creo que fuera tampoco muy cosmopolita, y menos en plena época victoriana. De hecho, las hermanas tuvieron que publicar (cómo no) con nombres de hombre para que fueran aceptadas y publicadas sus novelas.

En todo caso no deja de ser excepcional que en esos años, mediados del siglo XIX, en una parroquia de Yorkshire, se dieran tres (si no cuatro) de las grandes obras maestras de la literatura inglesa, en la misma familia. Emily publicó *Cumbres Borrascosas* en 1847. Ese año la novela más leída fue *Jane Eyre*, de su hermana Charlotte.

Cumbres Borrascosas es una novela excesiva, compleja, llena de pulsiones y de amores atormentados, de seres que desaparecen y vuelven a aparecer, de casas y de familias. Es otra de esas obras que hay que disfrutar una vez en la vida. Yo me lancé cuando hicimos el programa. Ya tenía muchos años y me dio una pereza inmensa, pero disfruté como cerdo en barrizal.

Lo primero que sorprende (para empezar) son los nombres de las casas. Una de ellas es Cumbres Borrascosas, la otra es la Granja de los Tordos. En Cumbres Borrascosas viven los Earnshaw. Los hijos son Catherine y Hindley. Pero una tarde, el señor Earnshaw lleva a casa a un niño lleno de mugre que se queda a vivir con ellos. Es Heathcliff. Catherine y él se convierten en uña y carne, pero Hindley le odia. Lo maltrata constantemente y Heathcliff lo aguanta sin un pestañeo ni una lágrima. En cambio a Hindley se le va agriando el carácter. Heathcliff es un niño extraño y Catherine en cambio es una niña feliz que canta y ríe constantemente.

Cuando el padre muere, Hindley se casa y se hace cargo de todo. Maltrata aún más a Heathcliff, pero Catherine y Heathcliff no se separan nunca. Huyen a los pantanos y se quedan allí todo el día, hasta que un día, al pasar por la Granja de los Tordos, el perro de los Linton muerde a Catherine, y la niña se queda allí, atendida por la familia Linton y sus hijos, Isabella y Edgar.

Catherine se queda en la Granja de los Tordos cinco semanas y cuando vuelve algo se ha roto entre ella y Heathcliff que empieza a comportarse de forma huraña. Cada día se hacen más ostensibles su malhumor y su ferocidad. La casa es un infierno. Y más cuando nace Hareton, el hijo de Hindley, y su mujer muere en el parto.

Catherine ya nunca pierde el contacto con los Linton, que son como la familia bien. Y entonces se produce una confusión terrible en la que Heathcliff escucha un trozo de conversación de Catherine que además interpreta mal, se siente traicionado y se escapa. Aquella noche se desata una terrible tormenta y Catherine sale a buscar a Heathcliff y pasa toda la noche mojándose, buscándolo. Pero nadie vuelve a saber nada de él. Catherine cae enferma, con fiebres. Pasa la convalecencia en la Granja de los Tordos y contagia a los padres de Edgar, que mueren. Vuelve a Cumbres Borrascosas, y poco después Edgar Linton y Catherine Earnshaw se casan y se van a vivir a la Granja de los Tordos. En Cumbres Borrascosas quedan el terrible Hindley y su hijo Hareton.

Y todo esto en medio de grandes discusiones, grandes enfados, grandes reconciliaciones, a medias, odios desmedidos, palizas constantes. Desde lo más importante hasta lo más nimio, todo es exagerado.

Pasado el tiempo aparece un día por la Granja de los Tordos Heathcliff. Así lo cuenta la criada:

> Ahora que la luz del fuego y de los cirios le daba de lleno, me quedé aún más perpleja que antes al contemplar la transformación operada en Heathcliff. Se había convertido en un hombre alto, atlético y bien formado; a su lado mi señor parecía un mozalbete bastante escuálido. Su porte erguido sugería que podía haber servido en el ejército. Su expresión y la firmeza de sus facciones le hacían parecer mucho más maduro que el señor Linton, le daban un aire de inteligencia en el que no quedaba ni rastro de su antigua degradación. Es cierto que en las cejas hundidas y los ojos llenos de fuego negro acechaba aún una ferocidad semisalvaje, pero amansada.

Heathcliff se instala en Cumbres Borrascosas. Catherine lo va a ver a menudo. Pero Isabella, le hermana de Edgar, el marido de Catherine, se enamora de él. Y como Catherine y Edgar se niegan a ese matrimonio, Heathcliff e Isabella se escapan juntos, después de que Heathcliff le diga cuatro cosas (bien dichas) a Catherine. Lo que realmente quiere Heathcliff es estar con Catherine, pero está tan desesperado que no sabe cómo hacerlo. Catherine se queda embarazada y cada vez va estando más débil. Cuando está a punto de dar a luz se produce un encuentro tremendo entre ellos. Se besan, se abrazan, hablan de la muerte, de lo que será una vida separados. Ella le dice que ojalá pudiera tenerlo asido hasta que les llegue la muerte a los dos. Él le dice que antes podrá olvidar su propia existencia que olvidarla a ella. Y ella entonces le dice que no hallará la paz ni cuando muera. Catherine se desmaya. En torno a las doce de aquella misma noche nace la hija de Catherine, Cathy, una criatura enclenque y sietemesina, y dos horas después muere Catherine sin haber recobrado el conocimiento.

Y así la tragedia pasa a la siguiente generación: Cathy, la hija de Catherine, Linton, el hijo de Hindley, y Linton, el hijo de Heathcliff. Hay un poco de confusión con los nombres, pero eso es algo buscado por Emily Brontë. Las similitudes entre generaciones ayudan a desdibujar las diferencias. El linaje parece confuso. Por ejemplo, Hareton, el sobrino de Catherine, se parece más a ella que su propia hija Cathy, y al mismo tiempo parece más hijo de Heathcliff que el hijo biológico de este, Linton. En algunos momentos al leer la novela parece que estás metido en un sueño.

Las relaciones entre ellos son siempre complejas, van cambiando de lugar, yendo de una casa a otra, de un afecto a otro, y la generación de los mayores va muriendo mientras que los jóvenes toman el control o el descontrol, de sus vidas. No voy a contar todo el argumento. Solo quiero destacar una escena que ya vimos hace unos capítulos en *La dama de las camelias* y es que cuando Heathcliff está a punto de morir ordena que desentierren a Catherine para volver a verla. Y tras verla soborna al sepulturero para que los entierren al lado, y quite las maderas laterales de ambos féretros para estar pegados, juntos, para siempre.

Todo es una locura, todo es un exceso, todo es una aventura y todo es agotador, pero cuando se consigue desenredar la madeja y llegar al final, cuando se logra entender lo que siente cada uno de los personajes, el arco de cada uno, cuando se contempla la obra entera, te das cuenta de que te has leído un novelón irrepetible.

Por cierto, termina bien.

14

Los pazos de Ulloa
de Emilia Pardo Bazán

Apenas cuarenta años después de que Emily Brontë publicara *Cumbres Borrascosas*, Emilia Pardo Bazán publica *Los pazos de Ulloa*, una novela brutal, que te sumerge en un paisaje y en un ambiente tan opresivo que hay que respirar el doble mientras la lees, para no ahogarte, aunque lo que te cuenta, al final, te quita la respiración.

Los pazos de Ulloa habla del conflicto entre cultura e instinto, y de la fuerza que tiene lo primitivo para arrasar lo civilizado. El mismo tema que cultivó Valle-Inclán y que Cela convirtió en el tremendismo, o que Torrente Ballester plasmó en la maravillosa *Los gozos y las sombras*. Todos gallegos porque todos beben de la Pardo Bazán, la gran dama del naturalismo español, la mujer más libre y tal vez la persona más inteligente de la literatura española del xix.

La historia comienza cuando Julián, el nuevo capellán, intenta llegar hasta los pazos del marqués de Ulloa, y el paisaje se lo va comiendo, teme que nunca va a llegar, hasta que se encuentra con tres personas, que a primera vista no le tranquilizan mucho. Son el guardés, Primitivo, la mano derecha del marqués, el abad de Ulloa y el propio marqués. Cuando llegan a la casa, la escena que se encuentra Julián es alucinante. Llegan a la cocina y allí dormita una vieja desgreñada y hay una chica joven, Sabel, a la que el marqués abronca por no tener lista la cena, y luego la abronca por no dar de comer a los perros, que se ponen a ladrar. Entre ellos, mezclado, porque tiene la misma altura y el mismo color que los perros, hay un chaval de tres o cuatro años.

En la escritura de Pardo Bazán se puede sentir la mugre, el desorden, y hasta el miedo. Y en esa escena ya nos ha mostrado a casi todos los protagonistas de este drama. Sabel, la bella campesina que ha tenido un hijo con el marqués y que sigue siendo la criada allí; Primitivo, el padre de Sabel, que en realidad manda más que nadie y todo lo controla, y el marqués, don Pedro de Moscoso, que es la metáfora del hombre manipulado por los instintos de la barbarie que destruye los cimientos de la civilización. Y por último el niño, Perucho, personaje complejo y maravillosamente dibujado por doña Emilia, mezcla de bondad innata y de inteligencia salvaje.

En *Los pazos de Ulloa* está muy presente la represión de las mujeres, que podría ser el tema central de la novela, cómo el machismo y la brutalidad terminan doblegando la voluntad y la vida de las mujeres, o el tema de la civilización frente a lo primitivo, pero una parte de la crítica siempre ha hablado de que la protagonista real de la novela es la naturaleza, el paisaje bárbaro.

Cuando Julián lleva allí un tiempo se decide a hablar con el marqués para que eche a Primitivo y a toda su familia, pero el marqués le dice que Primitivo controla toda la zona, y que todo el pueblo se echaría contra él y no encontraría a nadie para servir en la casa ni para llevar la finca. Sabe que le están robando a manos llenas, pero no puede hacer nada, y entonces Julián le dice que por qué no sale del pueblo y se busca una señorita buena y honrada para casarse con ella. Y así podría tener un hijo que continuara el nombre de la casa. Y el marqués accede.

Un día aparece arreglado y vestido como nunca lo ha visto Julián y juntos se van a ver a su tío, que tiene varias hijas, primas del marqués, casaderas. De todas ellas elige a la más débil, a la que tiene el aspecto más enfermizo: Nucha. Y no es casual: será más fácil de controlar. Nucha sufre un proceso parecido al que sufrió

Julián. Primero la casa, la mugre y el desorden y la naturaleza se la comen, pero luego saca su carácter y consigue rehacerse. Hasta que se queda embarazada.

Es maravilloso cuando Nucha descubre la existencia de Perucho, que en realidad se llama como el marqués, que es su padre, pero Julián no se lo dice a ella. A Nucha le encanta Perucho. Le parece una belleza y lo primero que hace es lavarlo y buscarle ropa para que no vaya todo el día desastrado y descalzo. Y le hace prometer a Julián que le dará clases. Don Pedro se porta muy bien con Nucha. Olvidando sus acostumbradas correrías por montes y riscos, la saca todas las tardes de paseo. Se muestra hasta galante trayéndole flores. Hasta que Nucha se pone de parto. Está a punto de morir y se queda muy débil. Tiene una niña.

Ahí vuelven a cambiar las cosas. El marqués vuelve a sus correrías con Sabel, vuelve a cazar, y no aparece apenas por casa. Sabel vuelve a reunir a su alrededor a su coro de viejas en la cocina. Lo único que alegra la casa es la niña, que es una monada. Julián tiene la sensación de que todos conspiran contra Nucha. Ella está triste, abatida, como si los muros de la casa se hubieran hecho más anchos con el invierno. Todo la asusta.

A Perucho le encanta la niña. Le fabrica juguetes y siempre va a verla. Y ella sonríe cada vez que lo ve. Incluso, cuando empiezan a salirle los dientes, Perucho es el único que la calma. A Julián se le hace un nudo en el estómago cada vez que los ve juntos, y más cuando se da cuenta de que Nucha lo trata casi como a otro hijo. Hay una escena brutal en la que los está bañando juntos y de repente ella se da cuenta de que son hermanos:

—Ahí los tiene usted en sus glorias: ¿no parecen un par de hermanitos?

Al pronunciar sin intención la frase, Nucha, desde el suelo, alzaba la mirada hacia Julián. La descomposición de la de este fue tan instantánea, tan reveladora, tan elocuente, tan profunda, que la señora de Moscoso, apoyándose en una mano, se irguió de pronto, quedándose en pie frente a él. En aquel rostro consumido por la larga enfermedad, y bajo cuya piel fina se traslucía la ramificación venosa; en aquellos ojos vagos, de ancha pupila y córnea húmeda, cercados de azulada ojera, vio Julián encenderse y fulgurar tras las negras pestañas una luz horrible, donde ardían la certeza, el asombro y el espanto.

A partir de entonces Nucha no quiere ver a Perucho ni quiere que se acerque a su hija. Perucho no entiende nada, no sabe qué ha hecho mal. Nucha piensa en marcharse de allí con su hija, y empieza a írsele un poco la cabeza. Dice que quieren matar a la niña, que tiene miedo. Y es que los equilibrios de poder en los pazos de Ulloa están tambaleándose. Primitivo mete en la cabeza del marqués que Julián y Nucha son amantes, y don Pedro reacciona con violencia. En medio de ese caos, el único que mantiene la paz es Perucho, que vive al margen, y que sabe que siempre cuidará de la niña, a la que adora.

Y finalmente se desencadena el drama. Pasará el tiempo, y la novela termina con Julián visitando la tumba de Nucha. De pronto ve venir a una pareja: el muchacho guapísimo, la niña, espigadita para sus once años, igual que su madre a la misma edad, pero con ojos más luminosos y mirada más firme. Son Perucho y la hija de Nucha, pero hay algo que sorprende a Julián:

> Mientras el hijo de Sabel vestía ropa de buen paño, de hechura como entre aldeano acomodado y señorito, la hija de Nucha, cubierta con un traje de percal, asaz viejo, llevaba los zapatos tan rotos, que pudiere decirse que iba descalza.

Los pazos de Ulloa forma un díptico con *La madre naturaleza*, su continuación, que es otra novela maravillosa, que cuenta lo que pasa con esta pareja. No llega a la altura de *Los pazos de Ulloa*, pero es que resulta difícil igualar a este novelón, oscuro, asfixiante y extraordinario.

15

Las aventuras de Alicia en el País de las Maravillas
de Lewis Carroll

¿Cuántas escenas conocemos de *Las aventuras de Alicia en el País de las Maravillas*? Es verdad que eso nos puede pasar con casi todos los libros que se incluyen en este libro, pero es que en este caso conocemos casi todas: la caída por el agujero, la escena del té de las cinco, el conejo blanco, Alicia creciendo y luego menguando, llorando, pasando por una puerta diminuta, el gato de Cheshire, o la reina que le quiere cortar la cabeza a todo el mundo... Y como comentamos hace unos capítulos cuando hablábamos de *Peter y Wendy*, esta es una novela para niños, pero llena de trampas y de diferentes niveles de lectura. Yo me he visto reflejado más en el libro cuando lo leí hace menos de cinco años que cuando lo leí siendo casi un niño.

Es un libro inquietante, maravillosamente escrito, vertiginoso y divertido. Es ese tipo de libros que has leído mil veces pero que cuando te pones con él (de nuevo o por primera vez) sabes que vas a disfrutar cada una de sus palabras. Una delicia. Y una locura también.

Lewis Carroll es el seudónimo de Charles Lutwidge Dogson, que nació en Cheshire (como el gato) en 1832 y murió en Surrey, Reino Unido, en 1898. Incluso su seudónimo era un juego de palabras. Transformó Charles Lutwidge en Ludovic Carolus y de allí emergió Lewis Carroll. Era profesor de matemáticas en Oxford y diácono de la Iglesia anglicana. Tímido y reservado, un apasionado de la fotografía, los juegos matemáticos, la experimentación con el lenguaje y los niños. Escribió tratados de matemáticas, poemas, artículos, relatos y novelas. Publicó *Las aventuras de Alicia en el País de las Maravillas* en 1865. El origen fue un cuento que le contó a Alicia Liddell y a sus hermanas en el curso de un paseo en barca por el Támesis el 4 de julio de 1862. La primera versión se llamó *Las aventuras subterráneas de Alicia*. Alicia era hija del decano del college de Oxford donde Carroll era profesor de matemáticas. De hecho, en Oxford, cada 4 de julio se celebra el día de Alicia para conmemorar la creación de esta obra maestra.

Recordemos cómo comienza:

> Alicia empezaba a estar harta de seguir tanto rato sentada en la orilla, junto a su hermana, sin hacer nada: una o dos veces se había asomado al libro que su hermana estaba leyendo, pero no tenía ilustraciones ni diálogos, «¿y de qué sirve un libro —pensó Alicia— si no tiene ilustraciones ni diálogos?».

De pronto, un conejo blanco de ojos rosados pasa velozmente a su lado diciendo que va a llegar tarde. Saca un reloj del bolsillo del chaleco, lo mira y acelera el paso. Y ahí empieza todo, porque Alicia corre tras él y ve cómo se cuela por una gran madriguera que hay bajo un seto. La niña se mete sin dudarlo, pero la madriguera es como un túnel que de repente se hunde, y Alicia cae por lo que parece ser un pozo muy profundo.

Gran parte de la historia arranca con procesos que divierten a los niños: caer por toboganes sin fin, correr, esconderse, romper cosas, hacer preguntas. Pero hay una cosa maravillosa que tiene *Las aventuras de Alicia en el País de las Maravillas* y es que no tiene moraleja. Transmite una sensación de anarquía que le encanta a los niños (y a los mayores) y no da lecciones. Tal vez por eso tiene tantas interpretaciones, que van desde el surrealismo hasta los defensores del consumo de LSD. Y, de hecho, Alicia siempre come cosas para transformarse. De las primeras cosas que le suceden a Alicia es que no puede pasar por una puerta para llegar a un jardín maravilloso y bebe un líquido que encuentra encima de una mesa, en una botellita. Entonces empieza a menguar hasta convertirse en una personita de veinticinco centímetros y luego llora hasta que descubre una galleta que se come y entonces comienza a crecer. A crecer mucho. De hecho, poco después dice que «la regla es que coma lo que coma o beba lo que beba ocurre algo interesante». Y, bueno, lo que devuelve a Alicia su tamaño es una seta.

Alicia va avanzando y pasando fases, de la casita pasa al lago, de ahí al Dodo, de ahí a la lagartija, la Oruga, el Lacayo Pez, la Duquesa, el gato de Cheshire, la Liebre de Marzo o el Sombrerero, y todos tienen la obsesión de obligar a Alicia a que se comporte de forma racional cuando todos ellos están locos, lo que es una estupenda reflexión sobre hacerse adulto.

Las aventuras de Alicia en el País de las Maravillas está lleno de juegos y de diálogos surrealistas (por decir algo). En todo caso, extraños, divertidos, ingeniosos:

—Minino de Cheshire —empezó más bien con timidez, pues no estaba segura si le gustaría el nombre; pero el gato se mostró aún más risueño. «¡Vaya! —pensó Alicia—. De momento parece satisfecho», y prosiguió—: ¿Podrías decirme, por favor, qué camino he de tomar para salir de aquí?

—Depende mucho del punto adonde quieras ir —contestó el Gato.

—Me da casi igual adónde —dijo Alicia.

—Entonces no importa qué camino sigas —dijo el Gato.

—... siempre que llegue a alguna parte —añadió Alicia, a modo de explicación.

—¡Ah!, seguro que lo consigues —dijo el Gato—, si andas lo suficiente.

Y al fin Alicia llega hasta el jardín de la Reina de Corazones, donde asiste a un peculiar partido de cróquet y donde aparecen casi todos los personajes que se ha ido encontrando. Es la escena más onírica, en mi opinión, y todo termina con un gran juicio en el que la reina grita, como siempre, «¡que le corten la cabeza!», y el rey no hace más que caer en contradicciones, hasta que Alicia decide no colaborar y entonces todo el mazo de cartas (que son los soldados) se echan encima de ella. En ese momento Alicia se despierta con la cabeza en el regazo de su hermana, le dice que ha tenido un sueño y le cuenta todas sus aventuras. Entonces es su hermana la que dormita y ve el País de las Maravillas y piensa que todo acabará cuando despierte, y la novela termina imaginando a Alicia en el futuro, convertida en mujer y cómo recordará ese sueño y se lo contará a sus hijos y así recordará también su propia infancia y los felices días del verano.

16

Los viajes de Gulliver
de Jonathan Swift

No pensaba ni por asomo que me iba a gustar tanto *Los viajes de Gulliver* cuando me lo leí, un poco por obligación y un poco torciendo el gesto. Pero me pareció maravilloso. Y me lo ha parecido más todavía cuando me lo he tenido que releer para hacerlo en el programa *Un libro una hora*. Me reía a carcajadas y me pareció no solo un libro divertidísimo, sino además una crítica salvaje de nuestra sociedad que podría valer perfectamente hoy. Y eso que Jonathan Swift lo escribió hace trescientos años, en 1726. Alucinante.

Jonathan Swift nació en 1667, solo sesenta y dos años después de que se publicara la primera parte del Quijote. Era un eclesiástico anglicano irlandés y fue un gran defensor del pueblo de su país, mayoritariamente pobre y católico. Era un genio de la sátira. Este es el título de otro de sus títulos más famosos: *Modesta proposición para acabar con los niños pobres irlandeses por el simple método de comérselos*. Maravilloso.

Hay todo un universo en *Los viajes de Gulliver* que ya forma parte de nuestra cultura, o porque nos lo han contado una y mil veces o porque lo hemos visto representado de alguna forma. El caso es que la mayoría de los países que visita Gulliver los conocemos, pero al leerlo, y eso pasa muy a menudo, nos damos cuenta de que hay cosas que no nos han contado. Y otras cosas que no sabíamos que estaban allí. Por ejemplo, la palabra yahoo.

Que es una de las especies que se encuentra Gulliver. Y los yahoo (no sé muy bien por qué le pusieron ese nombre a la empresa) son los seres más despreciables de toda la historia. Luego lo cuento mejor.

El primer viaje de Gulliver, y el primer naufragio, lo lleva a Lilliput. Un lugar donde sus habitantes son, respecto a Gulliver, muy pequeños, diminutos. Pero están perfectamente proporcionados y tienen una sociedad parecida a la nuestra, aunque con un idioma distinto, que Gulliver tiene que aprender. Gulliver se gana la confianza de los lilliputienses y aunque tiene dificultades para alimentarse porque los alimentos de allí tienen la misma proporción y le hacen falta grandes cantidades para quedarse satisfecho, y para dormir, porque no hay ningún lugar en donde quepa, se adapta y les ayuda en todo lo que puede.

Es tronchante la escena en la que se quema el palacio de la princesa y despiertan a Gulliver a medianoche para que les ayude. Al gigante Gulliver no se le ocurre otra cosa más que orinar encima del palacio y, claro, apaga el fuego, pero la princesa se niega a volver a ocupar su palacio.

Los lilliputienses quieren utilizarlo en la guerra que mantienen contra sus enemigos y vecinos, los habitantes de Blefuscu, por una vieja disputa sobre cómo se tiene que abrir un huevo. Y Gulliver al principio les ayuda, pero luego se cansa y se va a conocer Blefuscu.

Cuando logra salir de allí, vuelve a naufragar y entonces llega al país de Brobdingnac, donde Gulliver es, al revés, un ser diminuto, y los problemas que entonces se encuentra son los contrarios, y encima, por ser pequeño, lo usan primero como atracción de feria y luego se convierte en una especie de mascota, hasta que un águila se lleva la caja en la que vive, y le rescata un barco.

Cuando Gulliver cuenta lo que le ha pasado a sus rescatadores, creen que delira. Y encima ha perdido absolutamente la proporción de las cosas. En el barco se extraña de estar rodeado de pigmeos, acostumbrado por tanto tiempo a los objetos gigantescos, y cuando nueve meses después llega de nuevo a Inglaterra, piensa en Lilliput y tiene miedo de pisar a los caminantes, y cuando llega a su casa se agacha para entrar, como un ganso bajo una valla, temeroso de golpearse la cabeza:

> Me comporté de modo tan inexplicable que todos fueron de la opinión del capitán cuando me vio por primera vez, y llegaron a la conclusión de que había perdido el juicio. Menciono esto como ejemplo del poderoso influjo de la costumbre y el prejuicio.

Pero Gulliver sigue viajando, y siempre le pasa algo. Esta vez unos piratas les abordan y le dejan abandonado en una isla. Un día ve una isla voladora. Es el reino de Laputa, donde todos llevan la cabeza inclinada o a la derecha o a la izquierda, uno de los ojos vuelto hacia dentro, y el otro fijado en el cenit y van vestidos con motivos musicales. Siempre van acompañados de lacayos, que sostienen una vejiga rellena de guisantes con la que golpean de vez en cuando la boca y orejas de sus amos, ya que la mente de esa gente está tan absorta en profunda especulación que no pueden ni hablar ni atender a lo que digan los demás, si un agente externo no mantiene despiertos los órganos de la palabra y del oído. En Laputa reina la ciencia y las matemáticas. Gulliver tiene el honor de ser invitado a la Gran Academia, donde cerca de quinientos investigadores o planificadores trabajan en proyectos increíbles y raros, que, en el futuro, supuestamente, harán mejor a la sociedad, pero en realidad están tratando de buscar soluciones extrañas a problemas que ya están bien resueltos, o intentan imposibles como extraer rayos de sol de los pepinos.

Gulliver piensa en volver a Inglaterra. Abandona Laputa y decide visitar Glubbdubdrib, que significa isla de los Hechiceros o de los Magos. Allí Gulliver tiene la posibilidad de hablar con los muertos, y convoca a los mayores pensadores de la historia para charlar con ellos. Luego zarpa hacia Luggnagg, donde conoce a los struldbruggs o inmortales, y se entera de cómo se gestiona la vida eterna. Después zarpa hacia el Japón, y desde allí, haciéndose pasar por holandés, porque son los únicos autorizados a entrar en Japón, se embarca hacia Ámsterdam, y así vuelve a Inglaterra.

Ha estado ausente cinco años y seis meses, pero como los hijos y la mujer de Gulliver gozan de buena salud deja a su pobre mujer esperando otro hijo y se embarca de nuevo. Otro motín hace que se encuentre en un bote en medio del océano y llega al País de los Houyhnhnm, donde también viven los yahoos:

> Tenían las cabezas y pechos cubiertos de una espesa pelambrera, rizada en unos casos, lacia en otros. Llevaban barbas de chivo y una abundante cabellera les caía por la espalda, y por la parte anterior de sus patas y pies. El resto de su cuerpo estaba desnudo, y pude divisar su piel, de color marrón oscuro. Carecían de cola y sus nalgas estaban peladas, excepto alrededor del ano. Supongo que la naturaleza se lo había dado así como protección para sentarse en el suelo.

En realidad son como seres humanos que han evolucionado a peor, y son los seres más despreciables que Gulliver se encuentra en sus viajes. Y frente a ellos están los houyhnhnm, unos caballos de una inteligencia maravillosa y que tienen tal bondad que Gulliver los considera la sociedad más perfecta que ha conocido.

Al final, y después de años de vivir con los houyhnhnm, Gulliver, cuando piensa en su familia y amigos, o sus compatriotas o el género humano en general, los considera realmente como yahoos por su aspecto y disposiciones, solo que un poco más educados. Gulliver es feliz allí, pero se tiene que marchar y el problema es que cuando llega de nuevo a su casa todo el mundo le recuerda a los yahoos. Durante el primer año no puede soportar ni siquiera la presencia de su mujer e hijos. Compra dos caballos a los que cuida y con los que pasa horas y contempla frecuentemente su imagen en el espejo para acostumbrarse a tolerar la presencia de la criatura humana. No soporta, sobre todo, su orgullo.

No sé si esta novela tiene moraleja o es solamente una sátira sobre el ser humano, lo que sí que sé es que es una maravilla que hay que disfrutar, y reírse, y pensar.

17
Frankenstein o el moderno Prometeo
de Mary Shelley

Hace más de doscientos años, una mujer extraordinaria publicó una novela única y creó a un ser complejo y terrible que a todos nos ha aterrorizado alguna vez y que ya forma parte de nuestra cultura: el monstruo de Frankenstein. Pero no sé si esta novela es una novela de terror o es una novela filosófica. Vamos por partes (nunca mejor dicho).

Mary Wollstonecraft Godwin, su autora, más conocida por su nombre de matrimonio, May Shelley, era la hija de Mary Wollstonecraft, una de las primeras activistas feministas, una mujer brillante e inteligente, comprometida y luchadora. Su padre era William Godwin, uno de los principales filósofos que teorizaron sobre el movimiento anarquista político. No sé cuántas posibilidades había de que Mary fuera inteligente y brillante, pero creo que muchas. Con apenas catorce años, conoció al joven poeta Percy Shelley y huyó con él a Francia. Formaban parte del círculo de poetas románticos que frecuentaba lord Byron. A los veintiún años, Mary Shelley publicó su primera novela, *Frankenstein o el moderno Prometeo*, en 1818, que obtuvo un gran éxito.

Todo el mundo conoce la historia de cómo se creó. En 1814 y 1815 se produjeron dos gigantescas erupciones volcánicas en Filipinas y en Indonesia. La columna de ceniza alcanzó los cuarenta y tres kilómetros de altura tapando el Sol, por eso, a 1816 se le conoce como el año sin verano. Aquel verano se reunieron en

Villa Diodati, a orillas del lago Leman, lord Byron, su médico, el doctor John Polidori, el poeta Percy Shelley y Mary Wollstonecraft Godwin, su prometida. Con ellos estaba la hermanastra de Mary y pareja de lord Byron, Claire Clairmont. Lord Byron propuso un pequeño reto a sus amigos: que cada uno escribiera una historia de terror. Lord Byron dejó a medias un relato que retomó Polidori, titulado «El vampiro», que terminó inspirando a Bram Stoker su *Drácula*. Y de esa noche surgió también el relato de Mary Shelley. Parece que lo soñó después de una conversación que tuvieron Polidori y Percy Shelley sobre las investigaciones de Luigi Galvani y el poder de la electricidad para mover los cuerpos muertos. Enseguida se dio cuenta de que aquello era lo suficientemente bueno como para ser una novela.

La historia cuenta cómo el doctor Frankenstein, un estudiante de medicina obsesionado con la creación de la vida y con la muerte, tras terminar sus estudios empieza a intentar dar vida a un cuerpo muerto. Y al final lo consigue, pero cuando la criatura se pone en pie, emitiendo extraños sonidos, es tan terrible que el doctor Frankenstein huye de su laboratorio. Cuando vuelve la criatura se ha marchado, ha desaparecido. Aquí es donde comienza lo que podríamos llamar una novela filosófica, porque la criatura empieza a aprender nuestra cultura. Aprende idiomas, aprende filosofía, se convierte en un ser inteligente y cultivado, capaz de tener una conversación interesante, pero al que todo el mundo rechaza por su fealdad. Así que la criatura decide volver para pedir una cosa a su creador. Los encuentros entre la criatura y el doctor son maravillosos:

> —Ya esperaba este recibimiento —dijo el demonio—. La humanidad odia a los desgraciados. ¡Cuánto odio debo de inspirar yo, que soy el más miserable de todos los seres vivos! Y tú, mi creador, me detestas, desdeñas a tu criatura, a la que estás unido por unos vínculos que solo pueden disolverse con la muerte de uno de los dos. Y te propones matarme. ¿Cómo te atreves a jugar

así con la vida? Cumple con tus deberes hacia mí y yo cumpliré contigo y con la humanidad. Si aceptas mis condiciones, os dejaré en paz a todos, pero si te niegas blandiré el puño de la muerte hasta saciarme con la sangre de los amigos que aún te quedan.

Le pide que cree para él una mujer, para no estar siempre solo. Y promete que ambos se retirarán del mundo y nadie los volverá a ver. Pero el doctor Frankenstein se niega y entonces el monstruo le dice que si él va a estar solo el resto de su existencia, el doctor lo estará también. Si no le da una mujer, se dedicará a matar a todos los seres queridos del doctor. Frankenstein se niega a repetir el experimento. No solo porque no se fía, sino porque no quiere hacer otra criatura, no quiere volver a crear la vida, reniega de ese papel de creador. Precisamente por eso Mary Shelley subtituló la obra «el moderno Prometeo». Prometeo desafió a los dioses, robándoles el fuego, para dárselo a los hombres. Como castigo, los dioses le condenaron a que su hígado fuera devorado por un águila. Como Prometeo era inmortal, cada vez que el águila se comía su hígado, el hígado volvía a crecer y la tortura volvía a empezar. El doctor Frankenstein también había desafiado a los dioses, o a las leyes naturales.

La criatura acaba con todos de una forma terrible, hasta que el doctor Frankenstein decide contraatacar, se da cuenta de que eso nunca va a acabar, así que decide terminar con su criatura y empieza a perseguirle. En su persecución llega hasta el polo norte, donde los encuentra un barco. Donde comienza esta extraordinaria novela, profunda, triste, desgarradora y terrorífica.

18

La Celestina
de Fernando de Rojas

La Celestina es uno de los libros que más me ha maravillado últimamente. Y qué pena esto de últimamente porque me lo hicieron leer en el instituto y lo odié, no pude entenderlo, y me quitó durante un tiempo las ganas de leer clásicos. Es el típico libro que si nos lo hubieran contado de otra forma seguro que nos habría apasionado como me ha apasionado a mí cuando me tuve que meter con él, primero para hacer una adaptación (lo que ahora llamamos una ficción sonora) y luego para hacer un capítulo de *Un libro una hora*.

Y es que también le perdí el respeto. Intenté quitar algo del castellano antiguo y actualizarlo, intenté reducir los largos monólogos que hay a veces, y, como si descorriera una cortina, de pronto vi una obra absolutamente moderna, que podría gustar y con la que se podría identificar cualquier chico en la actualidad, y una obra divertidísima, en todos los sentidos. Yo utilizo mucho divertido por oposición a aburrido, no por oposición a serio, y en este caso me valen las dos, porque es un libro que tiene de todo, asesinatos, robos, envenenamientos, amores enloquecidos, sexo, suicidios, escenas de comedia, escenas dramáticas, magia, duelos, estrategia, en fin, todo lo que podría contener una novela de acción, un thriller, o una serie de crímenes de esas que tanto gustan ahora.

De hecho, *La Celestina* arranca con una escena de acoso. Melibea sale a dar su paseo diario y se cruza con Calixto que nada más verla le dice lo guapa que es y lo que le gusta verla y lo loco que está por ella, y Melibea se enfada, le dice que no puede salir de casa sin que la incomode y sin que la moleste. Como podría hacer cualquier chica de hoy si un tipo le suelta un piropo.

La trama de Calixto y Melibea es la principal. Como Calixto está efectivamente loco por Melibea (aunque luego descubriremos que lo suyo es mucho más físico que espiritual), decide, aconsejado por sus criados, que hable con celestina, que es una señora vieja que se dedica a todo lo que está un poco al margen de la ley, o en la frontera. Reconstruye virgos, es un poco proxeneta también, y además es bruja. Prepara pociones para distintas cosas. Una de ellas, y la escena en la que la prepara es maravillosa, es para que Melibea se enamore de Calixto. Celestina logra entrar en casa de Melibea, le deja los tejidos empapados en la pócima, y solo con eso ella cae rendida. Melibea le pide a Celestina que arregle un encuentro y Celestina, previo pago de Calixto, lo hace.

El primer encuentro es tronchante. Calixto no se fía de que Celestina no le haya engañado, los criados están muertos de miedo porque el padre de Melibea es uno de los hombres más poderosos del lugar y están todo el rato pensando que los van a matar. Melibea tampoco se fía de Celestina y manda a su criada a recibir a Calixto. Todo un lío que termina resolviéndose y al final los dos enamorados se encuentran en el jardín de Melibea. Y allí consuman su amor. Lo primero. Porque Calixto va a saco. Hay una conversación maravillosa en la que Melibea le dice a Calixto que deje de meterle mano, que a fuerza de intentar quitarle la ropa se la va a romper, y le pide que se esté quieto mientras ella le dice palabras de amor, y Calixto, sin cortarse un pelo, le contesta que para comerse un pollo hay que pelarlo primero.

Y luego está la subtrama de los criados. Uno de los criados, Pármeno, odia a Celestina porque la conoce desde hace años, y de hecho su madre y Celestina eran compañeras de correrías. Esa es otra escena divertida, cuando el criado le cuenta a su amo cómo es Celestina. No tiene desperdicio. Termina diciendo que si tiras una piedra cerca de Celestina, cuando rebota lo que suena es «¡Puta vieja!». Pero el otro criado, Sempronio, es aliado de Celestina y lo que quiere es sacarle el mayor dinero posible a Calixto, para que se lo repartan entre todos. Celestina intenta atraerse a Pármeno, le ofrece mujeres, dinero, le miente, le seduce, y al final consigue que los tres hagan equipo para forrarse. Pero cuando Calixto empieza a pagar a Celestina con un collar de oro, la vieja dice que ella no reparte con nadie, y los criados van una noche a por ella y la matan. En esa misma noche son apresados y ajusticiados.

Fernando de Rojas nació en La Puebla de Montalbán sobre 1470. Llegó a ser alcalde mayor de Talavera de la Reina. La primera versión de *La Celestina* apareció en 1499 con el título de *Comedia de Calisto y Melibea*, ampliada unos más tarde como *Tragicomedia de Calisto y Melibea*, que podría haberse editado por primera vez en 1502. Se convirtió en un auténtico éxito editorial al poco tiempo de ver la luz. De hecho, se ha considerado como el gran best seller de los Siglos de Oro, dado que se calcula que debió de haber alrededor de unas cien ediciones de la obra en los siglos XVI y XVII, estampadas no solo en España, sino también en Italia, Países Bajos, Francia y Portugal. Empezó a tener problemas con la Inquisición en 1632. En 1773 fue prohibida en su totalidad por el Santo Oficio. No se volvió a imprimir hasta 1822. Siempre ha estado entre las listas de los libros prohibidos. Buena señal.

Acercarse a ella puede imponer, pero es una delicia impresionante.

El final es apoteósico. Calixto se mata de una forma muy cómica. Se tropieza al bajar por la escalera que pone para trepar a los jardines de Melibea y se rompe la cabeza. Y cuando digo que es cómica es porque en *La Celestina* se cuenta así. Es una escena de comedia. Pero no nos olvidemos de que Melibea está hechizada. No ha sabido reaccionar a los abusos de Calixto, y cuando su amado muere cree que su vida se acaba. Se sube a una torre y se suicida. El canto final de su padre, llorando la muerte de su hija es espectacular, emocionante, brutal, desgarrador.

19

Mujercitas
de Louisa May Alcott

Tengo que reconocerlo, siempre tuve un ligero prejuicio con *Mujercitas*. Conocía la historia por referencias cinematográficas y me lo terminé leyendo muy tarde, seguramente cuando alguien me miró como si fuera un marciano cuando le dije que no me la había leído. Cuando te sumerges en la novela, te das cuenta de que es uno de los grandes libros de la literatura, sin duda. Una historia maravillosa, mágica y magníficamente contada, llena de personajes inolvidables, y de emociones.

Mujercitas fue escrita entre mayo y julio de 1868 por encargo de sus editores a Louisa May Alcott. Le pidieron un «relato de chicas», esto es, un relato moralista pensado para aconsejar sumisión, matrimonio y obediencia en vez de autonomía o aventura. Se publicó el 1 de octubre de 1868 y tuvo un éxito enorme. Dicen que es uno de los libros en la historia literaria americana que más ha influido en la imaginación de la mitad de la población lectora y que ha sido más ignorado por la otra mitad.

Louisa May Alcott nació en 1832 y fue siempre una mujer muy independiente. En 1854 publicó su primer libro, al que siguieron más de treinta novelas y colecciones de relatos, pero su nombre irá siempre unido al de *Mujercitas*. Y es que es una novela maravillosa.

Y esas cuatro hermanas son inolvidables.

Margaret, la mayor de las cuatro, que cuando empieza la

novela tiene dieciséis años, una joven muy hermosa, rolliza, de piel clara y ojos grandes, con una larga cabellera castaña, sonrisa dulce y manos blanquísimas. Jo, que tiene quince años, alta, delgada y morena y con aspecto desgarbado, su boca refleja un carácter decidido, su nariz resulta cómica y sus ojos grises lanzan miradas unas veces fieras, otras divertidas y, en ocasiones, meditabundas. Jo tiene, además, un cabello largo y abundante, que es su principal atractivo. Beth, tiene trece años, y mejillas sonrosadas, cabello suave y ojos vivos, carácter tímido, voz tenue y semblante sereno. Y por fin, Amy, la menor, una niña de tez clara, ojos azules y cabello rubio con tirabuzones, pálida y delgada, siempre atenta a sus modales. Así las describe la autora en la novela.

Jo es la favorita de casi todos. La chica independiente, con criterio, que es buena hermana, pero con genio, que no quiere casarse, que quiere dedicarse a escribir. La gran Jo. Uno de los personajazos de la literatura. Simone de Beauvoir escribió en *Memorias de una joven formal* en 1958: «Hubo un libro en el que me pareció atisbar mi futuro yo: *Mujercitas* de Louisa May Alcott. [...] Me identifiqué apasionadamente con Jo, la intelectual. Brusca, huesuda, Jo trepaba a los árboles para leer; era más varonil y más osada que yo, pero yo compartía su horror por la costura y el cuidado de la casa, su amor por los libros».

La novela arranca con unas navidades llenas de carencias, y vemos a la madre de estas cuatro chicas ejerciendo la solidaridad. Y a partir de ahí es prácticamente una sucesión de escenas que casi todo el mundo conoce, emocionantes, bien contadas, como la del baile al que van las hermanas con los trajes en un dudoso estado de revista y donde Jo conoce al joven Laurence, que vive enfrente, nieto del temible (al principio) y entrañable (luego) señor Laurence, o la discusión entre Amy y Jo y cómo Amy destruye un libro que Jo llevaba tiempo escribiendo, y cómo se reconcilian después de que Amy caiga al hielo y Jo la salve. Asistiremos a la primera publicación de Jo, y veremos cómo un día se corta el pelo para venderlo. El padre es herido en la guerra y la madre tiene que ir a cuidarle. Y esta historia también es una historia de sororidad y de cómo unas mujeres se unen para salvarse y para ayudar a los demás, y cómo sobreviven a lo que tenga que venir. Y esa emoción, esa unión de las hermanas es otra de las claves del libro.

Tengo que aclarar que *Mujercitas* se publica en muchas ediciones de forma conjunta con la segunda parte, *Aquellas mujercitas*, continuación y resolución de la primera, que Louisa May Alcott publicó en abril de 1869, menos de un año después. Louisa May Alcott no hacía más que recibir cartas de jóvenes entusiastas pidiéndole resoluciones tipo que Jo se casara con Laurie, y cosas así, a las que Louisa no hizo ni caso. Esta segunda parte seguramente está mejor construida y aborda temas que apenas estaban apuntados en la primera, y no siempre de la mejor forma, como el tema de la escritura de Jo. Al final, *Mujercitas*, tanto la primera como la segunda parte, no deja de ser una lucha entre la obligación femenina y la creación artística, y plantea el dilema entre la obligación femenina y la libertad artística.

Así que nada de prejuicios. Leer *Mujercitas* es una experiencia extraordinaria, emocionante y gratificante, y la novela es maravillosa.

20
Jane Eyre
de Charlotte Brontë

Jane Eyre es deslumbrante. Pocas veces he tenido la terrible sensación de que no iba a poder contar la novela en una hora como con este título. Y ahora me pasa un poco lo mismo. Sería incapaz de definir en una frase *Jane Eyre* porque cuando recuerdo su lectura tengo la sensación de que pasan tantas cosas, de que hay una evolución tan impresionante de la protagonista, pero también de muchos de los personajes (entre ellos el gran Rochester), que es como contar una vida. Solo podría hacerlo con un adjetivo: brutal.

Jane Eyre deslumbró al público cuando se publicó por primera vez, en octubre de 1847, firmada por un tal Currer Bell. Porque, ya lo dijimos en el capítulo dedicado a *Cumbres Borrascosas*, estas mujeres tuvieron que ocultarse tras seudónimos masculinos para que las tuvieran en consideración, para publicar, de hecho.

Jane Eyre fue leída como un manifiesto feminista, y considerado, por eso mismo, peligroso y erótico. Y es que *Jane Eyre* tiene un tono tan personal, que es muy fácil pensar, como de hecho se pensó durante un tiempo, que era una autobiografía. Y a la vez está escrita con ternura, como si nos descubriera su más profunda intimidad. Habla de pasión, de las aspiraciones de la clase baja y de la fuerza de las mujeres, del camino para conseguir nuestros objetivos, de cómo vencer nuestros monstruos, de la dureza, de la terrible sensación de no poder estar nunca tranquilos porque la vida, tal vez, siempre nos está esperando con una nueva sorpresa, como nos habla de la identidad, y sobre todo, de la identidad de una mujer.

La novela comienza cuando Jane Eyre tiene diez años. Vive acogida por su tía, que la maltrata, como la maltratan sus primos. La primera gran escena es cuando la encierran para castigarla en una habitación, a oscuras, y Jane cree ver un fantasma y empieza a gritar, pero nadie le hace caso. Un día la tía llama a Jane. Está con un hombre de aspecto siniestro, vestido de negro, que mira a Jane con sus pequeños ojos grises. Es el administrador de la escuela Lowood, donde la señora Reed ha pedido el ingreso de Jane. El viaje es largo y penoso, de ochenta kilómetros, y lo hace ella sola. El primer trimestre le parece durar una eternidad. Tiene que hacer un gran esfuerzo por asumir las nuevas reglas. Pasa hambre y frío, pero también hace amigas y es más feliz que en casa de su tía. Aprende deprisa y es aplicada. Pasa ocho años en Lowood. Con el tiempo llega a ser la primera alumna del colegio. Más tarde consigue ser profesora, puesto que desempeña durante dos años.

Cuando la que ha sido su mayor apoyo en el colegio se va, ella decide irse también, pone un anuncio y encuentra trabajo de institutriz. Antes de irse la visita la que era la niñera en casa de su tía (porque nadie de la familia ha ido a verla jamás), que le cuenta que hace tiempo el hermano del padre de Jane fue a preguntar por ella y les dijo que se iba a vivir a Madeira.

La experiencia en la casa tampoco es buena. Se ocupa de una niña llamada Adèle. Nadie trata bien a Jane Eyre. Esa es otra sensación que te genera la novela: tienes deseos de que alguien quiera a Jane Eyre, a pesar de ese carácter que tiene. Y entonces aparece Rochester, a caballo. Tienen un encuentro muy sorprendente. Se cruzan casi sin mirarse, cuando Jane está dando un paseo cerca de la casa, y de pronto el caballo resbala con el hielo y se cae. Jane va a ayudarle. Se lo encuentra de mal humor y sigue enseguida su camino. Rochester es, nada menos, que el dueño de la casa donde está Jane de institutriz. Y Adèle es su hija.

Jane lo considera un hombre muy especial. Parece que tiene ese carácter porque «su mente alberga pensamientos dolorosos que le acosan y alteran su espíritu, por problemas de familia». Según van pasando los días entablan conversaciones muy peculiares, por la forma de ser de ambos, pero cada vez más llenas de confianza, siempre llenas de humor, de ironía y de dobles sentidos, aunque también de sinceridad, en las que se cuentan sus visiones del mundo y de la vida. Rochester se da perfectamente cuenta de cómo es Jane y por qué a veces parece tan dura o tan seca, y un día Rochester le dice una cosa sorprendente:

—Sepa que en el curso de su vida futura será usted elegida a menudo como la confidente involuntaria de los secretos de aquellos que la rodean. La gente descubrirá de forma instintiva, tal y como me ha sucedido a mí, que su punto fuerte no es hablar de sí misma, sino escuchar lo que los demás cuentan sobre sus propias vidas.

La relación con Rochester tiene momentos de gran intensidad, pero jamás cruzan ninguna línea. Hasta que Rochester desaparece y tarda mucho en volver. Cuando lo hace, la casa se llena de gente. Se organizan fiestas y él está con una mujer que Jane cree que es su novia. Parece que Rochester se va a casar. Y un día sucede algo muy extraño en el tercer piso de la casa.

Jane se va a cuidar a su tía un mes y cuando vuelve Rochester la recibe diciéndole que no solo no se va a casar, sino que de quien está enamorado es de Jane Eyre. Tienen un encuentro maravilloso, lleno de pasión y planean la boda. Todo va bien pero cuando están ya en el altar alguien dice que esa boda no se puede celebrar porque Rochester ya está casado. En el tercer piso de la casa está el secreto mejor guardado, una mujer totalmente loca con la que Rochester se casó hace tiempo.

Jane Eyre huye. Cuando se baja del coche, está sola y no tiene nada. Mendiga durante cinco días. Pasa hambre, duerme a la intemperie y desea morir, pero entre barro y lluvia encuentra una noche una casa donde pide asilo. Allí conoce a tres hermanos, dos mujeres maravillosas, Mary y Diana, y a un hombre, Saint John, que cuidan a Jane hasta que se recupera.

En esa casa pasa un año. Resulta que esas personas son sus primos, los hijos del hermano de su padre. Sus dos primas son seres maravillosos que llenan a Jane de cariño y de paz. Pero su primo es un hombre radical, muy religioso, que termina pidiendo a Jane que se case con él y que le acompañe a las misiones, al oriente más profundo, y aunque Jane llega a dudar, decide, quedarse.

Y llega una de las escenas más potentes del libro. Un día que la casa está en silencio, Jane siente que el corazón se le acelera, se ve sacudida por una especie de latigazo agudo, extraño y aterrador, y oye una voz en algún sitio, dentro de su cabeza, que grita su nombre. Es la voz del señor Rochester. Jane contesta a gritos que ya va, que la espere, que no tardará y luego no lo duda, se va a buscarlo.

Lo primero que hace es ir a la casa de Rochester donde Jane cuidó de Adèle. Le cuentan que la mujer, que estaba loca, quemó todo una noche y luego saltó desde la terraza y murió mientras el señor Rochester caía bajo los escombros del incendio. Se ha ido a vivir a una propiedad en las profundidades de un bosque. Jane va hasta allí, y el encuentro es brutal. Rochester está físicamente machacado, medio ciego. Deciden casarse de inmediato y entonces Rochester le cuenta que en un momento de desesperación la llamó a voces y le jura que oyó cómo ella le contestaba que no tardaría, que le esperara. Están tan conectados que se han escuchado a kilómetros de distancia. Es maravilloso. Y el final es antológico:

> Llevo ya diez años de matrimonio. Sé lo que es vivir entregada por completo a quien más amo en la tierra. Me considero bendecida por la suerte, más privilegiada de lo que puedo expresar con palabras, porque Edward es mi vida y yo soy la suya. Ningu-

na mujer ha estado más cerca de su compañero de lo que yo lo estoy: soy hueso de sus huesos y carne de su carne. Nunca me he cansado de su compañía, ni él de la mía, al igual que no nos cansamos de los latidos del corazón. Para ambos, estar juntos implica mezclar ese sentimiento de libertad que procede de la soledad con la alegría de sabernos cómplices.

21
Madame Bovary
de Gustave Flaubert

Es verdad que hay historias más apasionantes, como la de Jane Eyre, que os acabo de contar. Es verdad que hay toda una literatura de mujeres adúlteras con títulos maravillosos como *Anna Karenina* de Tolstói, *La Regenta* de Leopoldo Alas «Clarín» (de la que vamos a hablar en el siguiente capítulo), *Effie Briest* del alemán Fontane o *El primo Basilio* de Eça de Queirós. Es verdad que hay heroínas que caen mejor, más listas, más seductoras, mujeres de las que te enamoras a las pocas líneas. Pero sin embargo *Madame Bovary* es una de las mejores novelas que me he leído jamás. Es extraordinaria. Inolvidable. Y hay muchas razones para ello.

La primera, sin duda, es por cómo está contada. Flaubert escribe una obra genial porque se inventa una forma de contarla y porque lo hace con tal precisión, con tal cuidado, con tal perfección al elegir cada palabra, cada coma, que todo está en su sitio, en un artefacto literario genial. Y esa forma de contar que se inventó Flaubert es el estilo indirecto libre. Y cambió la forma de escribir (y de leer). Escribió desde un punto de vista desde el que nadie había escrito hasta entonces. Básicamente consiste en una forma de narración en la cual el narrador está tan cerca del personaje que el lector tiene la impresión de que quien está hablando es el propio personaje. La raíz del estilo indirecto libre es la ambigüedad, esa duda o confusión del punto de vista, que ya no es el del narrador, pero no es todavía el del personaje, y que evolucionará hacia el flujo de conciencia de Virginia Woolf y el monólogo interior de Joyce.

Y lo segundo es por lo que cuenta. Porque Flaubert cuenta la historia de Emma Bovary, pero en realidad lo que quiere contar es la vida gris en un pueblo de provincias. Flaubert decía que «en la vida no hay que temer las grandes desgracias, sino las pequeñas» y por eso se dedicó a explicar en esta novela lo que él llamaba la provincia, y esos personajes que la pueblan. Le horrorizaba el mundo materialista de los tenderos y por eso escenifica la imposibilidad de toda forma de heroísmo en medio de la grisura moral de una sociedad chata y mezquina. Y en medio de esa grisura, de la que forma parte Charles Bovary, aparece una mujer como Emma, una mujer que no solo no se resigna a la vida que le ha tocado vivir ni al sitio donde le ha tocado vivir, sino que busca cumplir todos sus sueños y todos sus deseos, y no se resigna a que eso sea poco menos que imposible. Y eso le pasa a Emma por sus lecturas. Como un Quijote, cree que las ideas románticas que ha leído en las novelas tienen que realizarse. Por eso, las personas sensatas, como la madre de Charles, temen la afición de Emma por las novelas. Así que, como no encuentra lo que busca en Charles, Emma empieza a buscar amantes, hombres que la saquen de allí, que la hagan vivir una vida como ella siempre ha deseado e imaginado, llena de lujos, de pasiones y de diversión. Quiere conocer otros mundos, no acepta que su vida transcurra dentro del horizonte obtuso de Yonville.

Otra de las causas es el impulso erótico. Como dice Mario Vargas Llosa en *La orgía perpetua*, en ningún otro tema es tan patente la maestría de Flaubert como en la dosificación y distribución de lo erótico. Y es que el sexo está en la base de todo lo que ocurre. De hecho, el sexo y el dinero son la clave de los conflictos y se confunden tanto en la trama que no se puede entender una cosa sin la otra. Emma quiere gozar, no se resigna a reprimir esa profunda exigencia sensual que Charles no puede satisfacer porque, de hecho, ni sabe que existe. Y hay una cosa muy moderna y muy rompedora en Emma, porque Emma representa y defiende el derecho al placer, algo que ha sido negado por casi todas las religiones, filosofías e ideologías, y más en el caso de una mujer. Emma quiere realizar sus deseos y su represión ha sido la causa de su infelicidad.

La historia es de sobra conocida. Emma empieza a tener amantes que terminan engañándola, se mete en préstamos que jamás podrá devolver, se dirige hacia un callejón sin salida, rodeada de un pueblo gris que la juzga y que la encorseta cada vez más. Cuando no encuentra la salida se suicida, tragando a puñados veneno que le proporciona el ayudante de botica, que la admira y la desea.

Y hasta llegar ahí hay una sucesión de escenas espectaculares, llenas de maestría. A veces pequeños detalles, gestos, como el sombrero de Charles girando entre sus manos, y a veces escenas extraordinarias, como la del coche de caballos cuando Emma recorre la ciudad arriba y abajo, una y otra vez, con su amante, después de que una mano haya cerrado las cortinas. El suicidio de Emma es brutal, pero hay una tristeza que envuelve la novela desde que ella desaparece y Charles envejece pensando en ella, tratando tal vez de entender.

Flaubert tardó cinco años en escribir *Madame Bovary*. La publicó en 1856 en la *Revue* de París y fue prohibida en 1858. Flaubert tuvo que ir a juicio para defenderse de las acusaciones de «ofensa a la moral religiosa» y «ultraje a las buenas costumbres».

Flaubert decía que toda literatura con moraleja es intrínsecamente falsa. Y por eso narra todo manteniendo una inexpugnable neutralidad respecto de lo que ocurre sin opinar, sin sacar enseñanzas morales. Lección fundamental de la literatura.

Y la novela que pone ante nuestros ojos es inolvidable, maravillosa, una de las grandes obras maestras de la literatura universal.

22

La Regenta
de Leopoldo Alas «Clarín»

Leer *La Regenta* es sumergirse en la pasión y en el deseo. Pocas novelas han contado de esa forma tan brutal el poder del deseo, que se lo lleva todo por delante. Pero *La Regenta* tiene muchas otras cosas. Cuenta maravillosamente una ciudad, Oviedo, que es Vetusta. Tiene una primera frase gloriosa: «La heroica ciudad dormía la siesta». Y una primera escena con el magistral, Fermín de Pas, vigilando la ciudad desde la torre de la catedral que es un prodigio absoluto de la literatura. Pero también cuenta como pocas la gente que puebla esa ciudad. No se recrea en la descripción, sino que explica, a través de la gente, cómo es, cómo piensa, cómo siente esa ciudad. Y así, cuando ya conocemos esa mentalidad y ese territorio, podemos entrar un poco más allá y conocer las almas, o más bien los cuerpos, que tiemblan bajo la ropa, que se buscan, se encuentran, se niegan y se castigan. Porque por encima de todo, vigilándolo todo, empapando todo, están la iglesia y la aristocracia, bastiones intocables de la moral y las costumbres.

Pero, igual que hizo Flaubert, Clarín busca la comprensión, conocer más, saber más. Y no juzga. El interés que le produce el ser humano se impone. Ahonda tanto en los personajes que la moral de la sociedad, aunque está siempre presente, queda en un segundo plano. Y, como Flaubert, utiliza el estilo indirecto libre y el monólogo interior.

La Regenta se publicó en 1884, casi treinta años después de *Madame Bovary*. Leopoldo Alas, conocido con el seudónimo de «Clarín», formaba con Galdós la pareja de grandes novelistas españoles del siglo xix. También fue un gran cuentista y un gran periodista, un crítico cortante y agresivo. Es verdad que no puede haber comparación entre la literatura francesa, por ejemplo, y la española, en el siglo xix, muy pocas novelas españolas llegan al nivel de muchas novelas francesas, pero las que lo consiguieron son extraordinarias. Y entre ellas, por supuesto, está *La Regenta*.

Hay escenas maravillosas que definen por sí solas a los personajes, hay deseos que lo incendian todo, hay personajes inolvidables. Es una novela agotadora por la intensidad que tiene, por las idas y venidas de los personajes que no terminan nunca de decidir y les dan vueltas a las cosas, atormentados por la culpa, y todo es sórdido pero todo es voluptuoso, y esa mezcla es explosiva. Todos los personajes tienen una parte oscura que en algún momento los lleva a comportarse de forma indigna.

Cuenta la historia de Ana Ozores, una mujer joven, casada con un hombre mayor, mortalmente aburrida, con veintisiete años, que ella dice que son la puerta de la vejez, y que tiene la sensación de que no ha gozado una sola vez de las delicias del amor de las que hablan todos. Además vive controlada por la sociedad, representada por su confesor, Fermín de Pas, que está oscuramente enamorado de ella. En realidad aquí hay un tema de control, de posesión, porque Fermín de Pas empieza a comportarse con Ana como un hombre y no como un confesor, cuando ella se plantea tener una aventura con el galán de la novela, Álvaro Mesía. Y asistiremos al nacimiento del deseo, a la represión, a la respuesta de la sociedad y de la Iglesia, al arrepentimiento de Ana para volver a empezar poco después.

La primera escena brutal ya la hemos comentado, con el Magistral observando, cuidando y juzgando a la ciudad desde la torre de la catedral. Pero poco después viene la escena de Ana Ozores desnudándose voluptuosamente, nerviosa porque al día siguiente se va a confesar con el magistral. Ana Ozores es un gran personaje, pero para mí el personajazo es Fermín de Pas. Clarín dice que es un gran madrugador porque su vida está llena de ocupaciones de muy distinto género, lo que no le deja libre para el estudio más que las horas primeras del día y las más altas de la noche. Es el hombre de gobierno en la diócesis y el sabio de la catedral, pero además es un clérigo de mundo, o sea que recibe y devuelve muchas visitas. El magistral conoce una Vetusta subterránea: la ciudad oculta de las conciencias. Conoce el interior de todas las casas importantes y de todas las almas. Ha llegado a confesar a quien quiere y cuando quiere. Y en el fondo de su alma desprecia a los vetustenses. Pero además de todo esto, Fermín de Pas es un tipo guapísimo, un chulazo. Hay una escena brutal en la que se está arreglando y se mira en el espejo:

> Estaba desnudo de medio cuerpo arriba. El cuello robusto parecía más fuerte ahora por la tensión a que le obligaba la violencia de la postura, al inclinarse sobre el lavabo de mármol blanco. Los brazos cubiertos de vello negro ensortijado, lo mismo que el pecho alto y fuerte, parecían de un atleta. El magistral miraba con tristeza sus músculos de acero, de una fuerza inútil. Era muy blanco y fino el cutis, que una emoción cualquiera teñía de color de rosa. Por consejo de don Robustiano, el médico, De Pas hacía gimnasia con pesos de muchas libras; era un Hércules.

Y ese chulazo es el que no permite que Ana Ozores no sea suya, de una forma u otra, y llega a desearla y llega a hablarle en un momento de un modo que hasta Ana duda lo que está diciendo. Ella que va de la iglesia al deseo, de la culpa a la voluptuosidad con tanta facilidad y con tanto sufrimiento:

> Ana, inmóvil, había visto salir al magistral sin valor para detenerle, sin fuerzas para llamarle. Una idea con todas sus palabras había sonado dentro de ella, cerca de los oídos. «¡Aquel señor

canónigo estaba enamorado de ella!». «Sí, enamorado como un hombre, no con el amor místico, ideal, seráfico que ella se había figurado. Tenía celos, moría de celos... El magistral no era el hermano mayor del alma, era un hombre que debajo de la sotana ocultaba pasiones, amor, celos, ira... ¡La amaba un canónigo!». Ana se estremeció como al contacto de un cuerpo viscoso y frío.

Al final salta el escándalo. Todo el mundo se entera de lo que todos sabían ya (salvo el marido) pero nadie decía. Hay un duelo, una forma muy aristocrática de solucionar las cosas, entre Víctor Quintanar, el marido de Ana, y el amante, Álvaro Mesía. La bala del galán le entra al marido en la vejiga, que está llena. Muere. Tres días después de la catástrofe a Ana le entregan una carta en la que Álvaro Mesía explica desde Madrid su desaparición y su silencio. Ana está ocho días entre la vida y la muerte y un mes entero en cama. Dos meses más convaleciente, padeciendo ataques de nervios. No sale de casa. Nadie va a verla. Vetusta la noble está escandalizada, horrorizada. Ella ni siquiera quiere pedir la viudedad, pero se queda sin recursos y tiene que hacerlo, al fin. La primera salida que hace es para confesar. Allí espera la venganza el despechado Fermín de Pas. La escena con la que cierra Clarín la novela es inolvidable.

El magistral está en su sitio, pero al entrar la Regenta en la capilla, la reconoce. Deja de oír a la beata de turno en confesión y solo escucha los rugidos de su pasión vociferando. La catedral está sola. Empieza la noche. Ana espera sin aliento la llamada a la celosía. Pero, aunque no queda nadie para confesar nadie la llama. Entonces se levanta para ir hacia el confesionario y cuando lo hace, el magistral sale como un basilisco. Extiende un brazo, da un paso de asesino hacia la Regenta, que, horrorizada, retrocede hasta tropezar con la tarima. Cae sentada en la madera, abierta la boca, los ojos espantados, las manos extendidas hacia el magistral, al que le tiembla todo el cuerpo. El magistral vuelve a extender los brazos hacia Ana, da otro paso adelante y después se va. Ana, vencida por el terror, cae de bruces sobre el pavimento de mármol blanco y negro, y se desmaya. No hay nadie en la catedral. Solo Celedonio, el acólito, afeminado, alto y escuálido, que va cerrando todas las capillas. De pronto, Celedonio reconoce a la Regenta, desmayada. Y vencido por su perversión y su lascivia la besa en los labios:

Ana volvió a la vida rasgando las nieblas de un delirio que le causaba náuseas. Había creído sentir sobre la boca el vientre viscoso y frío de un sapo.

23
Capitanes intrépidos
de Rudyard Kipling

Capitanes intrépidos es la novela que, sin duda, más me ha sorprendido y más me ha emocionado últimamente. Tal vez porque no la había leído, y la referencia que tenía de la obra era la película de Victor Fleming, que protagonizó Spencer Tracy, papel que le valió un Oscar en 1937. Pero es que la novela de Kipling tiene poco que ver con la película. Publicada en 1897, es una maravillosa novela de aventuras y a la vez es una de las mejores novelas de crecimiento que me he leído, con un final apoteósico.

El joven Harvey Cheyne, un adolescente hijo de un millonario, se embarca en Nueva York en un transatlántico, con destino a Londres. Es realmente un chaval insoportable, maleducado, prepotente y que no sabe apreciar el valor de las cosas y menos del dinero. En el barco, para hacerse el chulito, se fuma un puro y se marea. Sale a que le dé un poco el aire. Hay tormenta. Se asoma por encima de la borda para vomitar y un movimiento brusco del barco hace que caiga por la borda. Se encuentra en medio de las olas y se desmaya. Se despierta en un lugar donde huele fatal. Le ha recogido un barco pesquero, el Estamos aquí, que acaba de salir de Gloucester y se dirige a los grandes bancos. Harvey enseguida le dice al patrón, Disko Troop, que dé la vuelta y lo lleve a Nueva York, que su padre es millonario y le pagará lo que quiera. Troop lo mira como si estuviera loco. No pueden volver porque tendrían que recorrer mil quinientos quilómetros y perderían la temporada de pesca. Y le dice que volverán dentro de unos cuantos meses, en septiembre.

Esto es básicamente el arranque de la novela. A partir de ahí empieza el proceso de aprendizaje de Harvey. Troop le ofrece ser segundo pinche y un pequeño sueldo de diez dólares al mes, y Harvey, por supuesto, lo rechaza, enfadado. Hay un momento de la novela en la que Kipling cuenta que Harvey nunca ha recibido una orden directa con lo que está poco preparado para aceptar negativas. Es un libro tan moderno que parece que está hablando de chavales de la actualidad. Realmente yo me lo imagino en el barco pesquero quejándose de que allí no hay cobertura y no puede entrar en Instagram. En el barco hay otro chico de la misma edad, Dan, el hijo del patrón, con el que Harvey comienza a relacionarse.

La evolución de Harvey es brutal. Empieza a hacer algún trabajo, primero para que no piensen que no es capaz, luego con Manuel, el marinero que le rescató, por agradecimiento, y poco a poco se acostumbra, va viendo cómo los demás trabajan y empieza a hacer de todo, a limpiar pescado, a limpiar la propia goleta, cada día lo que le toca, y cuando se hace de noche cae rendido. Aprende los nombres de las cosas en el barco, y aprende también a pescar. A Harvey se le acepta como parte integrante de la vida a bordo del Estamos aquí; tiene su sitio en la mesa y le corresponde una de las literas; puede dar su opinión en las largas conversaciones de los días de tormenta, cuando los demás siempre están dispuestos a escuchar lo que llaman sus «cuentos de hadas» sobre su vida en tierra firme. Y también va conociendo la vida de todos y en su día a día, en función de la tarea que haga, los imita. La inclinación de Disko al timón, el movimiento de Long Jack para tirar de los sedales, el golpe de remo de Manuel en el *dory*. Un día Dan le regala a Harvey un cuchillo y Harvey se lo coloca en el cinturón y le dice a Dan que lo conservará mientras viva, emocionado. Empieza hasta a disfrutar del mar, de la pesca, de todo lo que está viviendo.

Y al fin llega el momento de volver. La escena de la llegada al puerto es emocionante. Cuando atracan, todos se quedan en silencio:

> Entonces Harvey se sentó junto al timón y sollozó y sollozó como si fuera a rompérsele el corazón, y una mujer alta que estaba sentada en una balanza bajó a la goleta y besó a Dan en la mejilla: era su madre, que había visto el *Estamos aquí* a la luz de los relámpagos. No se ocupó de Harvey hasta que el muchacho se serenó un poco y Disko le hubo contado su historia. Amanecía cuando llegaron a casa de Disko; y, hasta que abrieron la oficina de telégrafos y pudo mandar un cable a sus padres, Harvey Cheyne fue quizá el chico más solo y desamparado de todos los Estados Unidos. Pero lo más curioso fue que Disko y Dan no le miraron con malos ojos porque llorase.

El momento en el que los padres de Harvey reciben el mensaje de su hijo, al que habían dado por muerto hace tiempo, es brutal también. Enseguida se ponen en marcha para llegar a Gloucester, y el encuentro es maravilloso, pero lo más sorprendente de todo es cómo se da cuenta el padre de Harvey de que su hijo ha cambiado y lo que siente. La conversación entre el padre y el hijo es extraordinaria. Harvey le cuenta, muy orgulloso, que ha ganado diez dólares a la semana y que ha aprendido a pescar y le cuenta algunas de las cosas que le han pasado. Su padre le observa con admiración y luego le reconoce que antes pensaba que su hijo era un imbécil, y aunque sabía que él tenía la culpa no sabía cómo hacerlo, y que ahora está orgulloso de él, por primera vez, y le confiesa que él empezó a trabajar ganando ocho dólares y medio. Y le cuenta a su hijo su gran secreto, algo que nadie sabe. Dice que lo único que nunca ha conseguido es educación y siempre se ha sentido en inferioridad porque nunca ha estudiado, y muchos lo han considerado un patán. Por eso le pide a Harvey que aproveche su oportunidad, que estudie, que adquiera todo el saber disponible, y mientras empezará a trabajar desde abajo en la empresa, con un sueldo muy pequeño.

Esta es una novela de crecimiento en la que todos cambian, no solo el protagonista sino también sus padres, y todo el mundo que le rodea, porque a partir de entonces también cambia la vida de Dan. El padre de Harvey es el dueño de una línea de cargueros de té que van de San Francisco a Yokohama. Seis buques con armazón de hierro, de unas mil setecientas ochenta toneladas cada uno. Le proponen a Dan que vaya un año o dos para formarse como piloto y que luego vaya ascendiendo. Dan acepta la oferta con más júbilo del que es capaz de expresar con palabras. Para él es un camino seguro y libre de obstáculos para conseguir todas las cosas deseables.

Y Kipling nos cuenta lo que ocurre años después, cuando Harvey y Dan son ya dos hombres, y vuelven a encontrarse. Han seguido sus caminos, están agradecidos y han aprovechado sus oportunidades, pero reconocen también todo lo que deben a Disko Troop y a la goleta Estamos aquí.

24
El retrato de Dorian Grey
de Oscar Wilde

El retrato de Dorian Grey habla sobre la belleza, sobre la juventud, sobre el miedo a envejecer, sobre la maldad, sobre la culpa, sobre el deseo, sobre el arte. A mí me aterrorizó la primera vez que la leí y la segunda vez me pareció una novela profundamente ética.

Oscar Wilde la publicó en abril de 1891, primer año de la década que celebraría a Wilde como el dramaturgo más exitoso de su época y que terminaría menospreciándolo como el delincuente sexual más infame de su tiempo. Fue su primera obra de arte de gran magnitud y éxito.

La novela comienza con Basil Hallward pintando el retrato de cuerpo entero de un joven de extraordinaria belleza. Mientras pinta, sonríe. Lord Henry está con él, y le dice que es sin duda su mejor obra y le anima a exponerlo, pero, extrañamente, Basil le dice que no lo va a hacer. Que ha puesto demasiado de sí mismo en ese cuadro y que teme haber mostrado en él el secreto de su alma. Y le explica que hace dos meses vio por primera vez a Dorian Gray y que cuando sus miradas se encontraron palideció, presa de una curiosa sensación de terror. Dice que se dio cuenta al instante de que se hallaba ante alguien cuya mera personalidad resultaba tan fascinante que, en caso de permitírselo, absorbería por completo su naturaleza, su alma e incluso su arte.

Dorian Gray está esperándolos en la sala de al lado, tocando el piano, preparado para volver a posar. Oscar Wilde lo describe maravillosamente, dice que es bellísimo, que hay en su cara algo que inspira en los demás una confianza inmediata, que tiene todo el candor y la apasionada pureza de la juventud. Que da la impresión de haberse mantenido a salvo de la mundanal contaminación. Y cuando Dorian ve su retrato, pronuncia las palabras que lo provocan todo:

—¡Qué triste! Yo envejeceré y me volveré horrible y repugnante mientras él no envejecerá más allá de este día de junio... ¡Cuánto daría porque fuera al revés y fuera el cuadro el que envejeciera! Por eso... por eso... ¡lo daría todo! ¡Sí, no hay nada en el mundo que no estuviera dispuesto a dar! ¡Daría mi alma por ello!

Dorian es la estrella de la noche de Londres. Se enamora con la misma facilidad que se desenamora, o hace daño con sus palabras, hasta que una noche al volver a casa se da cuenta de que el cuadro que le pintó Basil tiene unas arrugas en las que antes no se había fijado. Se mira él mismo en el espejo y se da cuenta de que no las tiene. Entonces se acuerda de sus palabras. Hora tras hora, semana tras semana, el retrato envejece a ojos vista, así que Dorian decide ocultarlo. Y, cuando lo hace, Dorian empieza a estar cada vez más enamorado de su propia belleza y más interesado en la corrupción de su alma.

Comienzan a propagarse extraños rumores sobre su modo de vida por los clubes de Londres, pero hay algo en la pureza de su rostro que hace enmudecer a todos. Dorian Gray está convencido de que la única misión de la vida es la búsqueda de sensaciones nuevas. Y empieza a provocar desconfianza. Caballeros que se van de los salones cuando entra él, intentos de no admitirlo en determinado club. Se rumorea que le han visto peleándose con marineros extranjeros en un antro infecto; que frecuenta las compañías de ladrones y de falsificadores de moneda.

La víspera de su treinta y ocho cumpleaños recibe la visita del autor del cuadro, Basil, que le critica duramente y le pide ver el retrato. Dorian se lo enseña. Basil se queda espantado. Dice que es la cara del demonio y Dorian le dice que es el rostro de su alma. Y luego lo asesina.

A partir de ahí todo va de mal en peor. Para Dorian, que cada vez es más criticado y cada vez se siente más acorralado, más angustiado. Dorian Grey representa la combinación extrema entre cultura y corrupción, y es el modelo de una época, maravillosamente descrita por Oscar Wilde. Como dice lord Henry en un momento de la novela, los libros que el mundo califica de inmorales son aquellos que muestran al mundo su vergüenza.

El final de Dorian Grey es estremecedor, como toda la obra. Dorian ya no aguanta más. Un día sube a ver el cuadro. La imagen que le devuelve es tremenda, terrible, y Dorian, con el mismo cuchillo con el que mató a Basil apuñala el cuadro, lo destruye. A partir de ese momento nadie vuelve a saber nada de Dorian Grey. Ante su desaparición, la policía termina forzando la puerta de su casa. Suben al desván.

> Al entrar encontraron, colgado de la pared, un magnífico retrato del señor de la casa tal como le habían visto por última vez, con todo el esplendor de su juventud y de su exquisita belleza. Estirado en el suelo había un hombre muerto, vestido de etiqueta y con un cuchillo clavado en el corazón. Estaba arrugado, reseco y tenía un aspecto repugnante. No le reconocieron hasta que examinaron sus sortijas.

El retrato de Dorian Grey es una novela maravillosa y terrorífica. Pero hay una cosa aún más terrorífica que la historia que cuenta, y es que *El retrato de Dorian Grey* se usó en los dos primeros juicios en contra de Oscar Wilde como prueba incriminatoria de «cierta tendencia». Fue condenado a dos años de prisión y trabajos forzados. Cuando salió de la cárcel de Reading, Wilde se cambió el nombre por el de Sebastian Melmoth (mártir y peregrino) y abandonó Inglaterra para siempre. Murió en la miseria en París en noviembre de 1900.

25

Odisea

de Homero

Hay libros a los que da miedo acercarse. Creo que eso le pasa a mucha gente con la *Odisea* y la *Ilíada*. Yo me decidí, cuando me planteé contar *Odisea* en *Un libro una hora* y utilicé una versión en prosa de Carlos García Gual que es maravillosa. Y es que *Odisea* no solo se lee como una novela, emocionante y divertida, sino que según vas avanzando te das cuenta de que ahí está todo, de que todos los temas de los que seguimos escribiendo ahora ya estaban en Homero, te das cuenta de que estás conectándote exactamente con la esencia de nuestra cultura.

Odisea se desarrolla en varios planos y en varios escenarios. Por un lado, arriba y abajo, siempre sabemos lo que ocurre en el Olympo, donde viven los dioses, mientras vemos lo que sucede abajo, en el plano humano. Por otro lado, la historia de la *Odisea* se desarrolla en dos escenarios, el de las aventuras marinas narradas por el propio protagonista y el de Ítaca, donde los pretendientes de Penélope están acabando con la casa de Odiseo, y van a terminar por obligar a Penélope a elegir marido, lo que hace que Telémaco emprenda la búsqueda de su padre.

Odisea cuenta la historia del gran Odiseo, Ulises, que ha salido de Troya junto con sus hombres para regresar a casa y lleva diez años dando vueltas por el Mediterráneo sin hallar jamás el camino a Ítaca. Lo encontramos en una isla, con la ninfa Calipso, que le retiene desde hace siete años. La única forma de que salga

Odiseo es mediante la intervención de los dioses, que le dice a Calipso, que está totalmente enamorada de Odiseo, que ya está bien.

Odiseo construye una almadía, con mástil y timón, y se echa al mar, con un odre de negro vino, otro de agua, provisiones y un viento benéfico y suave que le proporciona Calipso. Odiseo navega sin muchos problemas hasta que lo ve Poseidón. El dios del mar, que tiene cuentas pendientes con Odiseo, hace que naufrague y gracias la hija de Cadmo, Odiseo llega hasta la costa de Feacia, donde es encontrado por la princesa Nausícaa, quien le lleva al palacio de su padre, Alcínoo. Y allí Odiseo es agasajado y el viajero cuenta todo lo que le ha pasado desde que salió de Troya hasta llegar allí, la batalla con los cícones, la aventura con los lotófagos, y luego la maravillosa aventura con los cíclopes.

Leer esa aventura es maravilloso. Lo terribles que son los cíclopes, y lo despiadados que son, cómo se comen a los hombres y la estrategia de Odiseo para escapar de la gruta donde los tiene encerrados. Primero Odiseo le dice al cíclope que se llama Nadie, y luego, cuando el cíclope duerme, afilan el tronco de un árbol y le clavan la punta al cíclope en su único ojo. Cuando el cíclope sale de la gruta, ciego, pidiendo ayuda a los demás cíclopes, que le preguntan qué le pasa, él contesta que Nadie intenta matarle, así que los demás cíclopes le dicen que si no ha sido nadie es que lo ha mandado Zeus y no le hacen más caso. Genial.

Odiseo es el héroe por excelencia, pero es un héroe complejo y muy moderno. Ya en la *Ilíada* dicen de él que tiene un carácter singular, y que tiene dotes espirituales. Es «astuto, diestro en trucos, muy sufrido, muy inteligente, de muchos manejos». Triunfa gracias a su paciencia y a su astucia. De hecho, así empieza la *Odisea*:

> Háblame, Musa, del hombre de múltiples tretas que por muy largo tiempo anduvo errante, tras haber arrasado la sagrada ciudadela de Troya, y vio las ciudades y conoció el modo de pensar de numerosas gentes.

Odiseo sigue contando a Alcínoo su viaje y cómo en cada lugar vivieron una aventura. Tras abandonar la tierra de los cíclopes y naufragar cuenta que llegaron a la isla Eolia, donde habitaba Eolo, pariente de los dioses inmortales. Eolo agasajó a Odiseo todo un mes y cuando se fue le dio un odre donde guardó los rumbos de los vientos ululantes. Llegaron luego al territorio de los lestrígones, parecidos a gigantes, y desde allí a la isla de Eea, donde habitaba Circe, la terrible diosa de voz humana, que le pidió a Odiseo que fuera a la mansión de Hades y la augusta Perséfone, a fin de consultar el alma del tebano Tiresias, el profeta ciego, que le diría la ruta y los límites del viaje y el retorno de Odiseo. Y para llegar allí tuvieron que pasar entre sirenas, y una vez allí la tripulación cometió un error matando a las vacas sagradas de Helios, y por eso, cuando se embarcaron de nuevo, Zeus destruyó la nave con un rayo y todos los hombres murieron, salvo Odiseo, que fue arrastrado durante nueve días y a la décima noche los dioses le dejaron en Ogigia, donde vivía Calipso.

Esas fueron las aventuras de Odiseo, y Antínoo al escucharlas decide proporcionar a Odiseo nave y tripulación y llevarlo hasta Ítaca, donde se va a desarrollar la batalla por recuperar su lugar en su casa, y acabar con los pretendientes que están acabando con ella. Es apasionante cómo llega a las costas de Ítaca, cómo se disfraza de mendigo, cómo solo su perro le reconoce, cómo se alía con Telémaco y con los sirvientes más fieles, cómo reta y cómo vence a los pretendientes, cómo acaba con ellos, y la ira que le puede luego, durante un momento, y cómo la controla. Y allí conoceremos a la gran Penélope, desesperada ante la ausencia Odiseo:

> Durante el día tejía la extensa tela y por las noches la deshacía a la luz de las antorchas. De tal modo durante tres años los engañé y retuve persuadidos a los aqueos. Pero cuando llegó el cuarto año y volvieron las estaciones, al pasar los meses y correr muchos y muchos días, entonces, por medio de las esclavas, perras

irresponsables, me descubrieron, y se presentaron y me amenazaron con sus palabras. Así que lo acabé contra mi voluntad, bajo tal amenaza.

El encuentro entre los dos es brutal y es extraño el final, cuando Odiseo extiende su venganza y su ira por las familias de los pretendientes y Atenea le para los pies, y le dice que ya está bien, que ya han terminado sus aventuras, que ya ha vuelto a casa, que ya tiene lo que quería, que ha llegado el tiempo de la paz. Y Odiseo la obedece y cuenta Homero que se queda «alegre en su ánimo».

¿Es o no es admirable este Odiseo?

Segunda parte

Los clásicos modernos

26

Cien años de soledad
de Gabriel García Márquez

Este es, seguramente, el capítulo que más me va a costar escribir de todo el libro. Me impone tanto *Cien años de soledad*, hay tantas razones para que me apasione, que las ideas se me agolpan en la cabeza. Y a la vez siento tanto respeto por la novela de Gabriel García Márquez que me pongo nervioso, siempre, al hablar de ella. Tal vez por lo que supuso para mí.

En casa de mis padres no había muchos libros. Nada de lo que veía me interesaba demasiado, pero entre los que había destacaba una edición de Plaza & Janés, una quinta edición, de abril de 1976 (la primera era de marzo de 1975), con una portada maravillosa de Joan Minguell, una fotografía de unas hojas otoñales caídas en el suelo, ligeramente desenfocadas, y una contraportada con una fotografía de Gabo sin una sola cana. Cuando pregunté a mis padres si me lo podía leer me dijeron que sí, que el libro se lo había dejado allí mi tío Ángel, lo que ya era sinónimo de que me esperaba algo bueno. Mi tío era el bohemio de la familia, el intelectual, el hippy, el canalla, el más divertido, con el que yo podía tener conversaciones sobre literatura y música. Así que con doce años me lancé. Y no entendí nada, claro. Creo que lo único que se me quedó de esa primera lectura fue el recuerdo del comienzo, cuando las cosas no tenían nombre y había que señalarlas con el dedo, Melquíades, y el final, «las estirpes condenadas a cien años de soledad no tenían una segunda oportunidad sobre la tierra». Y una sensación de que eso era lo que quería, de que eso era lo que me gustaba, de que había caído en mis manos algo diferente, algo extraordinario. La emoción.

En cuanto lo abro cae un folio doblado en cuatro con un árbol genealógico escrito con una letra juvenil. Y recuerdo cuando lo hice, en mi segunda lectura, cuando pensaba que ya estaba preparado para enfrentarme a ella, con apenas diecisiete años. Desde entonces he leído la novela cinco veces más. Siempre acudo a ella. Como si la necesitara, como si fuera mi cuerpo quien me lo pidiera. Y siempre encuentro cosas diferentes. Como si cambiara, con la edad y con el momento. En la última lectura que hice, hace ya casi ocho años, me cayeron fatal todos los Buendía, tanto como los he admirado otras veces.

No sería capaz de contarla. Muchas veces me han preguntado cuándo la voy a hacer en *Un libro una hora* y siempre contesto «¡Nunca!». No tengo valor. Lo único que podría hacer es destacar algunas escenas que tengo grabadas a fuego, recordar las que más me han impactado. Si tuviera que elegir una, sería sin duda el final y la locura de José Arcadio Buendía, el fundador de todo, el hombre que soñaba que se despertaba en una habitación y pasaba a otra habitación idéntica, y luego a otra idéntica y así sucesivamente, y luego se devolvía al cuarto real, donde despertaba, pero que una vez lo despertaron en una habitación imaginaria, y ya no pudo regresar nunca al cuarto real. El hombre que tuvo una noción del espacio que le permitió navegar por mares incógnitos, visitar territorios deshabitados y trabar relación con seres espléndidos, sin necesidad de abandonar su gabinete, el hombre de la maravillosa Úrsula Iguarán, el hombre que terminó amarrado a un árbol de castaño:

> Entonces agarró la tranca de la puerta y con la violencia salvaje de su fuerza descomunal destrozó hasta convertirlos en polvo los aparatos de alquimia, el gabinete de daguerrotipia, el taller de orfebrería, gritando como un endemoniado en un idioma altiso-

nante y fluido pero completamente incomprensible. Se disponía a terminar con el resto de la casa cuando Aureliano pidió ayuda a los vecinos. Se necesitaron diez hombres para tumbarlo, catorce para amarrarlo, veinte para arrastrarlo hasta el castaño del patio, donde lo dejaron atado, ladrando en lengua extraña y echando espumarajos verdes por la boca.

Pero hay más, muchas más. *Cien años de soledad* tiene la virtud de que cuando la relees, según te vas acercando a las escenas que ya conoces te inunda una alegría y una emoción porque te las vuelvan a contar. Es una novela que no tiene fin. No sé si sería obvio decir que es una novela que te cambia, algo que se dice de muchas novelas, pero es que es verdad, la literatura te cambia, es imposible ser la misma persona antes y después de haber leído *Cien años de soledad*. Mi gran amigo y extraordinario poeta Fernando Beltrán lo cuenta maravillosamente en un poema que se titula *Cien años de soledad* que escribió cuando murió Gabriel García Márquez y que está en su poemario *Hotel Vivir* (del que hablaremos más adelante). Cómo sintió que la suerte estaba echada después de terminar la novela, cómo quemó sus naves.

Siento una envidia insana de todos los que no han leído esta obra maestra, esta joya, y se van a enfrentar a ella por primera vez, con ojos vírgenes. La delicia de la sorpresa, de la plenitud, de la novela más perfecta y más imperfecta que se ha escrito, de la emoción, de la revolución que supone su lectura.

Ya casi no me acuerdo de ese niño que descubrió el libro de su tío en las estanterías de su casa, pero sé que hoy no sería quien soy sin haberlo leído.

27
La invención de Morel
de Adolfo Bioy Casares

Esta novela es una sorpresa de principio a fin, es un artilugio perfecto y es una de las historias más impactantes que me he leído. Dicen que los creadores de la serie *Perdidos* se basaron en *La invención de Morel* para crear la idea, y yo me lo creo. Porque la acción se desarrolla en una isla y tiene que ver con la posibilidad de modificar el tiempo. En todo caso, lo que es seguro, es que si el creador de la serie leyó la novela le voló la cabeza como nos ha pasado a todos. Y como los buenos clásicos, tras leerla cada uno se la lleva a donde más le conviene. Yo me quedé con una maravillosa (y la más extraña) historia de amor, pero supongo que habrá gente que se quedará con lo que tiene de ciencia ficción o de reflexión sobre el tiempo y la imposibilidad (o no) de cambiar su curso.

Adolfo Bioy Casares publicó *La invención de Morel* en 1940. Jorge Luis Borges la calificó como perfecta. Bioy Casares fue el gran amigo y el cómplice de Borges en muchas publicaciones. Juntos crearon a H. Bustos Domecq, y junto con Silvina Ocampo elaboraron la histórica *Antología de la literatura fantástica*, que se publicó también en 1940 en Argentina. Adolfo Bioy Casares nació en Buenos Aires el 15 de septiembre de 1914 y murió el 8 de marzo de 1999 y es uno de los escritores más importantes de la literatura en español.

La invención de Morel es una obra desconcertante, que hay que leer con cuidado para no perderse por los distintos planos temporales de la narración y del argumento. El protagonista (que no tiene nombre) llega, huyendo, fugado, a una isla que le han dicho que está desierta. Y efectivamente parece que es así. Hay varias construcciones. En la parte alta de la isla están el museo, la capilla, la piscina. Las tres construcciones son modernas, angulares, lisas, de piedra sin pulir. Cuando llega, el perseguido se instala en el museo. Podría ser un hotel espléndido, para unas cincuenta personas, o un sanatorio. Hace un descubrimiento en el sótano. Entra en una estancia que parece escondida rompiendo la pared y descubre una bomba para sacar agua y una especie de grupo electrógeno y unos motores verdes. El fugitivo pone todo en marcha.

Y de pronto un día, sin que nuestro protagonista haya visto que llegara ningún barco, ningún aeroplano ni ningún dirigible, la colina se ha llenado de gente que baila, que pasea y que se baña en la piscina, que hasta hace poco estaba vacía, lo que obliga al perseguido a extremar la precaución para que no lo vean y a vivir en los bajos, donde a veces las mareas le pillan dormido.

Nuestro protagonista descubre que hay una mujer que todas las tardes se sienta en unas rocas a ver atardecer, y se enamora de ella. Le da esperanzas, y termina pensando que debería dejarse ver, aunque corre el riesgo de que la mujer llame a la policía. Espera cada tarde su llegada, estudia sus movimientos y en un momento en el que no hay gente alrededor se planta ante ella. Pero ella parece que no lo ve. Como si fuera invisible. Así tarde tras tarde, aunque el fugitivo cada vez se expone más.

Y es que lo que nuestro protagonista ha puesto en marcha es la invención de Morel. Una máquina que funciona como si fuera un proyector, pero lo que proyecta es la vida real. Una máquina que tiene la capacidad de proyectar, como si fuera verdad, acontecimientos que han sido grabados en el pasado. Una forma de hacer repetir la vida, una y otra vez, o la parte de la vida que elijamos.

Hay muchas implicaciones que tienen las grabaciones, como descubre poco a poco nuestro protagonista, y la más grave es que quien es grabado muere poco después. De esa forma, nuestro protagonista se da cuenta de que se ha enamorado de una mujer que probablemente ya no existe, pero que sin embargo vive delante de él cada día, sin que él pueda acercarse. La mujer se llama Faustine, y el hombre va creando toda una vida a su lado, imagina cómo será fuera de la isla, imagina, crea, observa y se enamora cada vez más.

Entonces el fugitivo encuentra una solución. Se graba, como si fuera una coreografía perfectamente establecida, de forma que cuando la invención de Morel proyecte el resultado, la mujer y él estarán juntos, de alguna forma, para quien lo vea, y pasearán por los jardines, bailarán juntos y tendrán una vida, ficticia, pero juntos.

Maravilloso. Y es que *La invención de Morel* nos habla del sentido de nuestra existencia, de la inmortalidad y de un amor más allá del tiempo. Y tiene un final extraordinario, una frase llena de esperanza:

> Al hombre que, basándose en este informe, invente una máquina capaz de reunir las presencias disgregadas, haré una súplica. Búsquenos a Faustine y a mí, hágame entrar en el cielo de la conciencia de Faustine. Será un acto piadoso.

28

El viejo y el mar
de Ernest Hemingway

Siempre que hablo de *El viejo y el mar* me acuerdo del chiste del tipo que entra en una librería y pregunta si tienen algo de Hemingway. El librero le responde que *El viejo y el mar* y el tipo contesta que se llevará «El mar». La gracia del chiste es que todo el mundo conoce esta novela. Y tal vez eso juegue en su contra. Porque podría parecer que *El viejo y el mar* es la típica novela pesada que cuenta la historia de un tipo pescando. Excitante... ¡Pues sí! Es maravillosa. Primero, ninguna novela de Hemingway es una pesadez, y cada vez que se lee, y cuanto mayor se es al leerla, más cosas hay dentro y más apasionantes son. Cualquiera de ellas. Pero *El viejo el mar* se lleva la palma.

    Tiene a un personajazo asombroso, ese viejo, pobre, que vive en una cabaña destartalada, que se tapa tan solo con los viejos periódicos que atesora y donde lee noticias de béisbol. Solitario y, sin embargo, empeñado en frenar su mala suerte y volver a pescar. No digo mucho ni poco, sino tan solo pescar. Al chaval que le acompaña sus padres no le dejan ya salir a faenar con él, hay que buscar un futuro y está claro que junto al viejo no lo hay. Y por todo eso el viejo se aventura un poco más allá de lo normal. Santiago transgrede el código que ha respetado su vida entera y lleva su barca hasta un lugar que garantiza buena pesca, pero de donde es muy difícil regresar.

    Según la teoría del *iceberg* de Hemingway, un relato solo

muestra una mínima parte de la historia y el grueso de la historia se mantiene oculta. Ahí, en esa parte hundida, está la desesperación y el orgullo, el pasado, la aldea de pescadores en Cuba, la soledad.

Hemingway publicó *El viejo y el mar* en 1953 en la revista *Life*, con un tiraje de cinco millones de ejemplares. Y a pesar de esta brutalidad, cuando se publicó en formato de libro se mantuvo veintiséis semanas en la lista de best sellers del *The New York Times*. Ese año Ernest Hemingway recibió el premio Pulitzer. El año siguiente sufrió dos accidentes de aviación consecutivos en Uganda que estuvieron a punto de costarle la vida y le dejaron maltrecho. Pero en 1954 obtuvo el Premio Nobel de Literatura. Seis años después se suicidó, en 1961, con sesenta y un años.

Pero precisamente *El viejo y el mar* cuenta todo lo contrario, dice que siempre puede llegar una nueva victoria, dice que el hombre no está hecho para la derrota, que al hombre se le puede destruir, pero no derrotar. *El viejo y el mar* es un canto a la fuerza, a la lucha, a la esperanza, a la vida.

La historia de Santiago es brutal. Cuando se aleja, enseguida se pone a pescar, pero poco después se da cuenta de que ha picado un pez bastante grande. Y ahí comienza la lucha. La descripción de la pesca por parte de Hemingway es muy precisa. Santiago intenta primero cansar al pez y poco a poco lo irá subiendo a la superficie. Pero el pez le lleva cada vez más lejos. La lucha es espectacular. Cuatro horas después siguen igual: el pez nadando mar adentro y el viejo afianzado con el sedal detrás de la espalda. Se esfuerza en no pensar. Se limita a aguantar. Hace tiempo que no se divisa tierra. El viejo piensa que no importa, que se orientará por el resplandor de La Habana para volver. El pez no cambia de curso ni de dirección en toda la noche. Pero Santiago sabe que seguirá con el pez hasta la muerte. Poco a poco empieza a sacarlo a la superficie, y en una escena brutal, cuando lo tiene al lado de la barca lo mata a golpes y lo ata al costado del bote. Es un ejemplar de más de seiscientos kilos.

Pasa una hora antes de que ataque el primer tiburón. Y aquí

comienza la segunda tragedia, porque poco a poco, bocado a bocado, los tiburones empiezan a devorar al pez. Santiago no ganará nada por él.

Es maravillosa la relación y el diálogo que tiene Santiago con el pez:

> Luego sintió lástima por el gran pez, que no tenía comida, pero su determinación de matarlo no cedió un ápice a pesar de la pena. ¿A cuánta gente dará de comer?, pensó. ¿Serán dignos de comérselo? No, claro que no. Viendo cómo se comporta y su gran dignidad, no hay nadie digno de hacerlo.

Es asombroso cómo batalla contra él, cómo sufre y cómo gana esa batalla, y la admiración que siente Santiago, y luego, como si estuvieran en el mismo equipo, cómo lo defiende de los tiburones, aunque es una batalla perdida. Santiago llega a su puertecito con un enorme esqueleto de pescado atado al costado de su barca. El grueso de la novela es esa batalla, describiendo cada sensación, cada herida, cada movimiento que hace Santiago, al beber, al comer, al dormir, la lucha terrible entre ambos.

Cuando deja su barca, Santiago quita el mástil de la carlinga, se lo echa al hombro y empieza a subir hacia su cabaña. Está exhausto. Se da la vuelta y ve a la luz de la farola la gran cola del pez que asoma por encima de la popa del esquife. Entonces se cae al suelo y se queda allí un rato con el mástil sobre el hombro. Luego continúa su camino. Por la mañana el chico le pedirá que le cuente lo que ha pasado, y el viejo lo hace y le dice que tendrán que volver a salir a pescar. Y antes de hacerlo se queda dormido, con los periódicos encima y sueña con leones.

29

La peste
de Albert Camus

Leer, después de la pandemia, *La peste* de Camus es una experiencia que te cambia. Aunque la novela de Camus te cambia en cualquier caso, porque es una novela esencial, que habla del ser humano, de nuestra condición, de la esperanza, de la posibilidad de salvarse, de la repetición de los errores, del absurdo y del mal, de la responsabilidad individual y las ideologías, de la naturaleza y su fuerza, de la muerte, de la posición que decidimos ocupar en este mundo y de la toma de decisiones.

Siempre hay esa ética impresionante en las novelas de Camus, ese posicionamiento ideológico que nos salva, de alguna forma ante el triunfo seguro de la muerte. Él mismo murió de una forma trágica, en un accidente de coche, junto con su editor y amigo, Michel Gallimard, el 4 de enero de 1960. Tenía cuarenta y siete años. Había recibido el Premio Nobel de Literatura tres años antes, en 1957. Camus murió en el acto, el editor pocos días después. Entre los papeles que llevaba Camus cuando murió estaba su novela *El primer hombre*. Yo he dudado sobre cuál ha sido la novela de Camus que más me ha marcado y al final he tenido que tirar la moneda al aire, porque *El extranjero* es otra novela extraordinaria y la he leído muchas veces. Es otra novela que no te puedes quitar de encima una vez leída, que ya forma parte de ti, que te empapa y que nunca se olvida. Pero es verdad que volver a leer *La peste* en pandemia me marcó.

La peste se publicó en 1947 y fue un éxito de ventas y de críticas. Un crítico de *Le Monde* escribió: «No dudo en considerarla como una de las obras más importantes no del año, sino de una época». Narra los meses de cuarentena por una epidemia en la ciudad portuaria de Orán, en la Argelia francesa. Como toda gran obra, tiene múltiples interpretaciones, pero yo siempre recomiendo, en la primera lectura, sumergirse en ella con el corazón, y dejarse llevar. En todo caso fue el propio Camus quien dijo que Franz Kafka nos obligaba a leer sus libros dos veces: primero para absorber el relato literal, después el figurativo o alegórico.

Todo comienza con las ratas, que empiezan a aparecer muertas por las calles, envueltas en su propia sangre. Y tras las ratas son los seres humanos los que empiezan a tener bulbos y a morir entre hemorragias y dolores. Es la peste. Y el doctor Rieux trata de luchar contra ella, pero la epidemia se extiende. La sorpresa del principio se transforma poco a poco en pánico. Lo más importante es saber las medidas que hay que tomar. Rieux espera las vacunas y abre los bubones. El tiempo parece detenerse. La ciudad parece abandonada. Se cierran las puertas. Se prohíbe hasta la correspondencia. Los que están fuera pueden entrar, pero no pueden volver a salir.

La novela está llena de personajes alucinantes, que Camus cuenta en pocas escenas pero que llegas a conocer bien. Cada uno realiza una función, cada uno tiene un papel. Las autoridades eclesiásticas deciden luchar contra la peste por sus propios medios, organizando una semana de plegarias colectivas. Cuando se plantea aislar los barrios más afectados, sus habitantes lo consideran un ataque a su libertad. Es curioso, la palabra libertad siempre malinterpretada y utilizada, desde entonces, desde siempre. Las puertas de la ciudad son atacadas. En la ciudad se levanta un soplo de revolución que provoca escenas de violencia. Algunas casas son saqueadas. Las autoridades convierten el estado de peste en estado de sitio e instauran el toque de queda. A partir de las once, la ciudad, hundida en la oscuridad más completa, es de piedra.

La peste, en tres semanas, parece agotarse. Reaparecen las ratas, corriendo por las calles. Parece que no ha cambiado nada en la ciudad. Las puertas de la ciudad se abren. ¿Qué han aprendido? ¿Qué hemos aprendido? Se organizan grandes festejos día y noche. Los muertos están olvidados. Como los culpables. Los hombres son siempre los mismos. Aunque hay tal vez más cosas dignas de admiración que de desprecio:

> Oyendo los gritos de alegría que subían de la ciudad, Rieux tenía presente que esta alegría está siempre amenazada. Pues él sabía que esta muchedumbre dichosa ignoraba lo que se puede leer en los libros, que el bacilo de la peste no muere ni desaparece jamás, que puede permanecer durante decenios dormido en los muebles, en la ropa, que espera pacientemente en las alcobas, en las bodegas, en las valijas, los pañuelos y los papeles, y que puede llegar un día en que la peste, para desgracia y enseñanza de los hombres, despierte a sus ratas y las mande a morir en una ciudad dichosa.

Que cada uno lo lea como quiera. Esto es lo maravilloso de esta novela, de la gran literatura, de los clásicos, que siempre parecen dirigirse hacia el lector, hacia su alma, su conciencia, su yo más profundo. *La peste* es una maravilla, emocionante y profunda, llena de reflexiones poderosas y de modelos en los que verse reflejado. Es una novela que te cambia, a mejor.

Hay que leer a Camus.

30
Fahrenheit 451
de Ray Bradbury

Leer ahora *Fahrenheit 451* es una experiencia aterradora, porque tienes la sensación de que Ray Bradbury describe, en 1953, algunas de las cosas que nos definen ahora como sociedad. Es una distopía, o sea, una «representación ficticia de una sociedad futura de características negativas causantes de la alienación humana», por oposición a una utopía. Cuenta una sociedad en la que los libros son perseguidos y se queman, algo que ya ha ocurrido y que sigue ocurriendo. Decía Margaret Atwood que en *El cuento de la criada* no había metido nada que no hubiera ocurrido ya a lo largo de la historia, pero que lo había metido todo junto. Y quienes persiguen y queman los libros son los bomberos. Cuatrocientos cincuenta y un grados Fahrenheit es la temperatura a la que el papel se inflama y arde.

El protagonista, Montag, es uno de los bomberos que, como en las grandes distopías, se rebela, se hace preguntas, intenta cambiar las cosas. Pero es asombroso cómo empieza a plantearse las cosas. Un día conoce a un personaje maravilloso, una vecina, Clarisse, que lo cambia todo. Es increíble cómo define Bradbury esa sensación cuando sabemos que algo va a ocurrir. Dice que Montag tiene sensaciones confusas, «como si el aire pronunciara su nombre, como si oliera un rastro de perfume». Y es que *Fahrenheit 451* tiene además una cosa apasionante que es la forma en la que está escrito, ese lirismo, esa poesía que empapa cada sensación, cada elemento de la trama, esas reflexiones que te encogen el corazón. Dicen que Bradbury era un poeta escribiendo narrativa.

Clarisse empieza a hacerle preguntas, y las preguntas ya se sabe que son mucho más peligrosas que las respuestas. Le pregunta cuánto tiempo lleva trabajando de bombero. Le pregunta si lee alguna vez alguno de los libros que quema y le pregunta si es verdad que hace mucho tiempo los bomberos apagaban incendios en vez de provocarlos. Y una mañana, cuando sale de casa, se la encuentra con la cabeza echada hacia atrás para que las gotas de lluvia le caigan en el rostro y saber a qué sabe la lluvia. A Montag todo le parece raro pero también fascinante. E inevitablemente empieza a ponerlo todo en duda.

Una de las escenas clave de la novela es cuando Montag enferma (o dice que enferma) y se queda en la cama. Se ha quedado con un libro después de una de las acciones de los bomberos y lo guarda debajo de la almohada. Entonces recibe la visita de su jefe, el capitán Beatty, que le dice que «tarde o temprano a todo bombero le ocurre lo mismo», le cuenta la historia de los bomberos y la razón por la que queman los libros. Es un capítulo estremecedor. Le cuenta que en el siglo XX se aceleró el movimiento, que los libros eran cada vez más breves, más condesado todo, los boletines, los tabloides, los clásicos reducidos a una emisión radiofónica de quince minutos. (Nosotros aún tardamos una hora en hacerlo, pero me sentí fatal cuando leí esa frase). Beatty le cuenta que todo pensamiento innecesario fue considerado una pérdida de tiempo, que la gente se expresaba cada vez peor, a tal punto que apenas se recurría ya al uso de las palabras para comunicarse, que la vida era inmediata, que solo el empleo contaba, que el placer lo dominaba todo después del trabajo. ¿Por qué entonces aprender algo, excepto apretar botones, accionar conmutadores, encajar tornillos y tuercas? Entonces se empezaron a vaciar los teatros excepto para que actuasen payasos, más deportes para todos, espíritu de grupo, diversión, y no había necesidad de pensar:

Organiza y superorganiza superdeportes. Más chistes en los libros. Más ilustraciones. La mente absorbe cada vez menos. Impaciencia. Autopistas llenas de multitudes que van a algún sitio, a algún sitio, a algún sitio, a ningún sitio. El éxodo espoleado por el combustible. Las ciudades se convierten en moteles, la gente siente impulsos nómadas y va de un sitio para otro.

Qué miedo, ¿no? Si no quieres que un hombre se sienta políticamente desgraciado, no le enseñes dos aspectos de una misma cuestión, pues le preocuparás, enséñale solo uno. Haz que olvide que existe una cosa llamada guerra. Atiborra a la gente de datos no combustibles, lánzales encima tantos «hechos» que se sientan abrumados, pero totalmente al día en cuanto a información, entonces tendrán la sensación de que piensan y serán felices. Y al final le dice que la clave está en el mercado, en las minorías, en tratar de no molestar a nadie, en bloquear a los autores incómodos. Un libro es un arma cargada. Hay que dominar la mente del hombre. No se puede permitir que las minorías se alteren o se rebelen:

A la gente de color no le gusta *El negrito Sambo*. Quemémoslo. La gente blanca se siente incómoda con *La cabaña del tío Tom*. Quemémoslo. ¿Alguien escribe un libro sobre el tabaco y el cáncer de pulmón? ¿Los fabricantes de cigarrillos protestan? Quememos el libro.

Resulta que Montag tiene otros libros guardados en su casa. Tiene que huir. Entonces tiene el segundo encuentro, que resulta definitivo. Recuerda a un viejo vestido de negro que encontró en un parque y que ocultaba algo apresuradamente bajo su chaqueta. Era un profesor de lengua retirado que se había quedado sin trabajo cuando la última universidad de artes liberales cerró. Se llama Faber. Faber dice que hay tres cosas necesarias que faltan: la primera es la calidad de la información; la segunda, tiempo de ocio para asimilarla, y la tercera, el derecho a emprender acciones basadas en lo que aprendemos. Iba a decir que eso es lo que le falta a la sociedad que describe Bradbury, la distópica, pero ¿acaso no nos falta a nosotros lo mismo?

Y Faber pone a Montag en la pista de mis personajes favoritos de la literatura, los hombres libro, unos seres que viven al margen de la sociedad y que han memorizado un libro o un capítulo de un libro, de manera que todos ellos, juntos, son bibliotecas andantes, la memoria, la literatura, y que no paran de moverse, de viajar, hombres comprometidos en conservar intactos los conocimientos indispensables para el hombre. Su idea es transmitir oralmente los libros a sus hijos, hasta que todo cambie, hasta que la gente vuelva a escuchar. Hay un hombre que recuerda el capítulo uno del *Walden* de Thoreau, y vive en Green River; el capítulo dos, en Maine. Y en un pueblecito en Maryland viven los ensayos completos de Bertrand Russell, y cada uno de sus habitantes conserva en su memoria unas cuantas páginas. ¡Qué maravilla!

> Cuando la guerra haya terminado, algún día, algún año, los libros podrán ser reescritos. Las personas serán convocadas una por una, para que reciten lo que saben, y lo imprimiremos hasta que llegue otra Era de Oscuridad, en la que quizá debamos repetir toda la operación.

Dos curiosidades, para terminar. La primera: cuando Ray Bradbury termina la novela recibe una oferta de John Houston para escribir el guion de Moby Dick y se va a Irlanda ocho meses. Nadie quería arriesgarse a publicar *Fahrenheit 451*, pero un joven editor de Chicago, escaso de dinero pero visionario, vio el manuscrito y lo compró por cuatrocientos cincuenta dólares, que era todo lo que tenía. El joven era Hugh Hefner. La revista era *Playboy*.

La segunda: la novela está encabezada por una cita de Juan Ramón Jiménez: «Si os dan papel pautado, escribid por el otro lado».

31
La familia de Pascual Duarte
de Camilo José Cela

Me parece esencial que recuperemos a Camilo José Cela, que nos dejemos de cancelaciones y nos olvidemos del personaje para centrarnos en el autor y volver a leer y poner en valor toda su obra. No solo *La colmena* que es maravillosa, sino también obras extraordinarias como *Mrs. Cadwell habla con su hijo*, *Oficio de tinieblas 5*, innovadoras, modernas y geniales, o sus novelas gallegas, *Mazurca para dos muertos* y *Madera de boj*. A mí me parece, por ejemplo, que una de las novelas que mejor cuenta la guerra civil española en Madrid en *San Camilo, 1936*, un monólogo brutal.

La familia de Pascual Duarte, publicada en 1942, marca un hito en la literatura española y es, después del Quijote, el libro español más traducido. Yo creo que ha ganado fuerza con los años. Es dramática, excesiva, tremenda. Como dijo Francisco Umbral, «huele a España negra y a derrota». Uno termina de leerla y no sabe si llorar o pegarse una ducha.

La primera frase ya es historia de la literatura: «Yo, señor, no soy malo, aunque no me faltarían motivos para serlo». Pascual Duarte se propone contarnos algo de lo que recuerda de su vida, seguramente la parte que no ha podido borrar de su memoria. Califica su propia vida como un conjunto de enseñanzas corruptoras, que facilitaron la perdición de un hombre en unas concretas circunstancias familiares y sociales, de ahí «La familia» del título.

Pascual Duarte nace en un pueblo perdido de la provincia de Badajoz, a unas dos leguas de Almendralejo, en una casa pobre, fuera del pueblo, estrecha y de un solo piso, con el suelo de tierra, pero bien pisada, una cocina, dos habitaciones y una cuadra lóbrega y oscura, con olor a bestia muerta. Pero, dice Pascual Duarte, que de mozo, si le privaban de aquel olor le entraban unas angustias como de muerte.

Tiene una perrilla perdiguera —la Chispa—, medio ruin, medio bravía, pero que se entiende muy bien con Pascual. Con ella se va muchas mañanas hasta la Charca a cazar. Y a veces se sienta allí, a descansar y a estar tranquilo. La perra se echa junto a él. Pascual Duarte dice que tenía la mirada de los confesores, escrutadora y fría:

> La perra seguía mirándome fija, como si no me hubiera visto nunca, como si fuese a culparme de algo de un momento a otro, y su mirada me calentaba la sangre de las venas de tal manera que se veía llegar el momento en que tuviese que entregarme; hacía calor, un calor espantoso, y mis ojos se entornaban dominados por el mirar, como un clavo, del animal. Cogí la escopeta y disparé; volví a cargar y volví a disparar. La perra tenía una sangre oscura y pegajosa que se extendía poco a poco por la tierra.

En esa casa nace una hermana terrible y quince años después un hermano, Mario, con una gran discapacidad, al que maltrata la madre, personaje siniestro de esta novela. El padre muere de rabia encerrado en la alacena el día que nace Mario, y el niño muere con diez años ahogado en una tinaja de aceite. Y cada una de esas escenas, cada una de esas historias trágicas, Cela las cuenta de una forma que se te encoge el corazón, con una frialdad terrible. Escribía Pedro de Lorenzo, en una reseña en *Ya* en 1943, que Cela se coloca al margen de sus héroes y asiste a los desenlaces más trágicos sin dejarse vencer de piedad, con una impasibilidad objetiva, pavorosa, fría, inconmovible.

En el entierro de Mario, Pascual Duarte viola a Lola, una mujer con la que hace tiempo que se habla sin haber llegado a nada. Es terrible. Se casan. Ella está embarazada. Se suben a una yegua y se van de viaje de novios a una posada donde pasan dos días sin salir de la habitación. Al volver del pueblo la yegua tira al suelo a la mujer, que aborta. Pascual se va para la yegua con la navaja abierta. Terrible. Y pasado un año, Lola vuelve a quedarse embarazada, y el niño, que se cría muy bien, muere de pronto a los once meses. Cela dice que en *La familia de Pascual Duarte* quiso ir al toro por los cuernos y empezó a sumar acción sobre la acción y sangre sobre la sangre. Y luego hace una reflexión que me encanta: «Es curioso lo espantadiza que es la gente que, después de asistir a la representación de una tragedia que duró tres años y costó ríos de sangre, encuentre tremendo lo que se aparta un ápice de lo socialmente convenido».

Pascual Duarte decide huir de su pueblo, agobiado por su madre, su mujer y su hermana. Se va desde el pueblo a Madrid con la idea de irse a América, pero acaba en Galicia. Cuando lleva dos años fuera de su casa, le puede la morriña y decide volver. Y allí se suceden las tragedias.

Pero Cela nos tiene reservada para el final la escena más brutal. El enfrentamiento con la madre y cómo Pascual mata a su madre en una escena tremenda y luego sale corriendo, y corre durante horas y al fin puede respirar.

Es una novela durísima, pero es impresionante desde dónde la cuenta y cómo la cuenta, hasta el punto de que al final termina dando igual lo que cuente, como pasa con muchas grandes obras de la literatura. Hay que leer *La familia de Pascual Duarte* y hay que leer a Cela, de arriba abajo.

32

La señora Dalloway
de Virginia Woolf

Virginia Woolf cambió la historia de la literatura. Tiene una obra tan compleja y tan profunda que siempre es una aventura sumergirse en sus páginas porque siempre encuentras algo nuevo, siempre hay un plano de lectura diferente en el que no te habías fijado. Creo, además, que en cada edad se hace una lectura distinta de Virginia Woolf. No les voy a mentir: a mí *La señora Dalloway* me aburrió soberanamente la primera vez que me la leí. Y lo mismo me sucedió con *Las olas* y con *Al faro*. Me divirtió mucho *Orlando*, claro, aunque luego también he hecho una lectura totalmente diferente. Y, sin embargo, pocos libros me han impactado tanto cuando los he vuelto a leer como *La señora Dalloway*.

La novela, publicada en 1925, está equilibrada entre lo que cuenta y cómo lo cuenta. A pesar de ese estilo, ese flujo de conciencia extraordinario, el lector nunca tiene la sensación de que está metido en un experimento literario, sino que disfruta siguiendo esa conciencia, durante un día entero, de personaje en personaje, de cabeza en cabeza, de pasado en presente, por las calles de Londres, desde que «La señora Dalloway dijo que ella misma se encargaría de comprar las flores».

Es difícil contar el argumento porque ocurren muchas cosas en las cabezas de todos los protagonistas, desde el viaje al pasado y a sus amores de la señora Dalloway hasta un suicidio. La señora Dalloway se va a Londres a comprar esas flores y a hacer las últimas cosas que le quedan por hacer, se encuentra con gente, y en el mismo espacio que ella ocupa suceden otras cosas, que nosotros conocemos como si estuviéramos dentro de la cabeza de sus protagonistas, viendo sus sensaciones, sus emociones.

Es una sucesión de escenas maravillosas, donde la descripción de lo que ocurre y las cosas más mundanas se mezclan con reflexiones profundas que dan sentido al personaje y a todo lo que ocurre, que los sitúa en un momento determinado de sus vidas desde el cual ellos viajan hacia atrás en el tiempo para recordar y hacia adelante para proyectar, para reflexionar, para desear. Hay un momento que a mí me parece delicioso. Cuando la señora Dalloway entra en la floristería, de repente suena como un disparo. Es un automóvil. Pero la violenta explosión hace dar un salto a la señora Dalloway. Los transeúntes se han detenido para mirar, y tienen el tiempo justo de ver una cara de suma importancia contra el fondo de la tapicería gris tórtola, antes de que una mano masculina corra la cortinilla. Inmediatamente comienzan a correr los rumores de que es el príncipe de Gales, la reina, el primer ministro.

Hay algo fundamental en esta novela y es el punto de vista femenino, que es otra de las grandes aportaciones de Virginia Woolf y que la señalan por encima de Joyce y de Proust, esa sensibilidad femenina con la que se interpreta el mundo. Cuando Clarissa Dalloway vuelve a su casa, empieza a rememorar las relaciones que ha tenido, su relación con Richard, su marido, lo que siente, y recuerda un encuentro que tuvo con una mujer, Sally, que seguramente irá a la fiesta esa noche. Y Clarissa Dalloway rememora un día en el que ellas dos se quedaron un poco rezagadas y se produjo el momento más exquisito de la vida de Clarissa. Al pasar junto a una hornacina de piedra con flores, Sally se detuvo, cogió una flor y besó a Clarissa en los labios. Fue, dice Clarissa Dalloway, como si el mundo entero se pusiera cabeza abajo. Como si todos hubieran desaparecido. Y tuvo la impresión de que le hubieran hecho un regalo, envuelto, y que le hubieran dicho que lo guardara sin mirarlo:

> Lo raro ahora, al recordarlo, era la pureza, la integridad, de sus sentimientos hacia Sally. No eran como los sentimientos hacia un hombre. Se trataba de un sentimiento completamente desinteresado, y además tenía una característica especial que solo puede darse entre mujeres, entre mujeres recién salidas de la adolescencia. Era un sentimiento protector, por parte de Clarissa; nacía de cierta sensación de estar las dos acordes, aliadas, del presentimiento de que algo forzosamente las separaría.

Maravilloso. Pero también recuerda a Peter Walsh, que pronto se van a encontrar porque va a asistir a la fiesta que está organizando Clarissa Dalloway. Y el encuentro entre ambos, y cómo nos cuenta Virginia Woolf lo que sucede en realidad y a la vez lo que ocurre en esas dos conciencias, es impresionante. Y luego Peter se va y le seguimos y escuchamos lo que piensa y lo que siente. Y poco después comenzará la fiesta y empiezan a llegar los invitados, y la señora Dalloway ejerce de anfitriona. En cierta manera, su castigo es ver hundirse y desaparecer aquí a un hombre, allá a una mujer, en esa profunda oscuridad, mientras ella está obligada a permanecer allí con su vestido de noche. Siente que ha intrigado, que ha cometido raterías. Que nunca ha sido totalmente admirable. Y de pronto abre las cortinas y ve a su anciana vecina, yendo de un lado para otro, cruzando el cuarto, acercándose a la ventana, con gente todavía riendo y gritando en el salón, y contempla cómo aquella vieja, tan serenamente, se dispone a acostarse sola.

Clarissa Dalloway representa la mujer que Virginia se negó a ser: la que renuncia a sus propios sentimientos por hacer lo correcto, por casarse con el hombre adecuado y por asumir el papel de perfecta anfitriona que por posición le corresponde.

Virginia Woolf vivió una vida intensa cultural y emocionalmente. Fue abusada sexualmente por sus hermanastros mayores.

Sufrió problemas mentales y cuando se dio cuenta de que las voces que oía en su interior no le dejaban escribir, se llenó de piedras el abrigo y se sumergió en el río Ouse. Tardaron tres semanas en encontrar su cadáver. Ha sido una de las mayores genios que ha dado la literatura. Hay que leer a Virginia Woolf.

33

El gran Gatsby
de Francis Scott Fitzgerald

Siempre me ha apasionado el personaje de Gatsby. Un tipo que dedica toda su vida a seducir a una mujer, que construye su vida alrededor de la mujer a la que ama, que se hace rico, que se construye una gran mansión y que organiza las mejores fiestas de Nueva York, solo para seducir a la mujer a la que una vez amó y que sigue amando, Daisy, y que vive justo enfrente de su mansión, justo al otro lado de la bahía, en una casa que tiene siempre encendida una luz verde, que Gatsby ve cada noche. Y sabe que ella vendrá alguna vez a una de sus fiestas, y cuando lo haga, no duda que se enamorará de él, y entonces todo será como siempre ha soñado. Porque a Gatsby no le importa la realidad.

    La historia la cuenta Nick Carraway en primera persona, un hombre joven, una buena persona, que de hecho presume de ser una de las pocas personas honradas que conoce, y que se alquila una casa (muy humilde) al lado de la mansión de Gatsby. Nick Carraway es primo lejano de Daisy, la mujer de la que está enamorado Gatsby. Cuando Gatsby se entera le propone enseguida que invite a Daisy a su casa. Pero Daisy, que es una mujer de familia muy rica, está casada con un tal Tom, que es un tío bruto y anodino. Aun así, Nick organiza un encuentro entre Daisy y Gatsby, que se produce en casa de Nick. Es un encuentro realmente maravilloso, lleno de ternura, de risas, de seducción, de sobreentendidos. Gatsby y Daisy conectan enseguida y Gatsby da por hecho que Daisy se va a ir con él.

Una de las grandes historias de la novela es quién es Gatsby, en realidad. De hecho, eso tiene que ver con la frase con la que arranca la novela, en la que Nick recuerda que su padre siempre le decía que cuando sintiera deseos de criticar a alguien, recordara que no a todo el mundo se le habían dado tantas facilidades como a él. Uno no piensa hasta mucho más tarde que esa frase tenga que ver con Gatsby el millonario que organiza esas fabulosas fiestas, pero es que Gatsby en realidad viene de muy abajo. Tuvo la suerte de salvar de un incidente marinero a un millonario que lo prohijó, y desde entonces no hizo más que enriquecerse y ascender socialmente. Pero antes de que eso ocurriera tuvo un encuentro con Daisy, cuando él era solo un simple soldado. Fue la primera chica «bien» que conoció. Fitzgerald, en esa ambigüedad en la que se mueve todo, cuenta que Daisy fue suya una tranquila noche de octubre, que la poseyó porque en realidad no tenía derecho a cogerle la mano. Gatsby podría haberse despreciado, porque sin duda la poseyó fingiendo ser lo que no era. Pero no solo no se despreció, sino que se sentía casado con ella. Pero Daisy terminó dejándolo y entonces él se prometió merecerla, ser el más rico, el más seductor, el que organizaba las mejores fiestas.

Como dice Mario Vargas Llosa en *La verdad de las mentiras*, la grandeza de Gatsby no es aquella que le atribuye el generoso Nick Carraway —ser mejor que todos los ricos de viejos apellidos que lo desprecian—, sino estar dotado de algo de lo que estos carecen: la aptitud para confundir sus deseos con la realidad, la vida soñada con la vida vivida. Por eso, Mario Vargas Llosa dice que Jay Gatsby no es un hombre de carne y hueso, sino literatura pura.

Porque Gatsby a partir del momento en el que se reencuentra con Daisy no acepta que las cosas puedan ser de otra forma. Habla con Tom, el marido de Daisy, casi para convencerlo de que su relación se ha acabado y se van a separar, porque Daisy le quiere a él, y Tom alucina. Pero es que Tom tiene una amante que va a desencadenar la tragedia. Va a estar involucrada en un terrible accidente de circulación, cuando Daisy y Gatsby vuelven de Nueva York, a toda velocidad. Y ese accidente provocará al final la muerte de Gatsby.

Francis Scott Fitzgerald escribió cinco novelas, *A este lado del paraíso*, *Hermosos y malditos*, *El gran Gatsby*, la maravillosa *Suave es la noche* y *El último magnate*, que quedó inacabada. Su vida y su relación con su esposa Zelda es apasionante y terrible. *El Gran Gatsby* se publicó en 1925 y no tuvo mucho éxito, ni de crítica ni de ventas. De hecho, Fitzgerald murió en 1940 creyendo que su obra se quedaría en el olvido. Y, al revés, es una de las grandes obras de la literatura universal.

Tiene un final maravilloso. Con Nick Carraway cavilando, recordando el asombro de Gatsby cuando descubrió por vez primera la luz verde al final del embarcadero de Daisy, el camino que hizo para llegar a donde llegó, y cómo su sueño tuvo que parecerle tan cercano que difícilmente podía dejar de alcanzarlo:

> Gatsby creía en la luz verde, en el orgiástico futuro que año tras año retrocede ante nosotros. Se nos escapa en el momento presente, pero ¡qué importa!; mañana correremos más deprisa, nuestros brazos extendidos llegarán más lejos... Y una hermosa mañana...
> Y así seguimos adelante, botes contra la corriente, empujados sin descanso hacia el pasado.

34

La forja de un rebelde

de Arturo Barea

La forja de un rebelde es una trilogía, integrada por las novelas *La forja* (publicada en 1941), *La ruta* (publicada en 1943) y *La llama* (publicada en 1946), pero creo que es una obra que hay que leerse así, del tirón, de arriba abajo, porque es una joya de nuestra literatura. En realidad es una autobiografía, pero narrada de una forma tan extraordinaria que pasa por una novela, y es más, por tres novelas distintas que evolucionan, se complementan y cuentan la historia de la primera mitad del siglo XX en España de una forma maravillosa. De hecho, dicen que es una de las obras que mejor explica los antecedentes de la Guerra Civil, aparte de uno de los testimonios más valiosos. Orwell dijo de ella que era «una obra maestra española que ilumina toda una época histórica».

Barea, en un principio, pensó titular la trilogía *Las raíces*. No apareció inicialmente en español sino en inglés. Fue publicada en Londres en tres tomos. La primera versión en castellano no salió hasta 1951, en la editorial Losada, en Buenos Aires. En España circuló durante la dictadura franquista de forma clandestina, pero no se publicó hasta 1977.

Hay una historia alucinante sobre esta trilogía: Barea escribió la versión original del libro en castellano, y luego se tradujo al inglés, pero cuando por fin se prepara la publicación en castellano, Barea se da cuenta de que ha perdido la mayor parte del manuscrito original. O sea que al final la versión en castellano es en gran medida una «re-traducción» de la versión inglesa hecha por Barea en colaboración con su esposa.

La forja se publicó en 1941. Relata la infancia y el paso a la madurez del autor. Es una novela extraordinaria, llena de emociones, que nos describe como pocas el Madrid de principios de siglo. La primera parte es como una pintura del mundo de Barea cuando era un niño, contado con un detalle y una sensibilidad extraordinarios. Pero además cuenta la provincia de Madrid, porque cuando a Arturo le dan las vacaciones se va de vacaciones al pueblo de sus abuelos y va describiendo, paso a paso, los lugares por los que pasa. Primero van a Brunete, donde han nacido sus tíos y de donde era su padre. Después sus tíos acompañan a Arturo a Méntrida, de donde es su madre. Y acaba en Navalcarnero. A finales de septiembre vuelve a Madrid y al colegio. Las descripciones y el tono en el que está escrito el libro son una delicia. Cuenta el Madrid de entonces de una forma que recuerda a las novelas del mejor Pío Baroja o las de Galdós. La descripción de la casa de vecinos donde vive la madre, por ejemplo.

Cuenta cómo consigue su primer trabajo, cómo los jueves va al cine solo, y los domingos acompañado. Y cómo entra de botones en un banco y a partir de ahí va subiendo, hasta que es consciente de las injusticias y de la explotación a la que es sometido y se marcha, en una escena brutal. Pero su madre trabaja lavando ropa en el río y Arturo no soporta verla así. No quiere oler más la ropa sucia que se amontona en casa durante la semana. No quiere más contar las sábanas y los calzoncillos de don Fulano y arreglar las cuentas.

La ruta se publicó en julio de 1943. Básicamente cuenta su experiencia en África como militar donde aparecen ya los grandes protagonistas de la guerra civil española. Es una obra fundamental para entender los hechos posteriores. Es un libro terrible, pero esencial. Clarividente.

En 1920, Barea fue llamado a filas. Le destinaron a Marruecos como sargento. Después de la terrible derrota de Annual en el año 1921, Arturo participó en la recogida y entierro de cadáveres, una experiencia que le marcaría para siempre. En esta etapa también contrajo el tifus, el cual le dejó de por vida con un corazón debilitado. Dejó el ejército en 1924 como oficial de reserva.

Pero en *La ruta* se cuentan también sus comienzos como escritor. Y cómo conoce a alguno de los grandes escritores del momento, como Valle-Inclán. Y también cuenta cómo se casa y lo que significa eso, y los problemas que tiene desde el principio con su mujer, por su forma de pensar y su coherencia.

La llama se publicó en 1946. Es una novela durísima, que cuenta lo que fue la guerra en Madrid, pero que también se acerca a la locura, a la desesperación, como pocas. Es una novela que cuesta leer, que te encoge el corazón, sin concesiones, pero que todos deberían leer. Cuenta la proclamación de la Segunda República y el comienzo de la guerra. Y lo cuenta maravillosamente. En la novela aparece desde el principio Ilsa, que será su segunda mujer y con la que establece una relación de complicidad extraordinaria desde el principio.

Pero *La llama* narra lo que se llamó la batalla de Madrid. Cómo se vivía desde dentro con ese miedo a los bombardeos, y cuenta una cosa que a mí me parece extraordinaria, que es cómo Arturo Barea empieza a perder la cabeza por el miedo a los bombardeos, por la obsesión. Pero es que lo describe de tal forma, explica tan bien lo que fueron esos tiempos que entiendes a la perfección esa especie de locura, esa enfermedad mental que hizo que Arturo Barea tuviera que salir de España.

La forja de un rebelde es una autobiografía, pero tiene muchas cosas maravillosas. Por un lado, como cuenta su tiempo y cómo hay cosas que ocurren en el tercer volumen que se entienden leyendo los dos primeros, cómo te das cuenta de la evolución de los problemas. Los malos endémicos de este país, lo que nos llevó al desastre. Y por otro lado es maravillosa la forma tan personal que tiene de narrarlo. La delicia de su infancia, el horror del hambre y la miseria, la tremenda experiencia en Marruecos, que volvería loco a cualquiera, y por último la locura de la guerra representada y personalizada en la enfermedad mental de Arturo Barea. Una lección de la que deberíamos aprender.

Hay que leer *La forja de un rebelde*.

35

La transformación
de Franz Kafka

Leí *La metamorfosis* cuando era muy pequeño. Tenía apenas doce años, pero es que mi hermana me dijo una tarde «mira», mientras abría un librito por la primera página. Yo leí esa primera frase, «Una mañana, cuando Gregor Samsa despertó, después de un sueño intranquilo, se encontró en su cama transformado en un monstruoso insecto» y le pedí que me lo dejara. No puedo recordar de esa lectura qué entendí y qué no, pero sí que puedo recordar una sensación de inquietud, de incomodidad, y a la vez, de reconocimiento. Era extraño sentirse como se siente ese insecto, a veces.

Bueno, según la traducción será un insecto o un bicho. Y hablando de traducción, ahora ya *La metamorfosis* no se titula así, sino *La transformación*. La razón es clara y evidente. Hay una palabra en alemán para «metamorfosis», *metamorphose*, así que si Kafka hubiera querido que se titulara así, lo habría hecho y sin embargo el libro, originalmente, se titula *Die Verwandlung*, que significa literalmente «La transformación».

Hay mucha gente que dice que *La transformación* no es una de las grandes obras de Kafka. Yo no soy capaz de decirlo. A mí me apasiona, pero en todo caso es una forma maravillosa de entrar en el universo de Kafka.

Franz Kafka nació en Praga en 1883. La influencia de su obra es extraordinaria. Sin embargo, tuvo una vida gris y solo publicó en vida unas pocas obras. Pidió a su amigo Max Brod que destruyera todos sus manuscritos cuando muriera. Gracias a Dios, Max Brod, en 1924, cuando murió Kafka, no le hizo caso.

Kafka escribió *La transformación* entre noviembre y diciembre de 1912. Es espectacular. Me apasiona lo extraordinario y fantástico que es que Gregor amanezca convertido en un bicho y todo lo que sucede después, que es absolutamente cotidiano, porque Gregor siente lo que puede sentir cualquier trabajador agobiado por sus horarios y el exceso de trabajo, cualquier hijo incomprendido por sus padres, rechazado, lo que puede sentir cualquier adolescente, ninguneado por el mundo.

De pronto todos se alteran porque Gregor no ha cogido el tren de todas las mañanas. Gregor yace sobre la alfombra. Le parece mucho más razonable que lo dejen tranquilo a que lo importunen con llantos y discursos. Porque su padre se enfada, su hermana se preocupa, su madre llora y de pronto aparece el apoderado de su empresa haciéndole reproches delante de todos. Luego descubriremos que toda la familia vive del sueldo de Gregor, y de alquilar una habitación de la casa, por lo que la preocupación del principio al final no es más que interés. Y esa presión que siente Gregor, que no controla sus patas ni su voz ni su forma de moverse, transformado en algo que no entiende, es terrible. Hasta que decide abrir la puerta. Se yergue pegado a ella gracias a las callosidades de sus patas que están cubiertas de una sustancia pegajosa, y se queda quieto un instante, descansando del esfuerzo. Después empieza a girar con la boca la llave, que está puesta en la cerradura. No se percata de que se está haciendo daño, pues un líquido oscuro le sale de la boca, chorrea encima de la llave y gotea sobre el suelo. Es terrible. Entonces lo ven:

> Oyó al apoderado soltar un «¡Oh!» en voz alta —sonó como cuando silba el viento— y vio también cómo este, que era el más cercano a la puerta, se apretaba la mano contra la boca abierta y retrocedía lentamente como si le empujase una fuerza invisible. La

madre —allí estaba, a pesar de la presencia del apoderado, con los cabellos todavía alborotados y erizados de recién levantada—, juntando las manos, miró primero al padre, dio después dos pasos hacia Gregor y se derrumbó en medio de sus faldas extendidas a su alrededor, con el rostro completamente oculto en su pecho. El padre agitó el puño con expresión amenazadora, como si quisiera empujar a Gregor otra vez dentro de la habitación, después miró inseguro a su alrededor, se tapó los ojos con las manos y lloró de tal forma que su robusto pecho se sacudía con violencia.

Gregor se siente bien caminando sobre sus patas, pero el padre, con violencia, hace que se meta en su habitación de nuevo. Y ahí comienza la convivencia con un escarabajo, de una familia que no se altera demasiado. Le ponen dos veces al día una escudilla para que coma. La vida sigue, casi con normalidad. Y, de hecho, Kafka lo que quiere es dotar de coherencia a lo absurdo, y por eso no hay que buscar una explicación a la transformación de Gregor, sino la causa formal, es decir, la coherencia interna de los procesos.

Pasa el tiempo y su familia termina acostumbrándose a su aspecto. Entran a verlo. Cambian los muebles de la habitación, y todo parece ir bien hasta que se produce un incidente con la madre, lo que provoca que el padre ataque a Gregor, en una escena brutal, con unas manzanas, una de las cuales se queda incrustada en el cuerpo de Gregor. Y poco a poco dejan de hacerle caso, reconstruyen sus vidas, hasta que un día Gregor escucha a su hermana tocando el violín y sale de su habitación y lo ven los huéspedes que dicen que se van de la casa. Entonces la familia decide desprenderse de Gregor, pero no hace falta, porque una mañana se lo encuentran seco, en su habitación, y de alguna forma, la felicidad vuelve a la familia.

Hay muchas interpretaciones de *La transformación*. Tantas como queramos. Yo solo me dejaría llevar por la lectura. Kafka dijo: «Creo que deberíamos leer solo el tipo de libros que nos lastimen y apuñalen. Si el libro que estamos leyendo no nos despierta de un golpe en la cabeza, ¿para qué lo estamos leyendo? Necesitamos libros que nos afecten como un desastre, que nos duelan profundamente como la muerte de alguien que quisimos más que a nosotros mismos, como estar desterrados en los bosques más remotos, como un suicidio. Un libro debe ser el hacha que rompa el mar helado dentro de nosotros». *La transformación* rompe ese hielo, te lastima y te apuñala, te incomoda y te remueve. ¿Qué más se puede pedir?

36
El amante de lady Chatterley
de D. H. Lawrence

Leí *El amante de lady Chatterley* en la adolescencia, y de esa lectura solo recuerdo la excitación de las escenas sexuales, explícitas. Pienso ahora que si esas escenas excitaban a un chaval a finales de los años setenta, qué pasaría cuando se publicó, en 1928. Fue un escándalo inmediato. La novela fue censurada y hasta 1960 no se permitió su publicación en su versión íntegra en el Reino Unido. Pero lo más asombroso es que leída ahora, la novela es todavía más perturbadora, pero no lo es tanto por las escenas sexuales, sino por las emociones y los sentimientos que muestra, por la meticulosidad, su realismo y su profundidad. Es perturbadora porque cuenta, como pocas novelas que yo haya leído, los sentimientos de una mujer, el descubrimiento de sí misma, de lo que le mueve, de lo que le conmueve, de lo que le gusta, y cómo, una vez descubierto, lucha por conseguirlo, y lo pone todo en duda, tira por la ventana lo que ha sido su vida hasta entonces y persigue su deseo y su pasión.

Constance Chatterley se ha casado con Clifford Chatterley en 1917. Su luna de miel duró un mes. Luego Clifford volvió a Flandes, a la guerra, para ser devuelto de nuevo a Inglaterra, seis meses más tarde, casi totalmente destrozado. Constance tenía veintitrés años, y él, veintinueve. Clifford no murió. Estuvo dos años en manos de los médicos. La mitad inferior de su cuerpo, de la cintura hacia abajo, quedó paralizada para siempre. Clifford y

Constance volvieron a su hogar, Wragby Hall, la casa solariega de la familia de Clifford, y allí comienzan la vida hogareña y matrimonial en la mansión de los Chatterley.

Es importante conocer de dónde viene Constance, de qué tipo de educación, en qué ideología fue educada, su clase social, para entender el personaje:

> A la edad de quince años habían sido enviadas a Dresde para estudiar música, entre otras cosas. Y allí se habían divertido. Vivieron en plena libertad mezcladas con los restantes estudiantes, discutieron con hombres temas filosóficos, sociológicos y artísticos, y lo hicieron con tanta brillantez como los hombres, y en ocasiones mejor, por ser mujeres.

Y en eso D. H. Lawrence es un maestro. Escribe con una precisión absoluta y es capaz de definir a cada persona con los datos necesarios para que lo entendamos, y es capaz de describir cada emoción, cada sensación, cada sentimiento, de una forma extraordinaria. Sus novelas fueron sistemáticamente prohibidas o censuradas, tildadas de pornográficas por su descripción de las relaciones amorosas y de la sexualidad como forma de conocimiento inmediato. Nació en 1885 y murió muy joven, con apenas cuarenta y cinco años, en 1930. Creo que es uno de los grandes autores de la literatura contemporánea.

Hay maravillosas conversaciones entre Constance y Clifford. Hablan de cultura, hablan de política, porque además, *El amante de lady Chatterley* es una novela social, una novela que cuenta extraordinariamente la problemática de una zona de Inglaterra muy determinada, con una crisis en la minería, con paro, con luchas obreras que Constance contempla desde una posición muy diferente a su marido. Hablan de todo, incluso de la posibilidad de que ella tenga un hijo con otro hombre. Nunca se habla de que tenga un amante, pero Constance se mustia. No es que se aburra exactamente, que también, sino que va convirtiéndose en una persona gris, y al final decide tomar un amante del círculo de su marido, que es un auténtico imbécil, aparte de mal amante. Y un día conoce al guardés de la finca, Mellors, un hombre con un pasado complejo que Lawrence vuelve a construir magníficamente. Y Constance termina acostándose con él. Hay un deseo sexual evidente, pero hay algo más en lo que Constance busca en él, y en esa complejidad está clave de la novela, en lo que busca y en lo que termina encontrando, en esa ternura que termina deslumbrándola, que hace que lo ponga todo en duda, todo en riesgo:

> Connie oprimió su cuerpo contra el del hombre, impulsada por la brusca angustia del terror. Pero aquello se transformó en una extraña y lenta penetración de paz, en la oscura penetración de la paz, de una grande y primigenia ternura, cual las que crearon al mundo en el principio. Y el terror desapareció del pecho de Connie, y su pecho osó entregarse a la paz, y Connie nada se reservó para sí. Osó entregarlo todo, entregar su persona íntegra, dejarse llevar por la marea [...] hasta que, de repente, en una suave y temblorosa convulsión, el vivo centro de todo su plasma quedó tocado, Connie supo que ella, ella misma, había sido tocada, a ella llegó la consumación, y Connie partió, se fue, desapareció. Ida. Ida no, Connie había nacido, era una mujer.

Hay que meterse en *El amante de lady Chatterley* con todos los sentidos despiertos y abiertos. Es apasionante la psicología de Constance, cómo se analiza, cómo intenta curar sus heridas, la influencia que tiene el espíritu, la mente y el cuerpo, cómo va aprendiendo, cómo va salvándose. Es apasionante el tiempo que cuenta, el territorio, los personajes que lo pueblan, desde los protagonistas a los secundarios, desde la mujer que cuida al marido inválido, que descubre que Mellors es el amante, en una escena brutal, hasta la hermana de Constance, educada como ella y sin embargo tan diferente, pero que la entiende tan bien, o la mujer de Mellors, de la que está separado pero no divorciado, su brutalidad y su falta de educación. Y ese maravilloso y tremendo final.

Hay que leer a Lawrence. Hay que leer *El amante de lady Chatterley*.

37

El Gatopardo
de Giuseppe Tomasi di Lampedusa

Lo primero que hice cuando terminé de leer *El Gatopardo* por primera vez fue preguntarme cómo había podido vivir hasta entonces sin hacerlo. Es una novela tan impresionante, tan bella, tan emocionante, tan profunda, que es maravillosa. Te envuelve el ambiente desde el principio, y eres capaz de respirar ese aire, de ver esa luz, de oír los pasos por el palacio, de sentir cada una de las cosas que Lampedusa te propone. Es una locura.

Cuando se publicó, en 1958, generó un enorme revuelo y admiración. En 1959 ganó el premio Strega. Puede ser la novela más importante y más leída del siglo xx italiano. Y, sin embargo, Giuseppe Tomasi di Lampedusa nunca vio publicados sus libros. Nació en Palermo en 1896. Pertenecía a una familia aristocrática y era un gran viajero, además de un lector apasionado. Decidió dedicarse a la literatura en los dos últimos años de su vida. En 1957 le descubrieron un tumor en el pulmón y murió pocos meses después. Llevaba un año tratando de conseguir que se publicara *El Gatopardo*. Había sido rechazado por Mondadori y por Einaudi.

Aunque *El Gatopardo* no es una novela de hechos, sino de ideas, cuenta la historia de la Casa de los Salina, o más bien de su príncipe, Fabrizio, que vivía en perpetuo descontento contemplando la ruina de su clase y de su patrimonio sin hacer nada. Porque *El Gatopardo* cuenta un momento muy determinado de

Sicilia, cuando Garibaldi está avanzando y va a conseguir el poder, cuando todo está a punto de cambiar. Los hijos del príncipe no son importantes, pero el príncipe tiene un sobrino, Tancredi, que es su ojito derecho. Tancredi se da la gran vida e incluso ha llegado a simpatizar con las «sectas», y relacionarse con el Comité Nacional clandestino. De hecho, es Tancredi quien pronuncia la frase más famosa, después de que su tío le regañe por relacionarse con los camisas rojas de Garibaldi:

> El muchacho tuvo uno de esos accesos de seriedad que lo volvían enigmático y a la vez entrañable. «Si nosotros no participamos también, esos tipos son capaces de encajarnos la república. Si queremos que todo siga igual, es necesario que todo cambie. ¿Me explico?».

Es apasionante cómo Lampedusa va contando las cosas, la primera cena en casa de los Salina, la autoridad de príncipe, cómo es su familia, cómo después de la cena decide ir a ver a su amante, sin recato, la relación con su mujer, cómo Tancredi va ocupando cada vez un espacio mayor en la casa de los Salina, su relación con Concetta, la hija del príncipe. Hay una escena brutal en la que Fabrizio sale del baño y desnudo, recibe al cura, que le transmite que su hija Concetta está enamorada de Tancredi. Pero nadie es partidario de esa unión, ni el príncipe Fabrizio ni tampoco Tancredi.

Es maravillosa la escena del viaje que hace la familia, en verano, a su casa de campo. Es increíble cómo cuenta ese viaje agotador, cómo atraviesan pueblos pintados de azul pálido, puentes de singular magnificencia tendidos sobre riachos totalmente secos, cómo llegan a Donnafugata, cómo le reciben las autoridades, y entre ellas, don Calogero Sedàra, el alcalde, que va a ser clave en la trama, porque poco después, en la fiesta de bienvenida, aparecerá su hija, Angélica:

La primera impresión fue de sorpresa y deslumbramiento. Los Salina se quedaron sin respiración; Tancredi llegó a sentir el latido de las venas en las sienes. Aturdidos por tanta belleza, los hombres no fueron capaces de observar, de analizar, los no pocos defectos que aquella belleza encerraba; serían muchos los que jamás estarían en condiciones de llevar a cabo ese examen crítico. Era alta y, para un criterio no demasiado exigente, bien formada; a juzgar por su aspecto, la piel debía de saber a nata fresca; la boca, infantil, a fresa. Bajo la mata de cabellos color noche rizados en suaves ondulaciones, los ojos verdes asomaban inmóviles como los de las estatuas y, como ellos, también un poco crueles. Avanzaba lentamente, entre las ondas de su amplia falda blanca y toda su persona expresaba la calma invencible de la mujer segura de su belleza.

Evidentemente, Tancredi se enamora de Angélica, y poco después, en otra escena brutal, que refleja maravillosamente el cambio de los tiempos, el ascenso de la burguesía y la decadencia de la aristocracia, el príncipe tiene que negociar la boda entre Tancredi y Angélica.

La primera visita de Angelica, como prometida, a la familia Salina se desarrolla con arreglo a una dirección escénica impecable. Pero Angelica no ama a Tancredi. Para ella, Tancredi es la posibilidad de ocupar un puesto elevado en el mundo noble de Sicilia, mundo que cree lleno de maravillas. También confía en que sea un amante fogoso. Si además es superior en el plano intelectual, mejor aún; pero a ella eso no le importa demasiado. Personajazo.

Después de la boda, después de todos los cambios que se van produciendo, después de que Fabrizio no acepte un cargo en el senado y se lo ceda a Calogero, el príncipe siente por primera vez la presencia, la posibilidad de la muerte. En ese momento, en otra escena increíble, trata de extraer de la inmensa montaña de cenizas del pasivo las diminutas briznas de oro de los momentos felices: las dos semanas previas a su casamiento, las seis siguientes;

media hora cuando nació Paolo; ciertas conversaciones con Giovanni; muchas horas en el observatorio, entregadas a la persecución de lo inalcanzable. Tancredi. Sus perros. Las primeras horas de sus regresos a Donnafugata, el sentido de la tradición y lo perenne expresado en la piedra y en el agua, el tiempo congelado. Los alegres escopetazos disparados durante algunas cacerías; algunos minutos de contrición en el convento entre el olor a moho y confituras; los momentos de satisfacción por haber sabido dar respuestas tajantes a los necios; el placer de saber que en el carácter de Concetta se perpetua la estirpe de los Salina; algunos momentos de entusiasmo amoroso...

Y veinte años después asistimos a la muerte de Fabrizio. Le vemos agotado, con una manta sobre las piernas, rodeado de su familia. Siente que su mano ya no aprieta la de los otros. Todos le rodean, y lloran, menos Concetta. Y al final Lampedusa nos cuenta que el príncipe ve cómo se abrió paso, entre el grupo, una joven dama, esbelta, con un vestido de viaje marrón de amplia *tournure*, y un sombrerito de paja cuyo velo moteado no alcanzaba a ocultar la gracia irresistible del rostro. Es la muerte:

> Era ella, la criatura que siempre había deseado; venía a llevárselo; era extraño que siendo tan joven hubiera decidido entregarse a él; el tren debía de estar por partir. Cuando su rostro estuvo frente al suyo, levantó el velo y así, pudorosa, pero dispuesta a ser poseída, le pareció más bella aún que todas las veces que la había entrevisto en los espacios estelares. El fragor del mar cesó por completo.

38

Réquiem por un campesino español
de Ramón J. Sender

Leí por primera vez *Réquiem por un campesino español* en el instituto. No sé si llegué a entender toda la profundidad, el dolor, la historia que encierra, pero es ese tipo de libros que te cambia, que te despierta, que hizo crecer en mí una conciencia que aún no me ha abandonado, un compromiso, que te hace buscar y creer en la justicia. Porque *Réquiem por un campesino español* trata de eso, de la justicia.

Réquiem por un campesino español se publicó en 1953 en México con el título *Mosén Millán*. Es una novela emocionante, brutal, precisa, amarga y, sin embargo, extraordinariamente bella. Una obra maestra que dicen que Ramón J. Sender escribió en una semana. Cuenta perfectamente el esquema de enfrentamiento que llevó a la Guerra Civil. Y eso que en ningún momento Sender nombra la «guerra civil». En la novela se dibuja una sociedad rural más próxima al Antiguo Régimen que al siglo XX, estructurada en dos clases sociales antagonistas: los propietarios de la tierra que ejercían un poder total y los campesinos, que malvivían del trabajo de una tierra que no les pertenecía.

Ramón J. Sender es uno de los más importantes narradores contemporáneos. Nació en Chalamera de Cinca, en Huesca, en 1901 y murió en el exilio, en San Diego, en 1982. Es el autor de obras esenciales de nuestra literatura como *Crónica del alba*, compuesta por nueve novelas, o *La tesis de Nancy* y *Mr. Witt en Can-*

tón. Siempre se manifestó como «un luchador por los derechos naturales del hombre», y por eso «denuncia las injusticias, las reivindicaciones de las masas», y lo hace proponiendo héroes de pequeño calibre, como espontáneamente producidos por la naturaleza. Uno de esos héroes es Paco el del Molino, protagonista de *Réquiem por un campesino español*.

Comienza por el final, con Mosén Millán dando una misa de réquiem por Paco, que acaba de ser asesinado, y a partir de ahí empieza a recordar, y a contar, desde la culpa, desde el miedo, y desde la pena, mientras se oye el relinchar de un potro, por la plaza. Es el de Paco el del Molino, que anda suelto, como siempre, como un recuerdo de su desdicha.

Réquiem por un campesino español también es una novela de crecimiento en la que cuenta cómo Paco descubre el mundo, la naturaleza, cómo crece y se enamora. Pero también cuenta cómo un chico de pueblo descubre la injusticia más esencial y se pregunta por qué hay gente muy rica y muy pobre. Hay una escena extraordinaria en la que Paco acompaña al cura a dar la extremaunción a un hombre que es muy pobre y se queda impresionado por sus pies agrietados, por su casa terriblemente austera. Y cómo empieza a hacerse preguntas, que nadie sabe contestar, y menos que nadie mosén Millán o su padre, que al final le dice que no se meta en líos.

En el pueblo hay un poder absoluto del terrateniente y de la Iglesia, hasta el punto de que la gente, en Semana Santa, sale en procesión arrastrando con los pies descalzos dos cadenas atadas a los tobillos, a cara descubierta, solo para ganarse el favor de ambos.

Pero todo cambia con noticias que vienen de fuera. Increíblemente parece que el rey se tambalea y todos saben que si cae, muchas cosas caerán con él. Y después de proclamarse la República ganan los que nunca habían ganado en el pueblo, y Paco intenta que las cosas cambien, y cree por vez primera que la política vale para algo. Porque en Madrid se habían suprimido los bienes de señorío, de origen medieval y aunque el terrateniente, un duque, alegaba que sus montes no entraban en aquella clasificación, las cinco aldeas acordaron, por iniciativa de Paco, no pagar mientras los tribunales decidían.

No hay mayor pecado que enfrentarse a los poderosos. Y eso lo cuenta maravillosamente Sender. Como cuenta la represión cuando las tornas vuelven a cambiar. Y los asesinatos. Y aunque Paco se esconde lo encuentran, porque el cura no se puede callar, en esa mezcla de inocencia y complicidad.

A Paco lo fusilan en el cementerio en una escena terrible, dolorosa, inolvidable. Tres hombres contra la tapia del cementerio. Mosén Millán da la extremaunción a los tres. Después un hombre le da el reloj de Paco y un pañuelo de bolsillo. Solo queda dar una misa de réquiem. En un cajón del armario de la sacristía está el reloj y el pañuelo de Paco porque mosén Millán no se ha atrevido todavía a llevárselo a los padres y a la viuda del muerto:

> Salió al presbiterio y comenzó la misa. En la iglesia no había nadie, con la excepción de don Valeriano, don Gumersindo y el señor Cástulo. Mientras recitaba mosén Millán, introibo ad altare Dei, pensaba en Paco, y se decía: «Es verdad. Yo lo bauticé, yo le di la unción. Al menos —Dios lo perdone— nació, vivió y murió dentro de los ámbitos de la Santa Madre Iglesia». Creía oír su nombre en los labios del agonizante caído en tierra: «... Mosén Millán». Y pensaba aterrado y enternecido al mismo tiempo: «Ahora yo digo en sufragio de su alma esta misa de réquiem, que sus enemigos quieren pagar».

Y no olvidar.

39
Lolita
de Vladimir Nabokov

Qué difícil es escribir sobre esta novela, sobre esta maravilla, sobre este artefacto perfecto. Porque siempre parece que hay que justificarse, como si defenderla fuera defender a un pederasta, como si la literatura tuviera que juzgar, como si la novela no sirviera para hacerse preguntas, para entender, para explorar, para, como decía Kafka, ser el hacha que rompa el mar helado dentro de nosotros. Pero es que, además, *Lolita* tiene algo muy especial, y es la estructura perfecta, una novela que funciona, que avanza, que está construida con primor, con inteligencia.

Es como si contemplamos un cuadro de un genio de la pintura que ha representado un acto terrible. Ya sé que la sociedad de la cancelación ya ha dictado sentencia, pero yo quiero disfrutar del arte, de lo que consigue en mi alma, de la belleza, de la literatura, sin que lo argumental me moleste, lo que el propio Nabokov definió como «hojarasca temática o Literatura de Ideas, que a menudo no es más que hojarasca temática solidificada en inmensos bloques de yeso cuidadosamente transmitidos de época en época».

Lolita se publicó en 1955. En el prólogo, John Ray (que es en realidad el propio Nabokov) dice, con mucha ironía: «No tengo la intención de glorificar a "H. H.". Sin duda, es un hombre horrible, abyecto, un ejemplo flagrante de lepra moral, una mezcla de ferocidad y jocosidad que acaso revele una suprema desdicha, pero que no puede resultar atractiva. Es afectado hasta rayar en lo ridículo. Muchas de las opiniones que expresa aquí y allá acerca de las gentes y los paisajes de este país son ridículas. Cierta desesperada honradez que vibra en su confesión no lo absuelve de pecados de diabólica astucia. Es anormal. No es un caballero. Pero ¡con qué magia su violín armonioso conjura en nosotros una ternura, una compasión hacia Lolita que hace que nos sintamos fascinados por el libro al mismo tiempo que abominamos de su autor!». Exacto:

Lolita, luz de mi vida, fuego de mis entrañas. Pecado mío, alma mía.

Así comienza *Lolita*, con Humbert Humbert intentando explicárselo todo al jurado que lo va a juzgar. Y eso que en la traducción nos perdemos esa maravilla que hizo Nabokov, nada más empezar, con un sonido: «Lolita, light of my life, fire of my loins. My sin, my soul. Lo-lee-ta: the tip of the tongue taking a trip of three steps down the palate to tap, at three, on the teeth. Lo. Lee. Ta». Maravilla. La primera frase, el primer juego. Intraducible.

Y a partir de aquí el argumento. El hombre, Humbert Humbert, que se aloja en casa de una mujer que tiene una hija de la que se enamora, o más bien que le vuelve loco de deseo, Lolita. Los esfuerzos que hace para no perderla de vista. Hasta se casa con la mujer mientras disfruta de la nínfula, mientras cree ser seducido por ella, mientras intenta aprovecharse de ella. Lolita tiene doce años, pero el ansia de poseerla le enferma, en un estado de excitación que linda con la locura, pero que al mismo tiempo le da la astucia de un loco. El deseo y la decisión. Y poco a poco va metiendo a Lolita en su mundo de caricias y de oscura sexualidad, como si ella supiera, como si ella quisiera, y es apasionante seguir su esquema mental, su locura y su deseo.

Luego llega la muerte de la mujer y la libertad, como padrastro, de huir con Lolita y de hacer con ella lo que desea. Va a buscarla a un campamento donde la niña está pasando el verano y ni siquiera es capaz de decirle que su madre ha muerto. Y la lleva de hotel en hotel, y pide camas de matrimonio. Sus cabañas son escondrijos limpios, agradables, seguros, lugares ideales para el sueño, la discusión, la reconciliación, el amor ilícito e insaciable. Son palabras de Humbert. Movilizando la geografía de Estados Unidos, Humbert hace lo posible, durante horas y más horas, para dar la impresión a Lolita de que todo va viento en popa, de que se dirigen hacia cierto destino determinado, hacia un insólito deleite, visitando lugares turísticos y atracciones con el único objetivo de mantener a Lolita de un humor aceptable entre beso y beso.

Después de un año, Humbert decide establecerse en Beardsley porque allí hay una escuela de niñas, y porque un profesor de allí le ofrece una casa. Y con la cotidianidad y según va creciendo, Lolita estalla, y un día tienen una bronca espectacular en la que ella le dice que está segura de que Humbert ha matado a su madre y le acusa de cosas terribles, y luego desaparece. Pero vuelve y comienzan de nuevo los viajes.

Toda esa supuesta felicidad, todo ese engaño, ese juego, esa seducción, se ve alterada por la presencia de un hombre que aparece a veces, que los sigue. Y ahí está el juego que solo descubriremos al final. Los mensajes ocultos, el juego de Lolita, las pistas. La forma de desaparecer, de huir, de Lolita, que termina yéndose con ese hombre, para desesperación de Humbert.

Pero años después reaparece. Le manda una carta a Humbert. Le cuenta que se ha casado, que está esperando un hijo, y le dice que necesita dinero. Y Humbert va a verla. Es una escena absolutamente brutal:

> Te quería. Era un monstruo pentápodo, pero te quería. Era despreciable, y brutal, y lascivo, y cuanto pueda imaginarse, mais je t'aimais, je t'aimais! Y había momentos en que sabía todo cuanto sentías, y saberlo era un infierno, pequeña mía.

Y a partir de entonces se pone a buscar al hombre que se la llevó, y lo mata. Y por eso acaba en la cárcel, por eso lo están juzgando. Cuando Humbert Humbert empieza a escribir *Lolita*, primero en la sala de observación para psicópatas, después en la cárcel, lo hace no para salvar su cabeza, sino su alma. Pero luego comprende que no puede mostrar en público las interioridades de Lolita mientras esté viva. Y la novela termina con un párrafo tremendo en el que Humbert se justifica, pero en el que Nabokov da la clave para entender *Lolita*. Y así termina:

> Pienso en bisontes y ángeles, en el secreto de los pigmentos perdurables, en los sonetos proféticos, en el refugio del arte. Y esta es la única inmortalidad que tú y yo podemos compartir, Lolita mía.

Hay que leer a Nabokov. Hay que leer *Lolita*.

40
Luces de bohemia
de Ramón María del Valle-Inclán

Con Valle-Inclán me pasa como con Galdós, podría poner en este libro muchas de sus obras, que me han marcado, que merecen estar en cualquier canon, los *Sonetos*, *El Ruedo Ibérico*, *Tirano banderas* o *Divinas palabras*, aunque un profesor de la carrera decía que todo lo que había que saber de literatura se aprendía leyendo *Las guerras carlistas*. Pero yo he elegido *Luces de bohemia*, porque es maravillosa, porque tiene a uno de esos personajazos que se han quedado en la historia, Max Estrella, y porque es un esperpento, género en el que Valle-Inclán busca el lado cómico en lo trágico de la vida, y qué mejor que un esperpento para hablar de nuestro tiempo.

Luces de bohemia se editó por primera vez en 1924, en la única edición aparecida en vida del autor. Previamente había sido publicada por entregas en la revista *España* entre el 31 de julio y el 23 de octubre de 1920. Gonzalo Sobejano ha subrayado la doble condición de elegía y sátira de *Luces de bohemia*, en la que condena los desvaríos de una época y se despide de un mundo caduco, el de la bohemia heroica, entre cuyos figurantes se cuentan el mismísimo Rubén Darío y los epígonos del Parnaso Modernista que lidera el «feo, burlesco y chepudo» Dorio de Gadex, y el propio Max Estrella, que está basado en el gran Alejandro Sawa, «el rey de los bohemios», en el que Valle vuelca también rasgos de sí mismo.

Sería interesante pensar si se lee teatro, o si el teatro es un género para leerlo. Yo creo que sí. He leído mucho teatro y lo he disfrutado. Creo que hay algo muy literario en determinadas acotaciones que se pierden en la representación. Y *Luces de bohemia* se lee maravillosamente, porque además, es tan inteligente, tan rápido, tan divertido, que a veces está bien volver sobre lo leído para no perderse nada.

Y es que *Luces de bohemia* es una obra divertidísima, tristísima, profunda, esencial. Arranca con el pobre (nunca mejor dicho) Max Estrella, con su mujer, Madama Collet, y su hija Claudinita, leyendo la carta del director de un periódico que prescinde de la colaboración de Max, y la familia, que está al borde de la pobreza, no sabe por dónde va a salir. Max dice que con cuatro perras de carbón, podrían hacer el viaje eterno. Pero de pronto aparece Latino de Hispalis, amigo y aprovechado, al que le dicen que le debe unos cuartos de unos libros que ha ido a vender, y con esa excusa, don Latino se lleva a la calle a Max Estrella, y pasan una noche histórica, una noche que se repite cada año por las calles de Madrid, una noche que ha pasado a la historia de la literatura.

Primero van a la librería donde don Latino ha dicho que llevó los libros, la cueva de Zaratustra, en el Pretil de los Consejos. Y en cada lugar donde paran se produce una escena brillante y una conversación profunda. De allí se van a la taberna de Pica Lagartos, en la calle de la Montera, donde ocurre una cosa clave. Aparece Enriqueta la Pisa Bien, una mozuela golfa, revenida de un ojo, periodista y florista, con la cabeza adornada de peines gitanos. Le dice a Max que su madre está enferma y que necesita la luz del décimo que le ha fiado. El ciego saca una vieja cartera, y tanteando los papeles con aire vago, extrae el décimo de la lotería y lo arroja sobre la mesa. La Pisa Bien se apresura a echarle la zarpa. El número es bonito, un capicúa de sietes y cincos. Max Estrella vende su capa para pagar el décimo, pero la Pisa Bien ha volado, así que se van en su busca. El chico de la taberna dice que recala en la Buñolería Modernista, donde se cruzan con los modernistas, en una escena delirante. Max recupera el décimo de lotería, pero aparece la policía. El capitán les recrimina su actitud diciéndoles que parece mentira que sean intelectuales y que promuevan esos escándalos. Y se pregunta qué dejan para los analfabetos. Max se ríe de él y el capitán lo detiene. La entrada de Max en la Gobernación es antológica:

MAX: ¡Traigo detenida una pareja de guindillas! Estaban emborrachándose en una tasca y los hice salir a darme escolta.

Cuando lo meten en los calabozos, se encuentra con un preso anarquista y tienen una conversación brutal. Se llama Mateo, y muchos lo han identificado con Mateo Morral, autor del atentado contra Alfonso XIII.

Max sale de la trena porque conoce al ministro, que de hecho le ofrece un sueldo que Max acepta. Luego se van al Café Colón, donde coinciden con Rubén Darío. Y aún faltará mucho recorrido, se enfrentarán a los espejos deformantes, a las mujeres de la calle, a la pobreza, a una mujer que tiene en sus brazos un niño muerto, a un Madrid desolado, y al final Max Estrella no puede tenerse en pie. Se encuentra mal de verdad. Le pide a don Latino que lo lleve a la puerta de su casa y le deje morir en paz. Llaman a la puerta de casa de Max Estrella, pero nadie responde. Max se tiende en el umbral. Por un momento quiere incorporarse para llamar a gritos a Madama Collet, pero no puede. Entonces don Latino, antes de irse, le dice a Max que sería un crimen dejarle la cartera encima, para que se la roben, y se la lleva con la idea de devolvérsela al día siguiente. Pero Max Estrella se queda allí, solo y se muere.

La obra termina con el entierro. En un patio del cementerio del Este dos sepultureros apisonan la tierra de una fosa. Saben que el muerto era un hombre de pluma porque ha tenido un entierro pobre. Saben que en España el mérito no se premia. Se premia el robar y el ser sinvergüenza. En España se premia todo lo malo.

Mientras, don Latino invita a todo el mundo en la taberna, la Pisa Bien le dice que seguro que ha cobrado el décimo que ella le vendió, el 5775, y don Latino lo niega. Sobre la barra un periódico cuenta la muerte de dos mujeres por el tufo de un brasero. No se sabe si es suicidio o accidente. Son la hija y la mujer de Max Estrella. Y don Latino termina diciendo que el mundo es un esperpento.

Claro que sí.

41

El túnel
de Ernesto Sabato

Creo que los libros leídos en la juventud te dejan una huella inolvidable. Para mí, enfrentarme a *El túnel* fue asomarme muy pronto a una literatura adulta que me mostraba cómo era el mundo. Me impresionó mucho. Desde esa inquietante y terrible primera frase, «Bastará decir que soy Juan Pablo Castel, el pintor que mató a María Iribarne». Tal vez porque planteaba una historia de amor que se alejaba de cualquier cosa que hubiera leído hasta entonces, que me sumergía en pulsiones desconocidas. Luego no pude abandonar a Sabato y me leí seguidas *Sobre héroes y tumbas* y *Abaddón, el exterminador*. He hecho mucho eso y ahora me arrepiento. Me pasó lo mismo con Nabokov, descubrí *Lolita* y me leí después, seguidas, cuatro novelas suyas, y me pasó con Kundera. La sensación que tienes pasado el tiempo es confusa, como si unas obras hubieran tapado a las otras.

El túnel es una historia pasional hasta la locura, la historia de un caso de violencia de género, un hombre que mata a una mujer, porque está enfermo, pero también es un relato policial, un retrato moral desesperado y desesperante y una parábola de la dicha inalcanzable. Nos habla de la incomunicación, de la soledad. De la locura y de la lucidez. Se publicó en 1948, en la revista *Sur* en Buenos Aires, después de que el manuscrito fuera rechazado por las principales editoriales argentinas. Cuando Sabato logró publicar *El túnel* recibió críticas entusiastas de Albert Camus, que hizo que Gallimard lo tradujera al francés, lo que dio a la obra proyección mundial. Sabato expresa en *El túnel* los elementos básicos de su visión metafísica del existir, enmarcada en el existencialismo de la época posterior a la Segunda Guerra Mundial.

Juan Pablo Castel nos quiere explicar cómo conoció a María Iribarne, qué relaciones hubo exactamente entre ellos y cómo fue haciéndose a la idea de matarla. Y dice algo muy inquietante: que María, la mujer a la que asesinó, era la única persona que podría entenderlo. Sí, ya sé que estamos en las mismas que con *Lolita*. ¿Cómo puede interesarnos la historia de un hombre que mata a una mujer de la que está enamorado? ¿No estamos haciendo apología del feminicidio? La respuesta es no. *El túnel* es una extraordinaria novela sobre la obsesión, sobre la locura, sobre el amor mal entendido. Nadie pretende hacer a Juan Pablo Castel un héroe ni defenderlo. Solo le escuchamos, con el corazón encogido, con los dedos apretados en las páginas. Graham Greene dijo: «Tengo gran admiración por *El túnel*, por su magnífico análisis psicológico. No puedo decir que lo haya leído con placer, pero sí con absoluta absorción».

El mismo Sabato decía que los seres humanos no pueden representar nunca las angustias metafísicas sino encarnándolas. Decía que las ideas metafísicas se convierten así en problemas psicológicos, la soledad metafísica se transforma en aislamiento de un hombre concreto en una ciudad bien determinada, la desesperación metafísica se transforma en celos, y la novela o relato que estaba destinado a ilustrar aquel problema termina siendo el relato de una pasión y de un crimen. Basta de justificaciones, una vez más.

Todo comienza en una exposición de Juan Pablo Castel, en la que se da cuenta de que la única persona que se conmueve con un detalle de uno de los cuadros es María Iribarne, a la que no conoce. Por eso la sigue. Por eso habla con ella. María Iribarne representa la comprensión de la totalidad y el absoluto a la vez que las zonas ocultas de misterio que impulsarán a Juan Pablo Castel a asesinarla. El pintor se obsesiona con ella. La novela está llena de diálogos pesimistas, de reflexiones, de búsqueda, de lucidez y de locura. Termina yendo a su casa y conoce al marido de María, un tal Allende. Castel ama desesperadamente a María, aunque la palabra amor no se ha pronunciado aún entre ellos. Y cuando al final consiguen tener relaciones sexuales, lejos de tranquilizar a Castel, el amor físico le perturba más, y le trae más dudas, dolorosas escenas de incomprensión y crueles experimentos con María:

> Yo tenía la certeza de que, en ciertas ocasiones, lográbamos comunicarnos, pero en forma tan sutil, tan pasajera, tan tenue, que luego quedaba más desesperadamente solo que antes, con esa imprecisa insatisfacción que experimentamos al querer reconstruir ciertos amores de un sueño. Sé que, de pronto, lográbamos algunos momentos de comunión. Y el estar juntos atenuaba la melancolía que siempre acompaña a esas sensaciones, seguramente causada por la esencial incomunicabilidad de esas fugaces bellezas. Bastaba que nos miráramos para saber que estábamos pensando o, mejor dicho, sintiendo lo mismo.

La relación avanza siempre al borde del desastre, por el desequilibrio de Castel. Hay una escena brutal en la que se van al mar y están maravillosamente sentados al borde de un acantilado, y mientras que María le está haciendo una preciosa confesión, Castel no la escucha, y solo siente un sordo deseo de precipitarse sobre ella y destrozarla con las uñas y de apretar su cuello hasta ahogarla y arrojarla al mar. Luego Castel siente que María acaricia su cara. Castel pone la cabeza sobre su regazo y se quedan así un tiempo quieto, sin transcurso, hecho de infancia y de muerte. Terrorífico y apasionante.

El final se sabe desde la primera línea y el momento del asesinato, así como todo lo que piensa, siente y hace hasta entonces, es atroz:

En todo caso había un solo túnel, oscuro y solitario: el mío, el túnel en que había transcurrido mi infancia, mi juventud, toda mi vida. Y en uno de esos trozos transparentes del muro de piedra yo había visto a esta muchacha y había creído ingenuamente que venía por otro túnel paralelo al mío, cuando en realidad pertenecía al ancho mundo, al mundo sin límites de los que no viven en túneles; y quizá se había acercado por curiosidad a una de mis extrañas ventanas y había entrevisto el espectáculo de mi insalvable soledad, o le había intrigado el lenguaje mudo, la clave de mi cuadro.

42

A sangre fría

de Truman Capote

No me he cansado de recomendar *A sangre fría* a todo aquel que me preguntaba qué se podía leer que le gustara seguro. Sobre todo a los que no leen mucho. Y no es que *A sangre fría* sea un libro fácil, a mí me parece durísimo, pero es que está contado de tal forma, que es muy difícil que no te enganche, que no te dejes llevar por esta historia real que Truman Capote contó como si fuera un larguísimo reportaje periodístico y que inauguró, de hecho, un género (que yo creo que ya había inaugurado en 1957 Rodolfo Walsh con *Operación Masacre*) que se llamó novela periodística o nuevo periodismo.

Truman Capote publicó *A sangre fría* en 1965, en cuatro entregas en *The New Yorker*, y en 1966 se publicó como libro. La novela permaneció treinta y cinco semanas en la lista de éxitos del *The New York Times*.

Cuenta la historia del terrible asesinato de los Clutter, en Holcomb. Así empieza la novela: «El pueblo de Holcomb está situado en las altas planicies trigueras del oeste de Kansas, un territorio solitario que los demás habitantes de Kansas llaman "allá"». A dos delincuentes que están encerrados en una cárcel a más de seiscientos kilómetros de allí, otro recluso les cuenta que en la granja de los Clutter, en Holcomb, hay mucho dinero, que el padre de familia tiene una caja fuerte donde guarda mucha pasta y que es un golpe relativamente fácil. Así que Perry Smith y Richard Hickock, cuando salen de la cárcel, se hacen con un coche, conducen toda la noche, y llegan a Holcomb dispuestos a dar el golpe.

Pero cuando entran en la casa y despiertan al padre, les asegura que nunca ha tenido una caja fuerte y, de hecho, apenas tiene unos cuantos dólares en efectivo. Y, así es, por mucho que la buscan no está, ni donde les dijo el otro recluso ni en ningún lado. Smith y Hickock se ponen nerviosos y deciden matarlos a todos, para que no haya testigos. Allí viven el padre, la madre y dos hijos adolescentes. Y así, sin más, se los cargan. Y es una historia real.

Cuando Truman Capote lee esa historia en el periódico, decide ir hasta allí a investigar. No le reciben del todo bien, así que decide pedirle a su amiga Harper Lee (la autora de *Matar a un ruiseñor*) que lo acompañe. Ambos viajan hasta Holcomb para conocer todos los detalles de la masacre de primera mano, entrevistan a los vecinos y, después, Capote acude a la prisión de Lansing para entrevistarse con los asesinos. Capote quería contar todo. Y por eso consiguió escribir esa novela. Quería conocer a Smith y Hickock, conocer su historia, saber por qué lo hicieron, qué tenían en la cabeza. La novela también refleja el lado humano y psicológico de los asesinos al relatar las vivencias previas de Smith y Hickock, así como ciertos detonantes que los convirtieron en seres sin sentimientos capaces de asesinar a la familia Clutter a sangre fría.

Pero la relación entre Capote y los asesinos merecería otra novela. La personalidad de Perry cautivó a Capote, que empezó a escribir en 1959 y no terminó hasta 1965, porque quería contar también el final, la ejecución, a la que Truman Capote asistió. Dicen que existió una relación sentimental entre el escritor y el asesino, que Capote ayudó a demorar la sentencia de Smith mientras realizaba sus investigaciones. No sé qué será verdad, pero está claro que hay algo real en todo eso. El propio Capote dijo: «Nadie sabrá nunca lo que *A sangre fría* se llevó de mí. Creo que, en cierto modo, acabó conmigo. Y tal vez es verdad. Literariamente desde luego.

La historia de la familia Clutter es más plana, sin tantos matices, aunque Capote la cuenta de forma que entendamos bien en qué situación están cuando entran en su casa Smith y Hickock. La madre, de hecho, ha tenido problemas de depresión y lo primero que dice el padre cuando los asesinos suben a las habitaciones es que no le hagan daño. Pobre mujer. Al padre y al hijo los matan de una forma terrible, muy elaborada por improvisada. Primero los atan. Al padre le cortan el cuello, delante de su hijo, y luego les pegan un tiro a ambos. A las mujeres les pegan un tiro en la misma cama en la que están. Es estremecedor sentir el miedo que debieron pasar, escuchando los disparos, los gritos, escuchándolos acercarse hacia ellas.

Pero la historia de los asesinos es brutal. Capote cuenta los rasgos de personalidad de cada uno, los problemas que tuvieron en su infancia, y de mayores, las taras, los complejos, lo que los ha llevado a cada uno de ellos a la cárcel, lo que piensan cuando deciden atracar la granja de los Clutter, lo que hablan y hacen durante el viaje, y una vez que están dentro de la casa, cómo se atacan el uno al otro, cómo se pican diciéndose que no tienen valor para disparar. Es asombroso el análisis que hace Capote, cómo terminas entendiendo a los criminales (no comprendiendo lo que hacen, claro), y hay momentos incómodos que hasta sientes simpatía por uno o por otro.

A partir de la detención empieza otra novela, porque Capote cuenta primero la forma en la que los detienen, cuando van a recoger un paquete a correos que se han enviado ellos mismos desde la cárcel. Tan fácil como eso. Y luego cómo les empujan a confesar, y cuando lo hacen, cómo sacan todo lo que llevan dentro, cómo cuentan, se justifican, acusan, intentan salvarse, y se ve lo ruines, lo terribles que son. Y tras el juicio viene el corredor de la muerte y después la ejecución.

Es una novela absolutamente apasionante que yo seguiré recomendando. Porque te engancha y no te suelta, ni siquiera cuando la acabas. Porque te persigue. Pura literatura.

43

El camino
de Miguel Delibes

El camino es una auténtica delicia. Es un disfrute de principio a fin. La historia de un chaval de pueblo que está a punto de irse a la capital a estudiar bachillerato y que la noche antes de irse recuerda lo que ha sido su vida en el pueblo. Tiene una inocencia y un humor maravillosos. Es una novela divertidísima pero muy tierna, triste a ratos, y profunda, según vas avanzando en su lectura.

Miguel Delibes la publicó en 1950, y fue la obra con la que encontró su verdadero rumbo como novelista. Apostó por la sencillez, la naturalidad del estilo y la búsqueda de la autenticidad. Él mismo dijo: «En *El camino* me despojé por primera vez de lo postizo y salí a cuerpo limpio». Así empieza:

> Las cosas podían haber sucedido de cualquier otra manera y, sin embargo, sucedieron así.

Daniel, el Mochuelo, en su cama, y desde su inocencia, no entiende que, más allá de los límites del valle, haya algo importante que merezca la pena aprender. Puede entender que su padre aspire a hacer de él algo más que un quesero, pero Daniel se quedaría encantado en el pueblo. Él lee de corrido, escribe para entenderse y conoce y sabe aplicar las cuatro reglas, así que cree que no necesita más. Daniel el Mochuelo se conforma con tener una pareja de vacas y el insignificante huerto de la trasera de su casa.

Y Daniel el Mochuelo empieza a recordar, a sus amigos, a la gente del pueblo, cosas que le han pasado, y algunas de las historias son tronchantes. Como la historia de las Guindillas, unas hermanas, solteronas, que tienen una tienda y que cuando llega al pueblo un nuevo empleado del banco, un tal Dimas, la pequeña se enamora de él y se escapan los dos juntos. La hermana mayor pone esa tarde un cartel maravilloso en la tienda: «Cerrado por deshonra».

Y la historia de la Guindilla mayor, que tiene un amor casi enfermizo por su gato, que sale al escaparate a tomar el sol y se tumbaba sobre las galletas que luego la Guindilla vende a mitad de precio. Germán el Tiñoso llevó una lupa a la escuela una mañana de primavera. Y con la lupa de Germán el Tiñoso hicieron aquella mañana toda clase de experimentos, pero al cruzar el pueblo hacia sus casas, de regreso de la escuela, vieron el gato de las Guindillas, enroscado sobre el plato de galletas, en un extremo de la vitrina y decidieron quemarlo con la lupa y el sol, y se montó una tremenda.

O la historia de Catalina, la Lepórida, que al igual que sus hermanas, tenía el labio superior plegado como los conejos y su naricita se fruncía y distendía incesantemente como si incesantemente olisquease. Las llamaban, por eso, las Lepóridas. También las apodaban las Cacas, porque se llamaban Catalina, Carmen, Camila, Caridad y Casilda y el padre había sido tartamudo.

Y luego están sus amigos, Germán, el Tiñoso, un muchacho esmirriado, endeble y pálido que tenía calvas en la cabeza desde muy niño, o el Moñigo, que tenía una hermana que se llamaba Sara. Un día el Moñigo tuvo la idea de casar a don Moisés, el maestro de la escuela, con su hermana Sara, para que el maestro le tratara mejor en clase, y pudiera vivir solo con su padre en casa. Así que se le ocurrió escribirle una carta a don Moisés, como si fuera la propia Sara, ya que ella salía todas las tardes a la puerta de casa para ver pasar la gente. Y fue Daniel el Mochuelo el que escribió la carta: «Don Moisés, si usted necesita una mujer, yo necesito un hombre. Le espero a las siete en la puerta de mi casa. No me hable jamás de esta carta y quémela. De otro modo me moriría de vergüenza y no volvería a mirarle a usted a la cara. Tropiécese conmigo como por casualidad. Sara». Y allí fue don Moisés. Se detuvo frente a la Sara guiñándole reiteradamente un ojo y sonriéndole hasta la oreja mientras ella lo miraba atónita. Y al final don Moisés y la Sara se hicieron novios y se casaron.

También cuenta *El camino* las historias del descubrimiento del amor por parte de Daniel, con la Uca-uca, una niña de ojos azules, con los cabellos dorados y la parte superior del rostro tachonado de pecas, a la que todos quieren en el pueblo, a excepción de Daniel el Mochuelo (o eso es lo que él se cree), pero sobre todo con la Mica, la hija del indiano, una chica nueve años mayor que él, cuya sombra, cuenta Delibes, acompañaba a Daniel el Mochuelo en todos sus quehaceres y devaneos. La idea de la muchacha se encajonó en su cerebro como una obsesión:

> Daniel, el Mochuelo, comprendió que la Mica era muy hermosa, pero, además, que la hermosura de la Mica había encendido en su pecho una viva llama desconocida. Una llama que le abrasaba materialmente el rostro cuando alguien mentaba a la Mica en su presencia. Eso constituía, en él, algo insólito, algo que rompía el hasta ahora despreocupado e independiente curso de su vida.

Roque el Moñigo decía que la Mica tenía cutis, y que era la única en el pueblo. Pero hay, además, una cosa clave en ese descubrimiento, y es que Daniel se siente torpe delante de ella por primera vez, y es en ese momento, ante el sonriente y atractivo rostro de la Mica, cuando se da cuenta de que quiere progresar y que para eso tiene que irse al colegio, a seguir estudiando.

Y, por supuesto, está la muerte, como en la mayoría de las novelas de Delibes. *El camino* cuenta cómo un día Germán el Tiñoso salta de roca a otra, se resbala y se da un golpe en la cabeza, y de allí se desliza, como un fardo sin vida, hasta la Poza y cómo muere ocho días después, y cómo Daniel el Mochuelo caza para él un tordo con un tirachinas y lo mete en su ataúd para que lo acompañe, y su padre cree que aquello es un milagro.

El camino es una delicia que todo el mundo debería leer, y la llave para entrar en el universo de Miguel Delibes, que es extraordinario, complejo, profundo y muchas veces amargo. Está lleno de emoción y de verdad. Hay que leer a Miguel Delibes.

44
Nada
de Carmen Laforet

Leer *Nada* es una experiencia extraordinaria. No sé si porque todo el mundo termina identificándose con alguien en esa casa de locos en la calle Aribau de Barcelona, o al revés, porque uno contempla lo que pasa como quien ve una tragedia inevitable. El caso es que todo lo que cuenta es hipnótico, oscuro, terrible y a la vez cotidiano. Y eso es lo peor. Tiene uno de esos arranques que ha pasado directamente a la historia de la literatura:

> Por dificultades en el último momento para adquirir billetes, llegué a Barcelona a medianoche, en un tren distinto del que había anunciado y no me esperaba nadie.

De *Nada*, Azorín dijo que era «una novela magistral, nueva, con observación minuciosa y fiel, con entresijos psicológicos que hacen pensar y sentir». Miguel Delibes afirmaba que «los habitantes de la calle de Aribau son seres atormentados, desquiciados por la guerra, que es una palabra constante en el libro». Y Melchor Fernández Almagro, en una crítica a la novela, en 1945, escribió que los personajes de esta obra «vivieron la guerra desde el fondo oscuro de una burguesía en dramática crisis económica y salieron de la prueba con el espíritu deformado, los sentimientos en un grado de tremenda exasperación, los nervios rotos». Y es verdad que la guerra está muy presente, como si proyectara su sombra sobre la casa y sus habitantes, aunque no hay simbolismo alguno, sino secuelas de ese horror.

Pero una de las cosas más acertadas la señaló Joaquín Marco, que dijo que es «la primera novela femenina moderna en España». Y eso tiene mucha miga porque el mundo femenino invade la obra. Los personajes femeninos lo llenan todo, como Angustias, Gloria, la abuelita, la criada, en la calle Aribau, y Ena, que tanta importancia tiene, a la que se unirá su madre. Solo Román parece ser la excepción: el único hombre con personalidad en la novela.

La protagonista, como dice Carmen Martín Gaite, «es una chica rara, infrecuente», y señala «su hermetismo, su ausencia total de coquetería, su marginalidad de personaje casi inexistente». Subraya también «la casi total falta de datos acerca de su aspecto físico, de su forma de vestirse o de peinarse». *Nada*, según Martín Gaite, abrió el camino para que las protagonistas de la novela femenina se atrevieran a «desafinar, a instalarse en la marginación y a pensar desde ella».

Nada obtuvo el premio Nadal en 1944 y se publicó en 1945. Se convirtió enseguida, junto a *La familia de Pascual Duarte*, en un texto de referencia de la renovación de la novela española de posguerra. Juan Ramón Jiménez le decía a Carmen Laforet: «Usted es una novelista de novela sin asunto, como se es poeta de poema sin asunto. Y en esto está lo más difícil de la escritura novelesca o poemática». Y es verdad porque esa aparente nada en la que vive Andrea es clave. Eso y que no todas las cosas que ocurren tienen que cerrarse o contarse de arriba abajo. Y esa es una de las cosas muy innovadoras de la novela. Andrea observa lo que sucede a su alrededor, pero a veces no interviene, o no busca respuestas. Historias que quedan abiertas.

El caso es que Andrea llega ella sola a la casa Aribau porque nadie ha ido a esperarla a la estación. Sus padres han muerto. Ha pasado parte de su bachillerato en un colegio de monjas y ha permanecido allí durante casi toda la guerra. Los dos años siguientes ha estado con la familia de su padre en un pueblo pequeño. En Barcelona se encuentra con su abuela, con su tío Juan, y con Gloria, la mujer de Juan, una mujer flaca y joven con los cabellos revueltos, rojizos, sobre la aguda cara blanca. Y también con la tía Angustias, con sus cabellos entrecanos que le bajan a los hombros y cierta belleza en su cara oscura y estrecha, fría, que se ha echado sobre sus hombros la tarea de cuidar de Andrea, pero también de moldearla en la obediencia. Nada más llegar Andrea, sin un gesto de cariño, manda a todo el mundo a dormir. Cuando Andrea dice que quiere lavarse un poco, descubre que no hay agua caliente.

También vive allí su tío Román, al que conoce por la mañana, un hombre con el pelo rizado y la cara agradable e inteligente, que enseguida abraza a Andrea con mucho cariño. Pero Román, como todos allí, está desquiciado, tiene un pasado oscuro y sus broncas con Gloria y con Juan hacen que la convivencia sea insoportable. Román le dice a Gloria que la casa es como un barco que se hunde y que ellos son las pobres ratas que, al ver el agua, no saben qué hacer. Y le cuenta que la madre de Andrea evitó el peligro antes que nadie marchándose. Hay un fragmento maravilloso que cuenta muy bien lo que pasa en la novela:

> ¡Cuántos días sin importancia! Los días sin importancia que habían transcurrido desde mi llegada me pesaban encima, cuando arrastraba los pies al volver de la universidad. Me pesaban como una cuadrada piedra gris en el cerebro. ¡Cuántos días inútiles! Días llenos de historias, demasiadas historias turbias. Historias incompletas, apenas iniciadas e hinchadas ya como una vieja madera a la intemperie. Historias demasiado oscuras para mí.

En la calle Aribau los sucesos más nimios toman el aspecto de tragedia. Como lector no puedes dejar de mirar, de buscar, de esperar que las puertas se abran y te cuenten más, pero Carmen Laforet nos enseña muy poco. Pero pasan muchas cosas, claro, cosas que van clarificando quién es cada uno y cuál es su lugar.

Hay un personaje que lo cambia todo, una chica de la edad de Andrea, Ena, a la que conoce en la universidad y que aclara muchas cosas de Román, y que provoca, de alguna forma, el desenlace y, lo que es más importante, aclara el futuro, lo llena todo de luz, de pronto, cuando escribe a Andrea desde Madrid ofreciéndole trabajo en el despacho de su padre. Entonces Andrea hace la maleta y cena por última vez con su familia:

> Bajé las escaleras, despacio. Sentía una viva emoción. Recordaba la terrible esperanza, el anhelo de vida con que las había subido por primera vez. Me marchaba ahora sin haber conocido nada de lo que confusamente esperaba: la vida en su plenitud, la alegría, el interés profundo, el amor. De la casa de la calle de Aribau no me llevaba nada. Al menos, así creía yo entonces.

Hay libros que olvidas al poco tiempo, libros de los que recuerdas cada detalle, cada personaje, que se te marcan a fuego, y libros como *Nada* que no puedes olvidar jamás. Da igual que recuerdes a los personajes, o alguna escena en particular, se te queda algo que es *Nada*, la emoción, la angustia, el desencanto, el dolor, la soledad, la oscuridad, la miseria moral, el frío. O todo.

45

Solaris
de Stanisław Lem

Leer *Solaris* es una experiencia extraordinaria. Uno puede pensar que va a leer una novela de ciencia ficción, pero es mucho más. Primero porque es una novela que pone en duda la propia ciencia ficción, y después porque es un viaje al interior de nuestra mente, una luz que ilumina nuestras zonas más oscuras, nuestros recuerdos más secretos, nuestras pulsiones.

A veces la literatura nos conecta con un mundo que está muy lejos del nuestro, y Macondo nos parece nuestra casa, podemos pensar incluso que habla de nuestro mundo más cercano, de lo que nos pasa, pero cuando yo leí *Solaris* pensé que Lem lo había escrito pensando en mí, directamente, que lo había escrito para curarme. Es verdad que depende de nuestro momento vital, hay libros que nos gustan más y libros que nos gustan menos. Yo leí *Solaris* justo después de una ruptura muy dolorosa, muy incomprensible para mí, y encima me puse luego a escribir el guion de *Un libro una hora*, que es una forma de desmenuzarlo, de masticarlo, de entenderlo aún mejor si cabe, y el proceso fue una locura.

Solaris se publicó en 1961 y es la novela que consagró a Lem como autor de culto. Plantea preguntas esenciales sobre la creación, la identidad, la comunicación y además cuenta una maravillosa historia de amor, pero, sobre todo, es una novela que nos habla de nosotros mismos, de nuestros miedos, de quiénes somos, de lo que sabemos de nosotros mismos, de la posibilidad de volver a empezar.

La historia es alucinante. Se ha descubierto el planeta Solaris que gira alrededor de dos soles gemelos: el rojo y el azul. La superficie del planeta está cubierta casi por completo por el océano, excepto por algunas escasas planicies que se elevan por encima de él y que, en su totalidad, no superan al equivalente de la superficie de Europa, pese a que Solaris es más grande que la Tierra. El océano es una formación orgánica, viviente, como una célula líquida de tamaño monstruoso que ha cubierto el globo entero con un abrigo gelatinoso. Digamos que Solaris es un planeta dotado de vida, pero con un solo morador, una única especie que pesa diecisiete billones de toneladas.

Se ha intentado contactar con el planeta. Y se ha descubierto que el océano habla una especie de lenguaje matemático y dedica su tiempo a reflexiones increíblemente extensas sobre la esencia de la materia universal que supera con creces toda la capacidad de comprensión de los humanos. Además, el océano es capaz de modelar directamente la métrica del espacio-tiempo.

El protagonista, Kris Kelvin, llega a la base de Solaris, donde hay dos investigadores, Snaut y Sartorius. Había otro, pero se ha suicidado. Nada más llegar, Snaut le dice que si ve a otra persona, a cualquiera que no sea él ni Sartorius, que no haga nada. Y, en efecto, poco después, Kelvin ve en el pasillo una enorme mujer negra que se acerca hacia él, caminando pesada y lentamente, descalza, vestida solo con una faldita amarilla y reluciente. Inquietante.

Cuando Kelvin pregunta a Snaut, le dice que no sabe de dónde ha salido, y cuando va a preguntar a Sartorius, prácticamente no le quiere abrir el laboratorio y dentro se oyen unas risas de niños. ¿Qué está pasando allí? Kelvin está agotado, así que decide irse a dormir. Se queda dormido sin darse cuenta.

Cuando se despierta hay alguien sentado en una silla. Es la mujer de Kelvin, Harey, con un vestido de playa blanco, las piernas cruzadas, descalza, el pelo moreno peinado hacia atrás, la fina tela ceñida sobre el pecho. Kelvin la contempla tranquilo porque cree que está soñando. Harey tiene exactamente el mismo aspecto que la última vez que Kelvin la vio viva, cuando solo tenía diecinueve años. Porque Harey se suicidó hace cinco años. De pronto Harey se levanta de la silla y se sienta en la cama y lo mira muy seria:

> Le sonreí y ella me sonrió y se inclinó sobre mí: el primer beso fue liviano, como el de dos niños. Luego, la besé durante largo rato. ¿Era justo aprovecharse así de un sueño?, pensé.

Kelvin se repite que solo se trata de un sueño, pero tiene el corazón oprimido. Y al final se da cuenta de que no está soñando. Le pregunta de dónde ha salido, y ella contesta que no lo sabe. Es todo muy raro, pero a la vez ella es su mujer. La amaba. Kelvin le pregunta dónde están sus cosas y ella dice que no lo sabe, que solo tiene ese vestido. Intenta comportarse con despreocupación, de forma natural, como si nunca se hubiesen separado. Cuando Harey se calla, camina, se sienta o sonríe, la sensación de Kelvin de que tiene delante a la propia Harey es más fuerte que su miedo.

Nadie sabe cómo comunicarse con Solaris. Ese es el tema principal de la novela, la imposibilidad de comunicarse con seres que vengan de fuera de nuestro planeta. Pero tal vez la forma de comunicarse de ese océano sea crear una especie de espejismos, sacando de su mente aquello que tienen más escondido, lo que más les atormenta, lo que más desean a la vez, los niños de Sartorius, la mujer negra, o la mujer de Kelvin, y se los pone delante. Y es que los monstruos, nos dice tal vez Lem, no vienen de fuera, sino que son los que cada uno de nosotros llevamos dentro, con los que intentamos llenar y comprender el desconcertante vacío que nos rodea.

Es apasionante la relación que se establece entre Kelvin y Harey. Primero Kelvin lo niega, se asusta, de hecho la manda en una nave para que se pierda en el espacio, para deshacerse de ella, pero luego Harey reaparece. Harey o esa imagen de ella. Y Kelvin se pregunta qué tipo de criatura es, y si Solaris es su creador, y luego se da cuenta que él mismo tampoco sabe quién es su creador, y entonces se propone disfrutar de su mujer, de la mujer que se suicidó por culpa suya, seguramente. Y reflexiona sobre la identidad, sobre lo que sabemos de nosotros y de los demás, sobre la posibilidad de tener una segunda oportunidad, sobre si el hombre está condenado a repetir sus errores una y otra vez.

Se han hecho dos adaptaciones cinematográficas de *Solaris*. La primera en 1972, la hizo Andrei Tarkovsky, y la segunda, en 2002, Steven Soderbergh, con George Clooney. Lem, que murió en 2006, renegó de las dos (por las mismas razones que hubiera renegado de mi adaptación en *Un libro una hora*) porque le dieron más importancia a la historia de amor, frente al problema de la comunicación, que era lo que él quería contar.

Es verdad que las conversaciones entre Harey y Kelvin son espectaculares, cuando ella es consciente de quién es (y de quién no es), que las reflexiones sobre la identidad y sobre la comunicación (o la imposibilidad de la comunicación) son increíbles. La historia de los hombres que habitan la estación Solaris y sus fantasmas, sus monstruos y sus deseos, es maravillosa y muy sorprendente. Pero, a pesar de Lem, la historia de amor y la reflexión sobre la pérdida y la repetición es apasionante. Hay un momento que Lem dice que la eterna fe de los enamorados y de los poetas en el poder de un amor más fuerte que la muerte que nos han inculcado durante siglos, es mentira. Que en el amor uno es consciente de que el martirio se irá volviendo más doloroso y cómico a medida que crezcan sus repeticiones. Que está bien que se repita la existencia humana, pero no a la manera de un borracho que va echando monedas en la gramola, para escuchar, repetida hasta la saciedad, la misma melodía.

Una brutalidad.

Hay que leer *Solaris*.

46

Demian
de Hermann Hesse

No sé qué hubiera sido de mi adolescencia sin leer a Hermann Hesse. Sobre todo *Demian*, donde Hermann Hesse me contó que había algunos elegidos que podían cambiar el mundo, pero que antes tenían que cambiar ellos mismos, donde me contó que el bien y el mal están dentro de ti y que a veces los malos, los que el mundo ha llamado malos, son los elegidos, los descendientes de Caín, que llevan un estigma. Cuando tienes catorce años ese mensaje te vuela la cabeza. Seguí con Hesse y leí *Siddharta* y *El lobo estepario*, que me impresionaron muchísimo, pero claramente, *Demian* fue una de las primeras lecturas de mi vida que me marcó.

Luego he escuchado que Hesse es una lectura de adolescente, que no aguanta una lectura en la madurez, pero yo no estoy de acuerdo. Creo que ha aguantado bien el paso del tiempo. Yo me he leído las tres de nuevo y he hecho de cada una de ellas un capítulo de *Un libro una hora* y es verdad que haces una lectura totalmente distinta, y a *Demian* le ves un poco las costuras y las trampas, y los peligros, ese elitismo, ese sentirte el elegido, esa simbología del águila sobre el mundo que recuerda tanto al nazismo, pero, por otra parte, es indudable que *Demian* es una de las novelas de crecimiento más fascinantes de la historia de la literatura.

Hermann Hesse nació en 1877 en Calw, Alemania. Fue un autodidacta. Durante la Primera Guerra Mundial, como era pacifista, se trasladó a Montagnola, Suiza, y se hizo ciudadano suizo. La búsqueda de una espiritualidad universal que diera respuestas a la existencia humana se convirtió en el tema principal de su obra. Anticipó en muchos aspectos las vanguardias europeas. Le concedieron el Premio Nobel de Literatura en 1946.

Publicó *Demian* en 1919, con el seudónimo de Emile Sinclair, que es su protagonista, y tuvo mucho éxito. Thomas Mann dijo que para él fue inolvidable el efecto electrizante que tuvo inmediatamente después de la Primera Guerra Mundial el *Demian* de aquel misterioso Sinclair, una obra que con impresionante precisión dio en el nervio de la época y arrastró a un entusiasmo agradecido a toda una juventud, que creía que de sus filas había surgido un portavoz de su sentir más profundo. Mucho peligro.

Demian tiene un arranque asombroso:

> Para contar mi historia tengo que empezar muy atrás. Si fuera posible, tendría que remontarme todavía más, hasta los primeros años de mi infancia e incluso hasta la lejanía de mi procedencia. Si no fuéramos algo más que seres únicos, sería fácil hacernos desaparecer del mundo con una bala de fusil, y entonces no tendría sentido contar historias. Pero cada hombre no es solamente él; también es el punto único y especial, en todo caso importante y curioso, donde, una vez y nunca más, se cruzan los fenómenos del mundo de una manera singular. Por eso la historia de cada hombre, mientras viva y cumpla la voluntad de la naturaleza, es admirable y digna de toda atención.

La historia de Emil Sinclair comienza cuando tiene diez años. Vive en un mundo seguro en la casa de sus padres. Amor y severidad, ejemplo y colegio. Aunque empieza a intuir lo que llama «el otro mundo», que huele de otra manera y habla de otra manera, donde existen criadas y aprendices, historias de aparecidos y rumores escandalosos, el matadero, la cárcel, borrachos y mujeres chillonas, robos, asesinatos y suicidios. Demian Emil tiene primero graves problemas de acoso en el colegio, pero todo se soluciona cuando llega a su colegio Max Demian. Parece mayor, no es popular, no participa en los juegos y menos en las peleas, pero tiene un tono seguro y decidido.

Emil se siente fascinado de forma extraña por Demian, porque su aspecto es diferente a todos los demás en cualquier sentido y tiene una personalidad muy definida. Al terminar las clases se saludan y van un rato juntos. Cuando Emil le dice dónde vive, Demian le responde que conoce esa casa, que sobre la puerta hay un escudo muy curioso que siempre le ha interesado. Se ponen a hablar de la historia de Caín, que les han contado en clase, y Demian dice que Caín llevaba un estigma en la frente que parece premiarle y distinguirle por haber matado a su hermano. Hablan mucho de filosofía, de Dios, y Demian cree que habría que crear un dios que integrara en sí al diablo y ante el que no tuviéramos que cerrar los ojos cuando suceden las cosas más naturales de la vida.

Cuando Emile Sinclair se cambia de colegio y se va a un internado, crece en muchos sentidos. Se coge sus primeras borracheras, descubre el sexo y empieza a pintar. Un día descubre que el retrato que está haciendo es su amigo Demian. Tras un tiempo empieza a cartearse con Demian y siguen hablando de lo que siempre han hablado, y Demian le habla del dios Abraxas, que es dios y diablo a la vez.

Sinclair conoce a un organista llamado Pistorius que le introduce en los misterios de Abraxas, hasta que Sinclair le supera. Emile Sinclair siente sobre su frente el estigma de Caín. Un par de semanas más tarde se matricula en la universidad. Todo le parece insulso, las clases, los alumnos. Y un día se reencuentra con Demian. Este le reconoce, aunque hace mucho que no se ven, porque dice que Sinclair lleva el estigma de Caín.

Las enseñanzas de Sinclair continúan al lado de Demian, y de su madre, que le ayuda en su crecimiento. Demian habla de que la voluntad de la humanidad no se identifica con las sociedades actuales, los Estados, las naciones, las asociaciones y las Iglesias, y le da más importancia a lo que hay dentro de cada individuo, y dice que eso está escrito en Jesucristo y está escrito en Nietzsche. Emil Sinclair, poco a poco, es iniciado en el misterio de los que llevan «el estigma». Los marcados han despertado, o lo están haciendo y su empeño está dirigido a una mayor conciencia. Representan la voluntad de la naturaleza hacia lo nuevo, individual y futuro. Pero todo lo interrumpe la guerra y la muerte.

Para un adolescente como yo fue un impacto leer esta historia de amistad sobre elegidos, estigmas, gente con la capacidad para cambiar el mundo, individualismo, filosofía y religión. Fue, de verdad, un libro que me cambió. Ahora lo he leído con muchísima más distancia respecto a lo que cuenta, pero con mucha más atención a lo puramente literario, y me ha vuelto a encantar.

Hay que leer a Hermann Hesse.

47

Colmillo Blanco
de Jack London

Este es un caso claro de cómo ciertas adaptaciones y cierta cultura han dañado a un autor y lo han situado en un punto muy diferente del real. Jack London es un autor brutal que tiene unos relatos extraordinarios, unas novelas muy duras, maravillosamente contadas, con un pulso narrativo increíble, y que tuvo una vida complicada con un final terrible, pero sin embargo ha quedado bajo el paraguas de cierta novela de aventuras, de perritos, asimilada a la literatura juvenil, que está muy equivocado. Jack London es un autor impresionante, uno de los autores esenciales de la literatura norteamericana.

Jack London es el seudónimo de John Griffith Chaney. Hijo bastardo de un astrólogo ambulante y una espiritista suicida, nació en San Francisco en 1876, y su vida fue más apasionante que cualquiera de sus novelas. Con catorce años dejó de estudiar y trabajó como obrero, agricultor, marino, cazador de focas, boxeador e incluso contrabandista, y durante largos periodos fue un vagabundo, viajando en trenes de carga. Viajó a Alaska dejándose llevar por la fiebre de oro, a la Polinesia, a las junglas de la Melanesia, a Australia, Ecuador o Hawái.

Dicen que escribía por dinero, o más bien, para ganar dinero, porque creía que ser un escritor de éxito le haría rico. Leía sin descanso y escribía a destajo, sobre cualquier tema, porque sabía que para destacar tenía que ofrecer algo diferente. Aunque sus problemas financieros nunca le abandonaron, llegó a ser el escritor mejor pagado de América. Falleció a los cuarenta años, tras un ataque de uremia, cuyos dolores aplacó con un exceso de morfina que su cuerpo machacado y alcoholizado no resistió. Escribió más de veinte novelas y más de ciento veinte relatos.

Colmillo Blanco se publicó en 1906. Y es un librazo. Comienza contando la historia de una manada de lobos, que ataca a un grupo de hombres a los que se van comiendo, en una escena increíble. Y luego cuenta lo que les pasa a los padres de quien será más tarde Colmillo Blanco, un lobo que siendo cachorro se queda solo. Cuenta cómo el lobezno va descubriendo todo lo que le rodea, cómo aprende, cómo sobrevive, y al final descubre al hombre.

Jack London cuenta que todos los instintos de la naturaleza del lobezno le dicen que huya de aquel lugar a todo correr, pero por primera vez se despierta en él el instinto contrario. Se queda inmóvil por la insuperable sensación de su propia debilidad e insignificancia. De forma confusa reconoce al hombre como el animal que ha alcanzado la supremacía entre los demás animales de lo salvaje. Contempla al hombre no solo a través de sus ojos, sino a través de los ojos de todos sus antecesores:

> Su pelo se erizó involuntariamente; frunció el hocico y sus blancos colmillos quedaron al descubierto. La mano, extendida sobre él como un fatídico hado, vaciló, y el hombre dijo unas palabras riendo: «¡Mira! ¡Los colmillos blancos!». Los otros indios se echaron a reír y animaron al hombre a que cogiera al cachorro.

En el campamento indio donde ha llegado se encuentra con su madre, que está prácticamente adiestrada (a golpes). Allí se entera de que la madre de su madre era una perra, así que Colmillo Blanco tiene algo de perro y mucho de lobo. Y a partir de ahí empiezan las penurias para Colmillo Blanco. Va pasando de dueño en dueño y cada vez lo tratan peor. Hay escenas de una violencia terrible, y es brutal cómo Colmillo Blanco va descubriendo el mal, la amargura, y cómo se va transformando en un ser cada vez más hostil y más violento. Llega a participar en peleas de perros, que son terribles, y al final es rescatado por un hombre que por primera vez le da amor. Es alucinante ese cambio, y es una maravilla cómo Colmillo Blanco aprende a confiar, y a amar.

De alguna forma es una novela de crecimiento y es el espejo de *La llamada de lo salvaje*, que Jack London había publicado tres años antes y que cuenta el mismo viaje que hace Colmillo Blanco, pero al revés, porque Buck, que tira de un trineo en el Yukon termina viviendo en el bosque y haciéndose salvaje. Cuando Jack London publicó *Colmillo Blanco*, lo acusaron de falsificar la naturaleza y dotar a los animales de un espíritu «humano», pero Jack London contestó que en realidad era una protesta contra la «humanización» de los animales. «Mis perros-héroes no estaban guiados por razonamiento abstracto, sino por instinto, sensación y emoción, así como razonamiento simple. Además, me aboqué a hacer mis historias acordes con los hechos de la evolución; las enlacé a los hechos descubiertos por la investigación científica».

En todo caso, *Colmillo Blanco* es una novela maravillosa, llena de naturaleza, que contiene todo lo bueno y todo lo malo de este mundo y que te llena el alma cuando la lees.

Hay que leer a Jack London.

48

La perla
de John Steinbeck

Es difícil decir cuál es el mejor libro que me he leído porque estoy seguro de que, como me pasó con *El conde de Montecristo*, depende mucho de cómo lo leí y cuándo. Ha habido lecturas muy intensas que he hecho casi sin levantarme de un sillón hasta el final (y cuando te lees los libros así, del tirón, hay algo diferente en la forma de recordarlos) y ha habido lecturas con gran intensidad por el momento en el que las he hecho (como me pasó con *Solaris*) o por la edad. Hay libros que recuerdas de una forma especial, libros que se te clavan en el alma y no te sueltan jamás. A mí me da miedo (la mayoría de las veces) volver a leer esos libros, para que no te decepcionen, para que no acabe el placer de esa herida.

Es casi evidente que *La perla* me la leí del tirón (es un libro corto). Lo hice en 1979, con quince años, en un momento tanto de mi país como de mi vida en el que el compromiso era fundamental. Así que esa historia del cazador de perlas tan pobre, que intenta que todo cambie, que cree que una enorme perla va a cambiarle la vida, me impactó profundamente. Su lucha, su forma de perder, me hizo entender muchas cosas del mundo, que no he olvidado jamás.

John Steinbeck nació en 1902 y de la misma forma que antes contábamos la vida de Jack London, su vida podría ser el argumento de una novela. Desde joven mostró una gran rebeldía y una oposición total al modo de vida tradicional. Escogió recolectar fruta, trabajar en las plantaciones de azúcar o simplemente vagabundear por el país, negándose a ir a la universidad, trabajando como obrero de la construcción a la vez que escribía pequeños artículos en periódicos. Y terminó ganando el Premio Nobel de Literatura en 1962. En este libro podría estar cualquiera de sus novelas, *Al este del edén*, *De ratones y hombres* o la impresionante *Las uvas de la ira*.

Pero es que *La perla* es muy especial, una novela corta, aunque de una intensidad extraordinaria. Se publicó por primera vez en 1947. Habla de la opresión social en la que viven los pobres, del mal de la codicia y de la ambición, del racismo y de la importancia de desprenderse de los bienes materiales para no dejar que estos nos opriman. Pero también nos habla de nosotros mismos. De nuestra condición. De la lucha, del tesón, de la imposibilidad de vencer, de la posibilidad de salvarse. Ernest Hemingway dijo que era un auténtico poema épico:

> En el pueblo se cuenta la historia de la gran perla… La forma en que fue encontrada y la forma en que se perdió de nuevo. Hablan de Kino, el pescador, y de su esposa, Juana, y del bebé, Coyotito. Y porque la historia ha sido contada tantas veces, se ha arraigado en la mente de cada hombre. Y así como en todo relato vuelto a contar, y que está en los corazones de la gente, hay cosas buenas y malas, cosas en blanco y negro, y cosas buenas y perversas y no cosas a medias en cualquier lugar. Si esta historia es una parábola, tal vez todo el mundo tome su propio significado de ella y lea su propia vida en esta.

Así empieza. Por la mañana, antes de que Kino salga a pescar, como cada día, un escorpión se sube a la cuna de Coyotito y le pica. Deciden ir a la ciudad a que les vea el doctor, pero como no tienen dinero el doctor no los atiende. Cuando vuelven a su cabaña salen a pescar, y Kino, esa mañana, ve una ostra extraordinaria. Cuando la sube a la canoa y nada más verla, Juana sabe que es algo especial. Kino introduce su cuchillo entre los bordes de caparazón y la abre. Y allí está la gran perla, perfecta como la luna, tan grande como un huevo de gaviota. Es la perla mayor del mundo. Sus curvas son perfectas. Kino cierra su puño sobre la perla y lanza un alarido. Las demás canoas empiezan a acercarse. Antes de que lleguen a su choza los nervios de la ciudad vibran con la noticia: Kino ha encontrado la Perla del Mundo. Y lo sabe el cura, lo saben los comerciantes, lo saben los pobres, lo saben los hombres que compran perlas a los pescadores y lo sabe el médico, que dice que es su paciente. Toda clase de gente empieza a interesarse por Kino, gente con cosas que vender y gente con favores que pedir.

Dice Steinbeck que la esencia de la perla se combinó con la esencia de los hombres y de la reacción precipitó un curioso residuo oscuro. Todo el mundo se sintió íntimamente ligado a la perla de Kino, y esta entró a formar parte de los sueños, las especulaciones, los proyectos, los planes, los frutos, los deseos, las necesidades, las pasiones y los vicios de todos y de cada uno. Y así Kino se convirtió en el enemigo común. Tremendo. Pero Kino y Juana, como son felices, creen que todo el mundo comparte su alegría. Kino sueña con casarse en la iglesia y comprarse ropa, con un arpón y con un rifle. Sueña con llevar a Coyotito al colegio y que aprenda a leer y a escribir.

Y entonces se precipita todo. El médico acude a ver al niño, le da medicinas y pide que le paguen. Por la noche entran ladrones y golpean a Kino, y lo revuelven todo. Juana dice que la perla está maldita, que la tire, pero Kino la quiere vender. La escena de la venta es brutal. Todo lo que ocurre alrededor de Kino lo es. Cómo la sociedad se vuelve contra él.

Una de las teorías (porque se ha interpretado *La perla* de muchas formas distintas, aunque *La perla* es un libro que se lee con el corazón) es que Steinbeck escribió un alegato contra el pensamiento mágico para explicar que la suerte de un único hombre no repara la injusticia fundamental de su clase. Que no hay soluciones que no sean colectivas.

Tras el intento de venta vuelven a atacar a Kino. No le van a dejar en paz. Kino se defiende, pero vuelven, y una noche Kino mata a un hombre que le atacaba. Su barca tiene un gran agujero en el fondo. Es la canoa de su abuelo, heredada por varias generaciones. A Kino le parece que el asesinato de un hombre no es tan grave como el asesinato de su canoa. Pero Juana le dice que tienen que huir.

El paisaje cambia totalmente porque de la orilla del mar pasan al desierto, a los restrojos y los coyotes, al calor. Les siguen. Les dan caza. Huyen hacia las montañas. Corren como los animales al saberse perseguidos. La persecución es tremenda y salvaje. Y no termina bien.

Solo Juana y Kino vuelven a su aldea. En La Paz todo el mundo recuerda el regreso de la familia. Y los que no lo recuerdan lo oyeron de boca de sus padres y abuelos, como si les hubiera pasado a ellos. Todos salen a recibirlos. Ambos parecen distantes de cuanto existe; han atravesado la tierra del dolor y alcanzado la margen opuesta; hay algo mágico en torno a ellos.

No voy a contar más. Es una historia terrible pero luminosa. De hecho, Steinbeck juega con eso constantemente, la luz y la oscuridad. Es una historia bellísima. Es un novelón.

Hay que leer a Steinbeck, de arriba abajo. Hay que leer *La perla*.

49
1984
de George Orwell

Cómo molan las distopías. Y qué miedo dan. Ya lo hemos comentado con *Fahrenheit 451*, mi favorita. *1984* no da más miedo porque con el tiempo es una novela que yo creo que ha dejado de ser una distopía. Exagero. Lo sé. Pero lo que quiero decir es que las pantallas vigilantes, presentes en todos los sitios, que te cuentan lo que te quieren contar y que te ven, que te vigilan, o el concepto del Gran Hermano, o la reescritura de la historia en función de los intereses y las alianzas, que cambian de un día para otro, o los enemigos elegidos, cancelados y vilipendiados públicamente, o la manipulación de la verdad son cosas con las que creo que convivimos actualmente en nuestro día a día. Tal vez por eso, de distopía a *1984* solo le queda un régimen dictatorial y una de las claves de esta novela, que es la transformación del lenguaje para adaptarlo a la ideología dominante, y la creación de lo que llaman la nuevalengua. El objetivo final de la nuevalengua es reducir el alcance del pensamiento, reduciendo el lenguaje. No sé si lo políticamente correcto en la forma de hablar que nos invade poco a poco a nosotros puede ser el comienzo de este control terrible del lenguaje. En todo caso, reflexionar sobre las relaciones entre el pensamiento, el lenguaje, la tecnología y el poder no deja de ser un tema muy actual. Otro de los elementos inquietantes de la sociedad que propone Orwell es el control sobre el sexo, o más bien sobre las emociones que puede generar el sexo.

George Orwell nació en Motihari, en la India, en 1903. Su nombre real era Eric Blair. Escribió sobre la clase obrera inglesa y la explotación en *El camino a Wigan Pier*, recogió su experiencia combatiendo el fascismo en la guerra civil española en *Homenaje a Cataluña*, fabuló las perversiones del socialismo En *Rebelión en la granja* y se le sigue considerando la conciencia de una generación y una de las voces más lúcidas que se han alzado contra toda clase de totalitarismos.

Pero *1984*, publicada en 1949, es algo más. No solo es una historia inquietante y terrorífica, no solo es una distopía acertada y clarividente, sino que además es un novelón, una novela maravillosamente escrita y construida. Hay un fenómeno curioso y es que las ventas de *1984* tienen repuntes cuando ocurren cosas que ponen en duda nuestro sistema. Ocurrió cuando se conoció el caso Snowden en 2013 y cuando Trump llegó por primera vez a la Casa Blanca en 2017 y en pandemia.

Como en todas las distopías clásicas, hay un personaje, en este caso Winston Smith, que se rebela contra el sistema, que lo pone en duda y que intenta cambiarlo. Lo primero que vemos en la novela es una ciudad, Londres, llena de eslóganes como «La guerra es la paz», «La libertad es la esclavitud» y «La ignorancia es la fuerza». Son los eslóganes del partido único. Sobre el resto de los edificios destacan las sedes de los cuatro ministerios en los que se divide todo el sistema gubernamental. El Ministerio de la Verdad, que se ocupa de las noticias, los espectáculos, la educación y las Bellas Artes, el Ministerio de la Paz, encargado de los asuntos relativos a la guerra, el Ministerio del Amor, que se ocupa de mantener la ley y el orden y el Ministerio de la Abundancia, que es el responsable de los asuntos económicos. Sus nombres, en nuevalengua, son: Miniver, Minipax, Minimor y Minindancia. Asusta, ¿eh?

Winston se dedica a reescribir y a corregir los datos que la prensa o los libros publicaron en el pasado. Y ve lo que ocurre, por supuesto, como lo ven todos, pero nadie parece hacer nada. Así que Winston está siempre buscando complicidad a su alrededor. Intenta descubrir si hay alguien que piense como él y a veces interpreta mal alguna mirada o algún gesto. Y Winston empieza a ver cómo una compañera de trabajo, una chica morena, lo mira fijamente a menudo. En uno de sus encuentros un día consigue dejarle en la mano un trozo de papel donde pone «Te quiero», algo inaudito en ese mundo donde no deben existir las emociones. Pero Winston no sabe cómo volver a entrar en contacto con la joven y organizar una cita. No sabe dónde vive o a qué hora termina el trabajo, así que decide que el sitio más seguro es el comedor. Winston empieza a ir pronto a comer. Y al día siguiente la ve. No resiste la tentación de mirarla directamente varios segundos. Al día siguiente falta muy poco para que le hable. Necesita sentarse a su lado, que su mesa esté vacía. Y al fin lo consigue. No la mira. La clave está en hablar enseguida. Con un leve murmullo, Winston empieza a hablar, ninguno de los dos mueve la cabeza. Ella le dice que se verán en la plaza de la Victoria en medio de la multitud, que no se acerque hasta que la vea rodeada de gente. Y que no la mire. Solo que la siga de cerca. Winston lo hace y ahí empieza una relación extraordinaria, llena de pasión, sexo y secreto. Hay una escena brutal, cuando él le toca la mano por primera vez:

> Casi había llegado el momento de que Winston y la chica se separaran. Pero en el último instante, cuando todavía estaban oprimidos por la multitud, su mano buscó la de él y le dio un breve apretón. No debió de durar más de diez segundos, y sin embargo fue como si estuviesen un largo tiempo cogidos de la mano. Winston tuvo tiempo de aprender todos los detalles de su mano. Exploró los largos dedos, las bien contorneadas uñas, la palma endurecida por el trabajo y cubierta de callos, la carne suave por debajo de la muñeca. Después de tocarla la habría reconocido solo con verla.

Winston alquila una casa en un barrio prole donde no hay telepantalla. Encima hay una pequeña librería en el rincón. La búsqueda y destrucción de los libros se ha hecho con tanta minuciosidad en los barrios proles como en todas partes. Es muy improbable que exista en ningún lugar un ejemplar de un libro impreso antes de 1960. Siempre los libros. ¡Qué peligrosos son!

Pero al final el sistema lo detecta todo, lo controla todo, y lo castiga todo. Y lo más terrorífico de *1984* es la descripción, que ocupa gran parte del último tercio del libro, de un minucioso, terrible y eficiente lavado de cerebro. Es tremendo. Terrorífico.

Y lo peor es la desesperanza con la que termina el libro, porque Winston se vence a sí mismo. No solo termina haciendo lo que quiere el sistema sin protestar, sino que lo hace porque ama al Gran Hermano, porque se convence, o más bien le convencen, de que el sistema es bueno para él. Se me ponen los pelos de punta.

50
La muerte en Venecia
de Thomas Mann

De Thomas Mann podría haber elegido la monumental *La montaña mágica*, pero tengo que confesar que todavía estoy esperando hacer una lectura maravillosa de ese novelón. Escalarla sin quedarme dormido tantas veces como lo hice cuando me la leí, un poco con el cuchillo en la boca. Elegí *La muerte en Venecia* porque no solo es una bellísima novela, sino que además es una extraordinaria novela sobre la belleza y porque cuando la leí me maravilló, me descubrió un mundo decadente y hermoso que no conocía y que me sedujo.

La segunda vez que la leí, además, hubo una cosa más que me impresionó mucho y que no recordaba muy bien o no había marcado en la primera lectura, y es que cuenta lo que ocurre en Venecia cuando un virus mortal la sacude, y cómo la prensa da noticias contradictorias que impiden saber realmente qué pasa. Ya me pasó con *La peste*, y es que leer después de la pandemia hizo que muchas novelas se vieran y se leyeran con otros ojos.

Thomas Mann nació en Lübeck en 1875. Después de exiliarse en 1921 tras ser declarado enemigo del nazismo, se hizo ciudadano checo, y en 1944 adquirió la nacionalidad norteamericana. En 1929 le concedieron en Premio Nobel de Literatura. Escribió *La muerte en Venecia* con treinta y seis años, en 1911. Dijo en una ocasión que nada de lo que había en *La muerte en Venecia* era inventado. Y es que Thomas Mann viajó a Venecia ese año y se alojó en el Gran Hôtel des Bains del Lido. El joven barón Wladyslav Moes, de origen polaco, despertó su interés y le inspiró a Tadzio, el adolescente del que se enamora Gustav Aschenbach, el protagonista de *La muerte en Venecia*, que se publicó en 1913. Rafael Narbona dice que no es un secreto que Thomas Mann reprimió sus impulsos homosexuales y que solo fantaseó con la belleza masculina y los placeres prohibidos. Quién sabe. Es verdad que se dice, y yo estoy de acuerdo, que Tadzio es una figura metafórica, que encarna la inmediatez de la obra de arte frente a la concepción germánica de la creación artística, basada en el trabajo, el método y el análisis, que muestra que la única condición para que acontezca la belleza y se transmute en arte consiste en desprenderse de los prejuicios y las ideas preestablecidas. Pero también es verdad que hay tanta pasión, tanta belleza y tanto amor en la novela, que me resulta difícil pensar que todo es teoría.

La muerte en Venecia cuenta la historia de Gustav Aschenbach, o Von Aschenbach, que en un momento de madurez, y ante una crisis creativa, decide viajar, porque es lo único que desea con pasión. Trabaja demasiado y su vida ha empezado a declinar lentamente. Y se va a Venecia. La descripción de la entrada en Venecia es fastuosa, extraordinaria. Se aloja en un buen hotel y sus días transcurren sin sobresalto. Thomas Mann cuenta que las observaciones y vivencias del solitario taciturno son a la vez más borrosas y penetrantes que las del hombre sociable, y sus pensamientos, más graves, extraños y nunca exentos de cierto halo de tristeza. Ciertas imágenes e impresiones de las que sería fácil desprenderse con una mirada, una sonrisa o un intercambio de opiniones, le preocupan más de lo debido, adquieren profundidad e importancia en su silencio y devienen vivencia, aventura, sentimiento. La soledad hace madurar lo original, lo audaz e inquietantemente bello, el poema. Pero también engendra lo erróneo, desproporcionado, absurdo e ilícito.

Y en ese estado de reflexiones profundas, maduras, se fija de pronto en un grupo de jóvenes entre los que hay un efebo de cabellos largos y unos catorce años, bellísimo. La descripción que hace de él es magnífica, y termina diciendo que posee un encanto tan único y personal que su observador no cree haber visto nunca algo tan logrado en la naturaleza ni en las artes plásticas. Alucinante.

A partir de entonces todo gira alrededor de Tadzio. Aschenbach lo ve continuamente, se lo encuentra en todas partes, pero son las mañanas en la playa las que le ofrecen abundantes ocasiones de estudiar a la adorable aparición. De pronto a Aschenbach le vuelven las ganas de escribir y quiere hacerlo en presencia de Tadzio, y elevar su belleza al plano espiritual. Da forma a un breve ensayo inspirándose en la belleza de Tadzio, una página y media de prosa selecta cuya transparencia, nobleza y tenso y vibrante lirismo suscitarán, poco después, la admiración de mucha gente, porque en ese texto hay más sinceridad y profundidad que en todo el resto de su obra. La deslumbrante belleza de Tadzio le ha mostrado el infinito. Cuando Aschenbach abandona la playa, se siente exhausto, interiormente derruido, como si su conciencia lo estuviera inculpando después de una orgía.

Poco a poco entre Aschenbach y el joven Tadzio se va estableciendo cierta relación, cierto tipo de conocimiento. Tadzio también es consciente de la presencia de Aschenbach. Parece moverse para él. A la cuarta semana de su estancia en el Lido, Gustav von Aschenbach oye hablar por primera vez del mal que aqueja Venecia. En las esquinas han fijado carteles impresos donde se advierte paternalmente a la población de que, para evitar ciertos desarreglos gástricos frecuentes en esa época del año, se abstengan de consumir ostras y mariscos, y se cuiden de beber el agua de los canales. Pero en los periódicos no encuentra nada. Rumores, cifras fluctuantes y desmentidos oficiales. Sin embargo, el virus se propaga y siembra el pánico a través de la información y de la desinformación. Aun así, nada angustia más al enamorado que la posibilidad de que Tadzio se marche. Se da cuenta de que, si esto ocurre, él no sabrá ya cómo seguir viviendo. El ochenta por ciento de los aquejados sucumbe a una muerte espantosa. Los más afortunados tienen primero un ligero malestar seguido por un profundo desvanecimiento, del cual ya no vuelven a despertar. Muchas de las casetas han quedado vacías, en la ciudad es muy raro encontrarse con un extranjero. Pero la dama del collar de perlas sigue allí con los suyos. Tadzio se queda; y Aschenbach, en su delirio, se imagina a ratos que la huida y la muerte acabarán alejando a toda esa molesta vida que lo rodeaba, y que podrá quedarse solo en la isla con el hermoso adolescente.

A partir de ese momento se produce un cambio en Aschenbach que inevitablemente me lleva a la imagen de Dick Bogarde maquillado y arreglado en la maravillosa adaptación de Visconti, porque Aschenbach, como todo enamorado que desea gustar, empieza a arreglarse mucho más de lo necesario, se maquilla, se tiñe las canas. Unos días más tarde Aschenbach empieza a sentirse mal.

Nos acercamos a esa maravillosa escena final, brutal, hermosa, en la que Aschenbach observa al hermoso Tadzio mientras muere. Tadzio, con los tres o cuatro compañeros que le quedan, está jugando frente a la caseta de su familia, mientras Aschenbach, a medio camino entre el mar y la hilera de casetas, con una manta sobre las rodillas, lo sigue con la mirada. Tadzio se aleja lentamente y se dirige en diagonal hacia el mar. Va descalzo y lleva su traje de baño a rayas con el lazo rojo. Se adentra en el mar, pero el agua no le baña ni las rodillas. Permanece con el rostro vuelto hacia la lejanía, rodeado de mar y viento, ondeante la rizosa cabellera. De pronto gira el torso y mira hacia la orilla por encima del hombro, donde está Aschenbach, sentado, su cabeza, reclinada contra el respaldo de la tumbona. Aschenbach se yergue, como respondiendo a la mirada de Tadzio. Tiene la impresión de que el bellísimo muchacho le sonríe a lo lejos, de que le hace señas, como si le señalase un camino y lo empezara a guiar hacia una inmensidad cargada de promesas:

Y, como tantas otras veces, se dispuso a seguirlo.

Pasaron varios minutos antes de que acudieran en su ayuda: se había derrumbado sobre el brazo de la tumbona. Lo llevaron a su habitación, y, aquel mismo día, un mundo respetuosamente conmovido recibió la noticia de su muerte.

Maravilloso.

Tercera parte

Serán clásicos

51

Stoner
de John Williams

Stoner será, con seguridad absoluta, un clásico en el futuro, si es que no lo es ya. En Estados Unidos está en el currículo escolar y se lee desde hace años. En España lo publicó una editorial canaria, Baile del sol, y su lectura ha ido creciendo gracias al boca oído desde que lo publicaron, en 2010, aunque John Williams la publicó en 1965.

Stoner es el libro más emocionante que me leído nunca. Y eso que no cuenta nada extraordinario, cuenta solo la vida de un hombre, William Stoner (en 276 páginas en mi edición, de bolsillo), que se cría en un rancho de Missouri, con unos padres secos y duros, como la tierra que labran cada día, hasta que es enviado a la Universidad de Columbia para estudiar en la Facultad de Agricultura. Allí, Stoner tiene una revelación que le cambia la vida cuando en una clase magistral se da cuenta de que lo único que él quiere hacer es estudiar Literatura Inglesa. Se convierte en un gran estudiante y luego en un gran profesor. Durante toda su vida ejerce como tal. Se casa, tiene una hija, y conoce el amor en brazos de una mujer que estudia en la universidad. Y la pierde. Y muere. Esa es la vida. Tan vulgar y tan extraordinaria.

Pero cada una de esas escenas, la de los padres labrando la tierra seca, la de Stoner descubriendo su pasión por la literatura, su matrimonio, su fracaso, su incomprensión, el nacimiento de su hija, la relación con ella, y el descubrimiento del amor en brazos de la mujer de su vida, es tan brutal, está tan extraordinariamente contada, que la novela avanza de descubrimiento en descubrimiento, de emoción en emoción, con los gestos justos, con las palabras justas, con escenas mínimas, con sensaciones, que van haciendo que el personaje de Stoner se abra ante nosotros para hablarnos de quienes somos, de lo que mueve la vida, de los fracasos, de las resignaciones, de las búsquedas de todas las vidas.

De *Stoner* se podría destacar la forma en la que está contada, la minuciosidad de las emociones cotidianas, la forma tan austera y sin embargo tan eficiente de narrar, o la pura emoción, el descubrimiento de que nos están mostrando la profundidad del drama del ser humano, sus pasiones, sus derrotas, sus fracasos, sus amores, sus renuncias, sus errores. La vida abierta en canal ante nuestros ojos.

Cada uno de los descubrimientos es una iluminación, es un momento que le cambia la vida a Stoner, un momento de crecimiento. Como cuando lee por primera vez un soneto de un tal Shakespeare. Stoner ni siquiera sabe lo que es un soneto:

> William Stoner se dio cuenta de que por unos instantes había estado conteniendo el aliento. Lo expulsó suavemente, observando cómo la ropa se movía sobre su cuerpo mientras el aliento le salía de los pulmones.

Entonces se da cuenta de que la luz penetra por las ventanas y se posa sobre los rostros de sus compañeros de manera que la iluminación parece venir de dentro de ellos mismos para salir hacia la oscuridad.

Stoner piensa que puede sentir la sangre fluir invisible a través de sus diminutas venas y arterias. Ya nunca más verá las cosas de la misma forma. La literatura le ha transformado, le ha poseído. ¡Qué maravilla!

Esa es la primera iluminación, pero vendrán otras, porque Stoner se convierte en profesor de literatura. Y aquí ocurre una cosa alucinante, y es que Stoner tiene una especie de síndrome del impostor, no logra transmitir a sus alumnos la pasión de lo que siente por dentro, y se instala en una especie de mediocridad que lo convierte en un hombre gris. Y aquí también hay una gran reflexión sobre el mundo universitario y sobre los trepas, los que saben medrar, que no son necesariamente (y casi nunca lo son, de hecho) los mejores.

Y ese hombre gris para el mundo, brillante en sus emociones y en su sabiduría, se casa. Y al mes él ya sabe que su matrimonio es un fracaso, y al año deja de esperar que mejore. Y hay otra gran reflexión sobre el matrimonio y en especial sobre lo que hacemos porque la sociedad, la educación, la cultura, nos lleva a ello, sin que realmente lo hayamos elegido. Y ese descubrimiento también es emocionante.

Pero luego viene la paternidad. Y eso es otra cosa. Porque Stoner se acostumbra a cuidar de su hija, hasta que su mujer se la arrebata y ya no es capaz de comunicarse más con ella. Su hija tendrá un viaje terrible, de destrucción, cuando es mayor, y habrá un reencuentro maravilloso. Porque en *Stoner* también hay una gran reflexión sobre la paternidad, sobre la responsabilidad que tenemos sobre nuestros hijos y sus vidas.

Hasta que aparece Katherine Driscoll y Stoner tiene con ella la gran historia de amor, una de las más bellas historias de amor que he leído jamás, basada en la admiración, en el deseo, en compartir intelectualmente los mismos intereses, en el estudio, en la lectura, en el sexo y en el silencio. Deseo y aprendizaje.

Stoner renace al lado de Katherine, se reencuentra, es capaz de ser el hombre que siempre ha soñado, y sin embargo no es capaz de luchar contra la propia sociedad, contra la universidad, contra el matrimonio, como si debiera algo a su mujer, que lo ha maltratado toda la vida, como si fuera a hacer daño a su hija:

> En su año cuarenta y tres de vida, William Stoner aprendió
> lo que otros, mucho más jóvenes, habían aprendido antes que él:

que la persona que uno ama al principio no es la persona que uno ama al final, y que el amor no es un fin sino un proceso a través del cual una persona intenta conocer a otra.

Stoner es un libro que te cambia. A mí me cambió, me hizo crecer, me hizo entender muchas cosas que me habían pasado, me reconcilió conmigo, con mis fracasos, y me hizo más sabio. Esa es la función de la literatura, al fin y al cabo. Pero *Stoner* lo hace desde la emoción. La parte final es asombrosa, lúcida, profunda, esencial. Tal vez porque al final de su vida Stoner es más capaz de tomar las riendas de su vida y de entender. Leer *Stoner* es casi una obligación. Pero también es un placer, y una maravilla.

52
Corazón tan blanco
de Javier Marías

El arranque de *Corazón tan blanco* es espectacular. En ese «No he querido saber, pero he sabido...» están muchas de las preocupaciones de Javier Marías sobre lo que sabemos de la vida, sobre lo que sabemos de los demás, sobre lo que construimos, sobre cómo nos llega la información o las historias, sobre los secretos y sobre cómo se cuentan las cosas, sobre qué cosas son contables y cuáles no. «Todo es contable», dice Marías, «hasta lo que uno no quiere saber y no pregunta, y sin embargo se dice y uno lo escucha».

El primer capítulo es una locura. La historia de esa mujer que se levanta de la mesa, nada más volver de su viaje de bodas, se va al baño y se pega un tiro, y la reacción de todos los comensales, el padre, que aún tiene un trozo de carne en la boca, el médico, que se mira un instante al espejo y se coloca el pelo, el sujetador que se esconde, la sangre. Es una maravilla.

Recuerdo perfectamente la sensación de descubrimiento al leerlo. La sensación de estar leyendo algo único, con un estilo particular, irrepetible, esa forma de explorar y de contar, que me voló la cabeza.

Cuánto echo de menos saber que habrá un nuevo libro de Javier Marías. Es verdad que queda la relectura, es verdad que siempre se encuentra algo nuevo en cada libro de Javier Marías, por mucho que lo hayas leído, pero ese placer de saber que habrá más, esa delicia, ese descubrimiento, solo lo tendrá el que nunca lo haya leído, el que se enfrente a su obra por primera vez. ¡Qué envidia!

En este libro podría haber cinco novelas de Javier Marías, porque todas tienen algo extraordinario (en *Así empieza lo malo* en un párrafo de menos de veinte líneas cuenta, de una forma precisa y exacta, cuál es el proceso de destrucción de una pareja), y muchas de ellas son por entero extraordinarias (como *Mañana en la batalla piensa en mí* o *Negra espalda del tiempo*, o la trilogía *Tu rostro mañana*, *Berta Isla*, o su última novela *Tomás Nevinson*). Pero yo he elegido *Corazón tan blanco* seguramente porque para mí fue el primer descubrimiento, el fogonazo. Es verdad que yo ya había leído dos novelas suyas y un extraordinario volumen de cuentos cuando llegué a *Corazón tan blanco*, pero fue una novela que me impactó, que no he olvidado jamás, que recomiendo y que releo, y que me sigue apasionando.

La segunda escena vuelve a ser clave. Una tarde, en La Habana, cuando Luisa, la mujer del protagonista, Juan, se encuentra mal y se mete en la cama mientras Juan se queda en la terraza y alguien le confunde desde la calle y le grita. Ese alguien ocupará luego la habitación de al lado y pronunciará unas palabras que Juan no sabe si Luisa ha oído (otra vez lo que sabemos y lo que no, y lo que sabemos, aunque no queremos saberlo), pero que serán clave en las preguntas que se hagan, que tiene tanto que ver con la primera escena, aunque nadie lo sepa todavía.

Juan y Luisa son traductores, otro de los grandes temas de Javier Marías, y viven juntos un hecho tronchante que ocurre cuando Juan cambia una traducción en la conversación entre dos altos mandatarios, y ese cambio hace que la conversación vaya por otro lado. Otra vez el tema de la información y de lo que se sabe o no se sabe. El traductor que cambia una palabra pero solo él lo sabe. El mandatario que no sabe que le han manipulado. Lo que sabemos y lo que hacemos basándonos en lo que creemos que sabemos.

Cuando Juan y Luisa se casan, el padre de Juan, Ranz, solo le da un consejo: «Cuando tengas secretos o si ya los tienes, no se los cuentos». Qué gran consejo, qué información clave para la novela. Porque además *Corazón tan blanco* es una novela redonda, porque en esa búsqueda de la información, en esa exploración de por dónde viene, cómo se cuenta, y qué se cuenta, qué está escondido, olvidado o es un secreto, ese primer capítulo, que durante muchas páginas parece un ejercicio de estilo, algo que ocurrió en el pasado y que nada tiene que ver con lo que se está contando, poco a poco, va ocupando espacio y se convierte en el centro de la novela. Porque lo que nos está contando al final es simplemente el porqué. Por qué esa mujer se levantó de la mesa y se suicidó. Qué sabía. Por qué no podía seguir viviendo después de saberlo. Y para que esa historia se comprenda absolutamente, cuando nos la cuenten, tenemos que saber bien quién la va a contar y conocer a cada uno de los implicados, la personalidad esencial del padre del protagonista, Ranz, la forma en la que la información sale de su boca, cuándo, y hablando con quién. Todo es una construcción perfecta, un mecanismo que estalla cuando termina la novela, y que hace que lo único que desees sea volverla a leer.

Esa misma estructura, Javier Marías la ha repetido varias veces. En *Mañana en la batalla piensa en mí*, por ejemplo, algo que ocurre en las primeras escenas solo tiene sentido cuando se sabe lo que ocurrió al mismo tiempo en otro lugar, y aunque parezca que ambos acontecimientos no tienen nada que ver, en realidad dan sentido a la novela entera y la convierten en un perfecto artefacto literario.

Corazón tan blanco es una novela maravillosa que a mí, siempre que la he leído, me ha generado un enorme placer intelectual, como siempre que leo a Javier Marías. Es deliciosa. Hay que leer a Javier Marías, de cabo a rabo.

53
Soldados de Salamina
de Javier Cercas

Soldados de Salamina tiene algo que me conecta con lo que soy, con mi forma de pensar y de entender el mundo, con lo que espero, con mi esperanza y con mi dolor. Javier Cercas es un gran teórico de la literatura con lo que no creo que escriba nada sin pensarlo mucho antes, sin estructurarlo, sin saber cómo contarlo, pero aun así, yo creo que es una novela escrita en estado de gracia.

Javier Cercas concibe la novela como un género de géneros en el que cabe todo: el ensayo, la historia, la crónica, la biografía. La novela es como un monstruo que va devorando el resto de los géneros hasta fagocitarlos a todos. El primer esfuerzo del escritor, para Cercas, es el de construir un artefacto complejo que parezca simple, como dice en una conversación con David Trueba (que dirigió la adaptación cinematográfica): «Lo ideal es que la estructura, la forma sea lo más compleja posible, pero el trabajo del escritor consiste no en mostrar esa complejidad sino precisamente en ocultarla».

Soldados de Salamina se publicó en 2001 y fue un acontecimiento literario desde el primer momento. Y es que es una novela llena de emoción, llena de verdad, que cuenta una historia real y sin embargo maravillosa, y una búsqueda apasionante, hacia el interior y hacia el exterior.

Soldados de Salamina cuenta, básicamente, cómo Rafael Sánchez Mazas sobrevivió a un fusilamiento en masa, y cómo se escapó por el monte, se escondió, y cómo un soldado lo encontró, le apuntó y decidió salvarle la vida. La historia está contada desde la perspectiva de un escritor llamado Javier Cercas, que no es el Javier Cercas real, y que cuenta, primero, que está en blanco y luego que encuentra esa historia y la escribe, y después, cómo halla un rastro de esa historia y lo sigue, y cómo va investigando y descubriendo. Y es apasionante lo que cuenta, pero también es apasionante esa perspectiva, la del escritor, la del creador enfrentado a una historia y cómo decide contarla. Y la investigación.

Dice Cercas en su conversación con Trueba: «Lo que tiene interés no es escribir lo que ya sabes de antemano, sino lo que descubres a medida que escribes. No escribes acerca de lo que sabes, sino de lo que desconoces; si no, no tendría sentido escribir. Yo siempre empiezo a escribir sin saber exactamente dónde voy y, a medida que escribo, voy descubriendo cuál va a ser la forma, el tono, etcétera. Y, cuando acabo, tengo que volver a empezar». Brillante.

Hay escenas que ya van a quedar siempre en la memoria de todos. La escena del fusilamiento, la huida y el perdón, es impresionante, pero cuando Javier Cercas está investigando quién podría ser ese soldado, la única referencia que da Sánchez Mazas es que un día le vio cantar «Suspiros de España» en voz alta, y sonriendo, y cómo, dejándose arrastrar por una fuerza invisible, se levantó y empezó a bailar por el jardín con los ojos cerrados, abrazando el fusil como si fuera una mujer, de la misma forma y con la misma delicadeza. Y cuenta cómo todos se quedaron mirándolo, en silencio, mientras él arrastraba sus fuertes botas militares por la gravilla como si fueran zapatos de bailarín por una pista impoluta. Es muy emocionante.

Pero creo que el hallazgo de la novela (en una novela llena de hallazgos) es el personaje de Miralles, un hombre mayor que veraneaba en el camping Estrella de Mar, en Castelldefels, que hizo la guerra y que estuvo en el lugar donde fusilaron a Sánchez Mazas. Una noche, en el camping, alguien le vio bailar *Suspiros de España*. Tan solo eso basta para sospechar que tal vez fuera él el soldado que perdonó la vida a Sánchez Mazas. Javier Cercas lo busca y lo encuentra en una residencia en el sur de Francia.

Y ese personaje, ese encuentro, la dignidad de Miralles, es lo que convierte a esta historia en algo memorable. Escribe Javier Cercas en el epílogo a la edición de 2015: «Hasta poco antes de escribir *Soldados de Salamina*, nunca entró en mis planes escribir un libro sobre la guerra civil. Quiero decir que *Soldados de Salamina* no trata sobre la guerra civil, o que trata sobre la guerra civil pero también, o ante todo, sobre nuestra relación con la guerra civil, más de sesenta años después de concluida, sobre la pervivencia de la guerra civil en el presente del siglo XXI, sobre los héroes y los muertos de la guerra civil, en último término sobre los héroes y los muertos a secas». Y ahí está la clave, en los héroes que nos empeñamos en buscar. Millares lo expresa muy bien al final de la novela en una escena brillante y muy emocionante en la que habla de los héroes:

—Dígame una cosa. A usted Sánchez Mazas y su famoso fusilamiento le traen sin cuidado, ¿verdad? [...] ¡Hay que joderse con los escritores! [...] Así que lo que andaba buscando era un héroe. Y ese héroe soy yo, ¿no? ¡Hay que joderse! [...] Pues ¿sabe una cosa? En la paz no hay héroes. [...] Los héroes solo son héroes cuando se mueren o los matan. Y los héroes de verdad nacen en la guerra y mueren en la guerra.

Y luego habla de sus compañeros. Dice, mientras empieza a llorar, que a veces sueña con ellos, y que nadie se acuerda de ellos, ni de por qué murieron. Que no va a haber nunca ninguna calle miserable de ningún pueblo miserable de ninguna mierda de país que vaya a llevar nunca el nombre de ninguno de ellos. Pero que él se acuerda de todos, que no pasa un solo día sin que piense en ellos.

Soldados de Salamina es una novela impresionante, espléndidamente construida, que cuenta una historia brutal, y lo hace de una forma maravillosa. ¿Qué más se puede pedir?

54

La caverna
de José Saramago

Podría poner todos los libros de Saramago, uno tras otro en este libro. Entre los clasicazos, los clásicos modernos, los que serán clásicos en el futuro y los libros de mi vida. Da igual. Cabrían todos. Tengo en mi biblioteca veinticuatro libros de Saramago y cogería cualquiera de ellos con los ojos cerrados. Hay un estilo, una visión, una ética, un compromiso, que hacen de Saramago un autor especial. Le reconozco en autores como Camus, tan necesarios, y que explican tan bien nuestra condición y nuestro mundo, nuestra cultura.

Pero de entre todos sus libros yo he elegido *La caverna*, la primera novela publicada por José Saramago después de que le concedieran el Premio Nobel de Literatura. Cuenta la historia de Cipriano Algor, un alfarero que vive de hacer artesanía para vender en un centro comercial. Cuenta Pilar del Río, su compañera y traductora, que un día Saramago visitó un centro comercial y se quedó asombrado. Dijo que las antiguas catedrales y las universidades habían dado paso al centro comercial, a esos templos del consumo. *La caverna* narra la perplejidad de un artesano que se da cuenta de que ya no hay lugar para él.

Cipriano es viudo, vive en su alfarería con su hija Marta y su yerno, Marcial, que es uno de los guardias de seguridad del Centro. Un día en el Centro dejan de pedirle la misma cantidad de cerámica, y Cipriano se da cuenta de que no podrán seguir viviendo de la alfarería si eso sigue así. De nada sirve protestar o reclamar. Su hija Marta le propone que se modernicen, que hagan algo nuevo, muñecos de barro. Cipriano lo propone en el Centro y recibe un primer encargo, para testar el producto. Pero no funciona. Cipriano no sabe qué hacer. La única opción es cerrar la alfarería e irse a vivir al Centro porque van a ascender a Marcial y le dan una casa dentro del Centro mismo. Cipriano no quiere. No va a ir a vivir allí, pero entonces Marta le dice que está embarazada. Y eso lo cambia todo. Cipriano acepta ir a vivir al Centro y allí hará el gran descubrimiento.

Esta es básicamente la historia, pero hay dos personajes más, esenciales en la novela. Uno es el perro que encuentra Cipriano un día fuera de su casa. Tiene un nombre maravilloso, Encontrado. Poco a poco Cipriano se irá ganando su confianza y cuando se va al Centro a vivir se lo deja al otro personaje importantísimo de la novela, Isaura, una vecina, viuda, de la que Cipriano se enamora, y que está enamorada de él.

Y toda esta trama está tejida de emoción. De conversaciones maravillosas, inteligentes, pausadas. Son brillantes las conversaciones de Cipriano con el encargado del Centro; son emocionantísimas las conversaciones con Marta, su hija, y brutal el momento en el que ella le dice que está embarazada, e impresionante cuando él le dice que acepta irse con ellos al Centro a vivir. Es increíble la relación con Isaura, la ternura y el cuidado con los que se besan y se abrazan por primera vez. Y todo en la escritura de Saramago es tan austero, tan profundo, que no hay una palabra que sobre.

Pero hay algo que va a ocurrir. Algo absolutamente emocionante, esencial, profundo. En el subsuelo del Centro han descubierto una gruta, y dentro de esa gruta hay unos restos. Restos de hombres y mujeres, atados mirando a una pared. La escena en la que Cipriano entra en la gruta y descubre los cuerpos, la pared, el fuego, es inolvidable. Cipriano dice que esos cuerpos somos nosotros, probablemente el mundo. No puede quedarse allí.

Parece difícil que una alegoría de la caverna de Platón pueda ser contada con tanto realismo, con tanta emoción y a la vez represente tantas cosas, y nos cuente tantas cosas. Es brutal. *La caverna* pregunta al lector: ¿Somos como los prisioneros de la cueva de Platón que creían que las sombras que se movían en la pared eran la realidad? ¿Vivimos en un mundo de ilusiones? ¿Qué hemos hecho con nuestro sentido crítico, con nuestras exigencias éticas, con nuestra dignidad de seres pensantes?

Cipriano se irá de allí. Volverá a por su perro, Encontrado, y a por la mujer a la que ama. No importa si lo cuento, si lo desvelo, porque leerlo tiene tanta emoción, tiene tanta verdad, tiene tanto que reflexionar y tanto que descubrir, que da lo mismo. Nada puede igualar la lectura, las palabras de Saramago.

55

Últimas tardes con Teresa
de Juan Marsé

Juan Marsé es espectacular. Sus libros han ganado con el tiempo. Es impresionante volver a leer sus primeras novelas, como *Encerrados con un solo juguete*, por ejemplo, pero es que acabo de volver a leer *El embrujo de Shanghái* y me ha parecido extraordinaria. Tiene auténticas obras maestras, como *Rabos de lagartija* o *Si te dicen que caí*, o como esta maravilla que es *Últimas tardes con Teresa*.

Juan Marsé nació en Barcelona en 1933 y murió el 18 de julio de 2020. Pocos autores han tenido la capacidad de mezclar su narrativa con lo poético y con la ironía como él. Marsé es la sensibilidad, pero también es el fino sentido del humor, como es ese autor capaz de describirnos toda una situación en dos trazos, mostrarnos lo que está ante nuestros ojos pero nadie ve.

Últimas tardes con Teresa tiene, además, uno de esos personajazos de la literatura como es el Pijoaparte («Hay apodos que ilustran no solamente una manera de vivir, sino también la naturaleza social del mundo en que uno vive»), sin olvidarnos de Teresa.

En el verano de 1956, el día de la verbena de San Juan, el Pijoaparte sale de su barrio, roba una moto y se baja al barrio de San Gervasio. Se cuela en una fiesta con el ánimo de ligarse a una niña bien. El Pijoaparte es muy guapo. Marsé, en una frase muy de Marsé, muy marsiana podríamos decir, al alcance de muy pocos, dice que el Pijoaparte tiene «el pelo negro, peinado hacia atrás, en un esfuerzo secreto e inútil de luchar contra la miseria y el olvido». ¡Qué maravilla!

Y efectivamente liga con una chica con la que queda pocos días después. Y al final la chica le mete en casa y se acuestan, y duermen juntos, y por la mañana pasa una cosa maravillosa que para mí es una de las escenas de la novela (lo que es mucho decir porque la novela está llena de escenas inolvidables y brutales):

> Y hasta que no empezó a despuntar el día en la ventana, hasta que la gris claridad que precede al alba no empezó a perfilar los objetos de la habitación, hasta que no cantó la alondra, no pudo él darse cuenta de su increíble, tremendo error. Sólo entonces, tendido junto a la muchacha que dormía, mientras aún soñaba despierto y una vaga sonrisa de felicidad flotaba en sus labios, la claridad del amanecer fue revelando en toda su grotesca desnudez los uniformes de satén negro colgados de la percha, los delantales y las cofias, sólo entonces comprendió la realidad y asumió el desencanto.
> Estaba en el cuarto de una criada.

Esa criada es la llave para conocer a Teresa, la verdadera niña bien, por la que el Pijoaparte pierde la cabeza. Pero Teresa también pierde la cabeza por el Pijoaparte, que se llama Manolo en realidad y es de Murcia. Aunque lo hace por motivos muy distintos. Ella tiene una idea equivocada de quién es el murciano. Cree que es un hombre comprometido políticamente, que está concienciado con la izquierda y la clandestinidad. Teresa ve lo que quiere ver y Manolo se deja llevar y hasta juega ese juego, aunque no entiende nada a veces. Como dice Manuel Vázquez Montalbán en el prólogo de la novela, hay una relación desigual entre el desclasado por ideas y el malclasado de nacimiento, y esa relación se complica cuando interviene el amor.

Porque, efectivamente, en ese malentendido interviene el amor, y el deseo. La novela está llena de escenas de seducción, en las que unas veces gana el Pijoaparte y otras veces Teresa. Hasta en la sexualidad se nota la diferencia de clase, y eso Marsé lo cuenta maravillosamente. Igual que narra cómo el Pijoaparte va complicándose cada vez más la vida con los suyos, con sus negocios oscuros y sus trapicheos, y con el entorno de Teresa, que en el fondo no le va a aceptar jamás.

De hecho, cuando Teresa hace demasiado evidente su relación con el murciano, en su casa la llaman al orden. Y ella desaparece un tiempo, hasta que al final le escribe y él, loco de contento, roba una moto para ir a verla a la playa. Por el camino va soñando con el encuentro, con el futuro, al fin, con el adiós a su barrio. Pero nada más salir de Barcelona, dos Sanglas de la policía le paran y le piden la documentación:

> Sospechó ya entonces que lo más humillante, lo más desconsolador y doloroso no sería el ir a parar algún día a la cárcel o el tener que renunciar a Teresa, sino la brutal convicción de que a él nadie, ni aun los que le habían visto besar a Teresa con la mayor ternura, podría tomarle nunca en serio ni creerle capaz de haberla amado de verdad y de haber sido correspondido.

Se entrega sin resistencia, juntando instintivamente, como un ciego, las muñecas. Sale de la cárcel dos años después. Camina por una Barcelona distinta, llena de turistas. Se mete en un bar en el que había estado con Teresa a tomar una cerveza y allí se encuentra con dos amigos de Teresa, que le cuentan que Teresa, extrañada por su silencio, fue personalmente al Monte Carmelo y se enteró de su detención. Le cuentan que estuvo un tiempo sin querer ver a nadie, y luego, riéndose, que aquel mismo invierno se supo, en ciertos medios universitarios, que Teresa se había desembarazado al fin de su virginidad, terminó brillantemente la carrera:

> El rostro del murciano no acusa ninguna de estas noticias, como si solo hubiera buscado una confirmación, como si lo hu-

biera sabido desde el primer momento, desde la primera noche que estuvo con Teresa.

Dando media vuelta, con las manos en los bolsillos, el Pijoaparte sale de allí. Y así termina este novelón maravilloso que cuenta como pocas un tiempo, un territorio y los personajes que lo pueblan.

Hay que leer a Juan Marsé, de cabo a rabo.

56

La vida ante sí
de Romain Gary

Esta es una de las novelas más extraordinarias que me he leído jamás. En todos los sentidos del adjetivo, porque no solo es una novela brillante, luminosa, brutal, llena de humor y de sarcasmo pero durísima, que cuenta una historia que te encoge el corazón, de gente abandonada, en las fronteras de la sociedad, sino que también se sale de lo ordinario, de lo normal y te mete en un mundo, desde la voz de un niño, que hay que comprender, que hay que asimilar, pero que, una vez ahí, te lleva a una sensibilidad y a una visión que es difícil de olvidar.

Porque esa es la clave de la novela: el punto de vista. Está narrada en primera persona por Momo, un niño de entre doce y catorce años, que vive en una casa de acogida desde que era un bebé, prácticamente, y que no conoce nada más, así que considera normales cosas que para nosotros son increíbles, y explica los conflictos de la gente que le rodea con una sencillez y a la vez desde un punto de vista que nos hace abrir los ojos. Contar nuestra sociedad desde los ojos de un niño inocente, que a la vez ha visto cosas tan terribles que seguramente nosotros nunca veremos jamás, hace que se nos encoja el corazón.

La novela gira en torno a los vecinos de un inmueble, en un barrio popular de París. Son todos derrotados, travestidos, prostitutas, viejos frustrados, niños recogidos, un mundo en el que conviven los negros de África, los magrebíes de Marruecos y Argelia, los judíos de cualquier parte. Allí, en uno de los pisos, vive doña Rosa, que se ha dedicado siempre a cuidar a los niños de las prostitutas, en una especie de pensión, donde algunos están solo durante el día y otros, como Momo, viven con ella. La señora Rosa es la gran protagonista de esta novela, y el foco afectivo de la historia y de la vida de Momo. La escalera es el escenario en el que se cruzan todos los inquilinos.

La señora Rosa pasó por el campo de Auschwitz y sobrevivió. Los terribles recuerdos de esa experiencia la atormentan. Ya es muy mayor, pero sigue soñando con ir a Israel. Momo es el testigo de las historias de la señora Rosa y de todos los vecinos, porque es el que más tiempo lleva allí y los conoce a todos. Es maravilloso cómo describe a cada uno de los personajes. A Momo le parece que el proxeneta, señor N'Da Amédée, es el hombre mejor vestido que pueda imaginarse nadie, y es increíble la ternura con la que describe a su amigo, la señora Lola, el travesti del cuarto piso, que ha sido campeón de boxeo de Senegal y que trabaja prostituyéndose en el Bois de Boulogne. La novela está llena de personajes al límite, entrañables, que luchan por salvarse, por sobrevivir, en medio de la nada, y que se ayudan unos a otros. Y es que también hay un maravilloso mensaje de convivencia entre culturas, la cristiana, la islámica y la judía.

Romain Gary publicó *La vida ante sí* en 1975, con el seudónimo de Émile Ajar. Ganó el premio Goncourt y fue el best seller del año en Francia, con un millón y medio de ejemplares vendidos. Y es que Romain Gary publicó bajo varios seudónimos, motivo por el que sigue siendo el único escritor galardonado en dos ocasiones con el premio Goncourt, con dos nombres distintos.

Romain Gary es un personaje maravilloso, con una vida increíble y una obra extraordinaria. Nació como Roman Kacew en Rusia en 1914, se trasladó a vivir a Francia cuando tenía catorce años. Al terminar la guerra comenzó su carrera diplomática en el Ministerio de Asuntos Exteriores, lo que le permitió vivir en Sofía, La Paz y Nueva York. Fue portavoz de Francia en la ONU entre 1952 y 1956 y fue nombrado cónsul general de su país en Los Ángeles. Romain Gary dirigió dos películas y estuvo casado con la actriz Jean Seberg entre 1962 y 1970. Como ella, terminó suicidándose, en su apartamento de París el mes de diciembre de 1980.

En *La vida ante sí* nos cuenta que la primera vez que Mohammed ve a la señora Rosa tiene tres años. Todos le llaman Momo porque es más corto. La señora Rosa tiene que subir seis pisos para llegar a su casa, cada día. Dice que el día menos pensado se morirá en la escalera, y todos los chiquillos de los que se ocupa, cuando lo oyen, se echan a llorar, porque es lo que se hace cuando alguien se muere. Unas veces son seis o siete los que están allí dentro y otras veces puede que más:

> La señora Rosa solamente me cuidaba para cobrar un dinero que recibía a fin de mes. Cuando me enteré, tenía ya seis o siete años y, para mí, saber que era de pago fue un golpe. Creía que la señora Rosa me quería sin más y que éramos algo el uno para el otro. Estuve llorando toda una noche. Fue mi primer desengaño. Al verme tan triste, la señora Rosa me explicó que la familia no significa nada.

Este es el tono. Uno no sabe si reírse o llorar. Aunque hay otras veces que no tienes dudas, como cuando dice que durante mucho tiempo no supo que era árabe porque nadie le había insultado. Genial.

Momo tiene problemas para gestionar sus emociones, porque nadie le ha enseñado. El mejor amigo que tiene Momo es un paraguas llamado Arthur al que ha vestido de pies a cabeza. Le hace una cabeza con un trapo verde enrollado en el mango y con la barra de labios de la señora Rosa le pinta una cara simpática, con una boca que se ríe y unos ojos redondos.

De pronto, un día, el dinero que alguien paga todos los meses por Momo, deja de llegar. Momo le dice a la señora Rosa que no tenga miedo, que no va a dejarla plantada solo porque ya no reciba dinero, pero después coge a Arthur y se sienta en la acera para no llorar delante de todo el mundo. La situación es complicada. La señora Rosa es muy mayor, cada vez tiene menos chicos en pensión y ella empieza a echar mano de los ahorros. Tiene guardado algún dinero para la vejez, pero sabe que ya no durará mucho.

Pero Momo tiene un golpe de suerte porque un día, una señora bien le ve mirando un escaparate, embobado viendo un circo de juguete con luces que se encienden y se apagan, y se encapricha de él. Le lleva a su casa y Momo tiene por primera vez contacto con la vida del primer mundo, esa vida que tenemos la mayoría de nosotros pero que no consideramos una suerte porque no hemos estado nunca donde ha estado Momo. Es una muchacha bastante joven, guapa, rubia, con el pelo largo, que además huele bien. Le pregunta a Momo por qué llora y Momo le dice que no está llorando, mientras se seca las lágrimas. Momo tiene por primera vez esperanza, sueña con un futuro en el que le lleven a la playa de vacaciones y que no le hagan sentir nada.

El final de la novela es estremecedor, inolvidable. Cómo Momo acompaña a la señora Rosa hasta el final, cómo la realidad que él se ha construido termina imponiéndose, cómo se enfrenta con la muerte, con la verdad, con la realidad al fin, en un sótano oscuro, y cómo al fin, Momo, podrá tener otra oportunidad.

57

La carretera
de Cormac McCarthy

La carretera es una novela estremecedora. Por el lugar desde donde nos la cuenta Cormac McCarthy, porque nunca sabemos qué ha ocurrido, qué ha pasado en ese mundo apocalíptico, lleno de ceniza donde los pocos que han sobrevivido solo se preocupan por comer y esconderse, o atacar a los demás, o viajar, como el padre y el hijo protagonistas de la novela, que con un carrito de supermercado donde están todas sus pertenencias viajan por una carretera hacia el sur.

Haya pasado lo que haya pasado, una catástrofe natural o una guerra nuclear, el paisaje es muy reconocible. Técnicamente es una distopía, pero el futuro que nos cuenta es muy cercano. Nos podemos reconocer todos, reconocemos esas casas abandonadas, ese paisaje, los personajes que lo pueblan, la desolación. En esta novela tremenda está reflejado el ser humano, en todas sus miserias, en lo peor y en lo mejor. Todos nos vemos allí, de alguna forma.

La carretera se publicó en 2006 y ganó el premio Pulitzer en 2007. Su autor, Cormac McCarthy, nació en Rhode Island en 1933 y murió en 2023. Su vida estuvo envuelta en cierto halo de leyenda porque no concedía entrevistas y se sabía poco de él, pero está considerado como uno de los más importantes escritores estadounidenses de finales del siglo xx y principios del xxi. Tres años después de la publicación de *La carretera* se produjo una adaptación cinematográfica dirigida por John Hillcoat, con Viggo Mortensen como protagonista que no estaba nada mal. Yo vi la película con mi hijo cuando la estrenaron y fue muy impresionante ver con él esta historia en la que los dos nos vimos reflejados, nos imaginamos perfectamente qué sentiríamos en cada una de las escenas, qué nos pasaría, cómo reaccionaríamos, cómo sobreviviríamos o no, y sentimos el miedo, la impotencia, la esperanza y el horror. Inmediatamente después mi hijo me pidió el libro, y aún no me lo ha devuelto:

> Al despertar en el bosque en medio del frío y la oscuridad nocturnos había alargado la mano para tocar al niño que dormía a su lado. Noches más tenebrosas que las tinieblas y cada uno de los días más gris que el día anterior. Como el primer síntoma de un glaucoma frío empañando el mundo.

Así comienza *La carretera*. Y no nos van a contar mucho más en esta novela en la que nosotros tendremos que ir construyendo en función de las imágenes que nos narran, en función de los miedos de los protagonistas, un padre y su hijo, que avanzan hacia el sur, buscando el mar y un cielo tal vez menos gris. Solo intentan sobrevivir, y para ello necesitan alimentarse y resguardarse en algún lugar para pasar la noche. Y esconderse cuando hace falta. Porque el mundo se ha vuelto hostil, no hay cultivos, no hay civilización, no hay más que un paisaje desolado y reducido a cenizas. Según avanza la novela, la única información que nos dará su autor, en una escena escalofriante, es la razón por la que están solos. La razón por la que la madre decidió que no podía más, y ellos decidieron abandonar su casa.

Porque básicamente lo que queda de la humanidad se divide entre los que han decidido quedarse en sus casas, escondidos, intentando defenderse de todo el que se acerca, con recursos limitados, y los que han optado por echarse a la carretera, moverse, buscar. Y entre esos que deambulan están los que solo intentan sobrevivir, no hacer daño a nadie, y los que han decidido aprovecharse de los débiles, sobrevivir por la violencia. No se diferencia mucho del mundo real, de la actualidad, de nuestra humanidad, porque lo que hace Cormac McCarthy es poner, con *La carretera*, un espejo ante nosotros, donde vemos lo peor de la humanidad.

Hay alguna escena que nos da un pequeño respiro, como cuando el padre y el hijo descubren un búnker, lleno de latas de comida, con ducha y camas, y por primera vez desde hace mucho se pueden lavar el pelo, pueden dormir sobre un colchón, pueden comer, tomar postre, no pensar en guardar. Un amigo mío dice que cuando la civilización se acabe lo primero que vamos a echar de menos es una ducha de agua caliente. Es verdad que es un pensamiento del primer mundo, totalmente, pero creo que tiene razón. Luego echaremos de menos el resto de las cosas, claro, como les pasa a este padre y a este hijo, que echan de menos la civilización, pero que conviven con el salvajismo y con la destrucción que ha creado esta civilización. De ese búnker se tienen que marchar porque el padre sabe que hay que moverse, que es la única forma de sobrevivir. Pero hay un momento de paz, ese único momento de paz en la novela.

El resto de las escenas son incómodas, inquietantes, te interpelan y te molestan, como aquella en la que un hombre intenta robarles el carrito, un pobre hombre tan desesperado como ellos, hambriento y solo, y el padre reacciona con un castigo excesivo, delante de su hijo, y su hijo se sorprende de ver la injusticia que comete su padre. Ese momento en el que nuestros hijos descubren que no somos perfectos.

Y luego hay situaciones terribles, inolvidables, espeluznantes, como cuando el padre y el hijo descubren que hay unos tipos que están utilizando a los hombres que encuentran para alimentarse. Los guardan en una granja, los tienen atados, los alimentan, los mantienen vivos y, según van necesitando alimento, se los van comiendo. Terrible. Pero lo más terrible de todo es que eso no nos lo cuenta Cormac McCarthy, eso lo intuimos cuando vemos a los hombres atados, desnudos, en el sótano de una casa. Lo sabemos.

(Por cierto, hay una extraordinaria novela, *Cadáver exquisito* de Agustina Baztarrica, que es una distopía que cuenta que cuando todos los animales de la tierra mueren por un virus, los hombres crean una clase de seres humanos que dedican a la alimentación y que crían y sacrifican como ahora hacemos con las vacas. Buenísima).

Cuando el padre y el hijo encuentran el mar es una escena brutal. Pero no hay esperanza en *La carretera*. La historia no termina bien para ese padre y su hijo. O tal vez sí, tal vez hay una grieta por la que solo uno de los dos podrá colarse.

La carretera es una novela durísima, triste y desasosegante, pero a la vez es una de esas obras que rompe nuestro hielo y que nos habla de nosotros mismos desde un territorio devastado y apocalíptico.

Hay que leer a Cormac McCarthy.

58
Desgracia
de J. M. Coetzee

Leer a Coetzee es una experiencia. Escribe ese tipo de literatura absolutamente austera, pero que te machaca, que te penetra, que te provoca una emoción intensa sin la necesidad de utilizar muchos adjetivos ni una estructura muy compleja, sino poniéndote delante de los ojos la realidad, que, no nos engañemos, muchas veces es terrible.

Yo podría haber elegido cualquier libro de Coetzee porque su obra es extraordinaria, pero he elegido *Desgracia* porque fue mi puerta de entrada en Coetzee y me dejó noqueado. También porque habla, entre otras cosas, de la relación de un padre con su hija, una hija que decide vivir una vida con la que el padre a veces no está de acuerdo, pero el padre aprende a estar a su lado, y yo me identifiqué mucho con ellos en un momento muy difícil de mi vida.

John Maxwell Coetzee nació en 1940 en Ciudad del Cabo y se crio en Sudáfrica y en Estados Unidos. Ha sido profesor de literatura en diversas universidades de prestigio, traductor, lingüista, crítico literario y, sin duda, uno de los escritores más importantes de la actualidad. Obtuvo el Premio Nobel de Literatura en 2003.

Desgracia se publicó en 1999. Ganó el Booker. Es una novela apasionante, profunda y durísima, que nos habla sobre el placer y el dolor, sobre las relaciones entre padres e hijos, sobre el amor y sobre la muerte. Así comienza:

Para ser un hombre de su edad, cincuenta y dos años y divorciado, a su juicio ha resuelto bastante bien el problema del sexo. Los jueves por la tarde coge el coche y va hasta Green Point. A las dos en punto toca el timbre de la puerta de Windsor Mansions, da su nombre y entra. En la puerta del número 113 le está esperando Soraya.

Cero empatía. Cero emoción. Cero juzgar a sus personajes. Cero ocultarse. Cero concesiones. David Laurie, el protagonista de *Desgracia*, es profesor. Aunque dice que nunca se ha sentido muy profesor, que es incapaz de afrontar las tareas que hoy día se les exigen. Dice que es como un clérigo en una época posterior a la religión. Y como no tiene ningún respeto por las materias que imparte, no causa ninguna impresión en sus alumnos. Cuando les habla, lo miran sin verlo. Sigue dedicándose a la enseñanza porque le proporciona un medio para ganarse la vida, pero también porque así aprende la virtud de la humildad, porque así comprende con toda claridad cuál es su lugar en el mundo.

Un día se encuentra por la calle a Soraya, la prostituta con la que se acuesta todos los jueves. Ella lleva dos niños de las manos. De pronto David cree que tiene una «relación» con ella, e intenta saludarla, pero a partir de ese día Soraya le rechaza y desaparece. Él intenta localizarla y ella le acusa de acoso. David renuncia a Soraya, y en el fondo envidia a su marido. Cuando deja de ver a Soraya se enrolla con una alumna, de la que se aprovecha, una chica muy joven, con la que termina acostándose en una escena terrible. «No es una violación», cuenta Coetzee, cuenta David Laurie, «no del todo, pero es algo no obstante carente de deseo, no deseado de principio a fin».

Es peculiar cuando te encuentras a un protagonista al que desprecias, algo a lo que no estamos acostumbrados en los clásicos. Pero a la vez es asombroso cuando el autor te lleva por caminos en los que terminas reconociendo algo de él, su humanidad, su falta de empatía, su educación, su miedo, su tiempo.

Poco después la oficina del Vicerrectorado le notifica que se ha interpuesto una queja contra él. Le acusan no solo de acoso, sino de falsear el parte de asistencias de la chica con la que se ha acostado y la nota del examen. David dice que no tiene defensa alguna y se va. Se declara culpable de todo. No quiere defenderse. David querría explicarles lo que sintió, dice. Ese impulso. Que después de la aparición de la alumna él ya no fue el mismo. Su defensa se apoya solo en los derechos del deseo.

Cierra la casa y viaja en su coche hacia la provincia del Cabo Oriental, donde vive su hija, en una pequeña hacienda, al final de una sinuosa pista de tierra, a unos cuantos kilómetros de la ciudad, cinco hectáreas de tierra, casi todas cultivables y un molino de viento. Cuando llega, por un momento no reconoce a su hija, Lucy. Ha pasado un año desde la última vez. Ella, descalza, cómoda, sale a saludarlo con los brazos abiertos, y lo abraza y lo besa en la mejilla. David piensa que es una maravilla de chica, y que ha sido una grata bienvenida al final de un viaje tan largo. David le pregunta si no le pone nerviosa vivir allí sola, y Lucy se encoge de hombros. Y le cuenta que ha caído en desgracia.

Lucy tiene una perrera y, además, monta un puesto en el mercado, los sábados por la mañana, donde vende flores y hortalizas. Lleva a su padre a conocer la hacienda. Le muestra las perreras. Cerca de allí vive Petrus, una especie de ayudante que, en realidad, es copropietario de las tierras. Y así nos presenta Coetzee todos elementos del drama. La soledad, la confianza, el mal, los perros, el vecino, la cultura. Porque Lucy será atacada, y los atacantes matarán a los perros y violarán a Lucy, tratarán de matar a David quemándolo, lo asolarán todo, y sin embargo nada cambiará, porque no hay más forma de avanzar, porque no hay protección posible, porque las cosas son así en aquella esquina del mundo donde las reglas no son las mismas que en nuestro primer mundo, donde Lucy ha decidido refugiarse, y que no abandonará. Por encima de su padre, del dolor, de la violencia.

La escena del ataque es brutal, impresionante. A David le encierran en un cuarto de baño tras golpearle mientras todo sucede. Pero no solo no puede hacer nada, sino que los asaltantes lo rocían de gasolina antes de irse y lo queman. Es estremecedor. Coetzee cuenta que a David le arden los ojos, bañado por una llamarada azul, que su cabello chisporrotea al prenderse, que se revuelca, emite aullidos informes tras los cuales no hay una sola palabra. Aun así consigue apagar sus llamas y corre a buscar a su hija. Cuando la encuentra, su hija se ha puesto unos pantalones y una gabardina, se ha peinado, se ha lavado la cara, y está inexpresiva. Le dice que se eche aceite para niños y le pide que cuando le pregunten qué ha pasado cuente solo su propia historia, lo que le ha pasado a él.

Lucy tardará tiempo en hablar con su padre, pero decide no hacer nada, aunque sabe quiénes son sus atacantes, familiares de su vecino, porque tiene que seguir viviendo allí, tiene que formar parte de la violencia, del odio, de las normas salvajes de esa forma de vida, de ese lugar del mundo. Hay una escena estremecedora en la que Lucy le cuenta a su padre que lo que menos entiende es el odio de los que la atacaron. Para colmo, Lucy está embarazada y decide tener el hijo.

Todo ha cambiado para David. El arco del personaje es asombroso. Del deleznable tipo de la primera parte al futuro abuelo al que la desgracia ha unido más a su hija hay un abismo. Hay un final tremendo, sin dramatismos, pero coherente.

Desgracia es uno de esos libros difíciles de olvidar, con muchas capas de lectura, que habla de una sociedad determinada, la de la Sudáfrica después de apartheid, pero también habla de nuestra civilización, de las reglas de la explotación, como habla de las relaciones familiares, del dolor, de la violencia. Pero también habla de nosotros mismos, de cómo asumimos las derrotas y la forma de salvarnos, de nuestra propia desgracia.

Hay que leer a Coetzee.

59
La fiesta del chivo
de Mario Vargas Llosa

Siempre que quiero defender a Mario Vargas Llosa saco a relucir mi argumento de las cinco obras maestras. ¿De cuántos autores podrías destacar cinco obras maestras? Y si te pones a pensar, es complicado. Ni siquiera mi adorado Gabo pasa el corte, incluso. Pero sí que sería capaz de citar cinco obras maestras de Mario Vargas Llosa. Cinco obras sobre las que absolutamente nadie tiene dudas: *La casa verde*, *Conversación en la catedral*, *La guerra del fin del mundo*, *La tía Julia y el escribidor* y *La fiesta del chivo*. Y me dejo una fuera que a lo mejor también podríamos catalogar como obra maestra: *La cuidad y los perros*. Y hay obras maravillosas como *Pantaleón y las visitadoras*, o como *Lituma en los Andes* y hasta *Historia de Mayta*, que no son obras maestras pero son buenísimas.

A mí no me gustan las obras biográficas que escribió Vargas Llosa. Me horrorizó *El paraíso en otra esquina* y me aburrió *El sueño del celta*. Pero Mario Vargas Llosa tiene una obra crítica impresionante, como *La orgía perpetua*, que habla de *Madame Bovary*, o *El viaje a la ficción*, que analiza la obra de Onetti, y *La tentación de lo imposible* sobre Victor Hugo y *Los miserables*, o su inmensa *Historia de un deicidio*, analizando *Cien años de soledad*, que es impresionante.

Y luego, claro, hay mucha obra prescindible. Hay tanto prescindible en todo lo que se publica cada año. A veces me pregunto si Mario Vargas Llosa sabe, cuando empieza a escribir, que está escribiendo una obra maestra, o si sabe desde el principio que no. Y si sabe que no, por qué lo escribe. O por qué lo publica. Es verdad que algunas son muy prescindibles, como *Cinco esquinas*; sin embargo, *El héroe discreto* no está nada mal.

En fin, hay que leer a Mario Vargas Llosa, admirarlo, y empaparse de su literatura, que es empaparse de Literatura. Pero yo, entre todos ellos, he elegido *La fiesta del chivo* porque al final este libro trata de los libros de mi vida, y a mí me sacudió esta novela como pocas. Me la leí sin tregua cuando se publicó, y me dejó ese regusto que dejan las novelas que te lees del tirón, casi sin respirar, que se te quedan ahí, en algún lado, y no te dejan olvidarla. Yo tenía treinta y cinco años. Era el año 2000. No la he vuelto a leer. Pero estoy seguro de que me gustaría todavía más ahora.

Cuenta la historia del régimen de Rafael Leónidas Trujillo, o más bien el final de ese régimen, en la República Dominicana, y la historia de la trama, de la conspiración, para asesinarlo. Pero hay tres voces en la novela. La primera es la voz de Urania Cabral, que vuelve a la República Dominicana en 1996, después de haber tenido que salir en 1961, huyendo del régimen. Su padre era uno de los miembros más destacados de la camarilla del dictador y, de hecho, ella cuenta que fue violada por Trujillo. Es una historia brutal. Urania ajusta cuentas pendientes con su padre. Recuerda todo lo que pasó. Durísima.

La segunda voz es la de los conspiradores. Es apasionante como cuentan la organización, la decisión de matar al dictador, casi como una novela de espionaje, pero en la que cada historia tiene su propia historia, sus propios miedos, sus deudas pendientes.

La tercera voz es la del propio dictador. Y entre esas tres voces Mario Vargas Llosa reconstruye la historia del régimen de Trujillo, pero también cuenta las historias personales de los que lo sufrieron, de los que vivieron, de los colaboradores, los amigos, los enemigos y los cómplices. Una escritura que al final lo va completando todo. Una historia magnífica sobre un tiempo tremendo, con un dictador brutal y las vidas de mucha gente en sus manos. Una maravillosa novela.

60

Veinticuatro horas en la vida de una mujer
de Stefan Zweig

Creo que muchas de las novelas de Zweig serán clásicos en el futuro, si es que no lo son ya. Y eso que Stefan Zweig no fue, durante mucho tiempo, un autor muy considerado. Era tan popular que creo que se le consideraba un autor de best sellers de su tiempo. Yo, reconozco, que no me metí con Zweig hasta que no arranqué con *Un libro una hora*. Y eso que había varios títulos suyos en casa de mis padres, en ediciones antiguas, claro, y tal vez por eso lo tenía asimilado a algo viejuno. Pero cuando lo leí se me cayeron todos los prejuicios al suelo y ahora no hago más que admirarlo.

Pero no fue hasta la segunda temporada cuando decidí hacer *Veinticuatro horas en la vida de una mujer*, y flipé. Me pareció una novela maravillosa. Luego he seguido haciendo novelas de Zweig y he disfrutado leyéndolas y más contándolas en el programa. Hemos hecho *Novela de ajedrez* (que es brutal, con ese hombre encerrado por los nazis, que solo tiene un libro de ajedrez para pasar los días, los meses de encierro en soledad y termina volviéndose loco), *Viaje al pasado* (sobre la imposibilidad de las segundas oportunidades y el paso del tiempo), *Miedo* (la historia de esa mujer infiel acosada por un chantaje y por la culpa), *Carta de una desconocida* (esa tremenda historia de amor de una mujer que jamás es correspondida por el hombre de su vida), *La impaciencia del corazón* (la historia de ese soldado que no sabe cómo salir de un compromiso al que ha llegado por error), *Ardiente secreto* (sobre el deseo y la pérdida de la inocencia) o *Clarissa*, su novela póstuma, inacabada y sin embargo extraordinaria.

Stefan Zweig tiene una obra inmensa. No solo fue un gran novelista, sino que escribió algunas de las más extraordinarias biografías sobre personajes históricos y sobre pensadores y artistas, y además, escribió una autobiografía brillante, *El mundo de ayer*, una auténtica obra maestra que todos deberían leer. Pero Zweig tiene una historia trágica. Nació en Viena en 1881. Ante el estallido de la Primera Guerra Mundial, siendo pacifista se exilió en Suiza, donde se estableció como corresponsal. En 1934 huyó de Austria por el auge del nazismo, y se refugió en Londres. Su obra fue prohibida por el régimen nazi. Decidió instalarse en Brasil, que para él era como el paraíso y donde le habían recibido poco antes como a una auténtica estrella. Allí, en Persépolis, en 1942, convencido de que la Alemania nazi iba a ganar la guerra y someter al mundo a sus ideales, consciente de que el mundo había cambiado definitivamente, se suicidó junto a su segunda esposa.

Veinticuatro horas en la vida de una mujer se publicó en 1927. Es una novela corta extraordinaria, con una estructura perfecta, que muestra una visión moderna de la mujer y habla sobre la culpa y sobre la memoria, sobre las decisiones que tomamos alguna vez y nos marcan para siempre.

La historia arranca con un escándalo en un hotel, cuando una mujer se escapa con su amante, abandonando a su marido y a sus hijas, lo que provoca que todo el mundo lo comente y opine. El narrador defiende que es más digno que una mujer ceda a su instinto, de forma libre y apasionada, que no que, como ocurre por lo general, engañe al marido delante de sus narices. Ese comentario lo escucha una mujer mayor, Mistress C., una distinguida dama inglesa, que parece tener una maravillosa paz y recogimiento que se refleja en su exterior aristocráticamente reservado. Desde entonces, Mistress C. muestra una especial cordialidad con el narrador y aprovecha cualquier coyuntura para hablarle. Y su conversación siempre tiene como punto de partida esa mujer que ha huido con otro hombre. Cinco días después, el hombre dice que se va a marchar y entonces ella le responde que es una pena porque desea contarle algo de su vida y le ruega que le conceda una entrevista de una hora. Aquella noche, el hombre se dirige al cuarto de Mistress C. y escucha la historia de veinticuatro horas que estuvieron a punto de cambiar la vida de Mistress C. para siempre.

Mistress C. tuvo hasta los cuarenta y dos años una vida normal. Se quedó viuda y se fue a Montecarlo, huyendo de una existencia aburrida. Allí fue al Casino varias veces. Y en el Casino se desarrolla una de las escenas más famosas de Zweig porque Mistress C. siempre se fijaba en las manos, no en los rostros, de los jugadores, y esas descripciones que hace de las manos son brutales. Ella dice que todo puede adivinarse por las manos, por la forma de esperar, de coger, de contraerse. El codicioso por su mano parecida a una garra, el pródigo por su mano blanda y floja, el calculador por su muñeca firme, el desesperado por la mano temblorosa. Pero se queda estupefacta por dos manos como nunca ha visto. Dos manos convulsas que, como animales furiosos, se acometen una a otra, dándose zarpazos y luchando entre sí de tal modo que las articulaciones de los dedos crujen con el ruido seco de una nuez cascada:

> Eran manos de singular belleza, extraordinariamente largas y estrechas, aunque al mismo tiempo provistas de sólida musculatura, muy blancas, con las uñas pálidas y las puntas de los dedos finamente redondeadas. Yo las hubiese contemplado toda la noche —me sentía maravillada por aquellas manos extraordinarias, únicas—, pero lo que especialmente me impresionó fue aquel frenesí, aquella expresión locamente apasionada y aquella manera de luchar una con otra.

Está como hipnotizada. Y el rostro de ese hombre habla el mismo lenguaje desenfrenado, fantásticamente sobreexcitado, que las manos. Mistress C. se queda una hora mirando a aquel hombre. Y cuando el jugador pierde todo y sale, desesperado, del Casino, ella lo sigue. Necesita salvarlo.

Y la historia de las siguientes horas es brutal. Porque a Mistress C. primero solo le da pena, y se lo lleva a su habitación porque el hombre no tiene a dónde ir, y llueve. Es increíble cómo Zweig dice que Mistress C. no cuenta lo que pasó esa noche, aunque no ha olvidado ni un segundo. Y por la mañana, el hombre parece otro, y ella se enamora, y decide que tal vez ha llegado el momento de cambiar su vida y de hacer algo excitante, algo que desee realmente. Y se deja llevar. Pero el hombre está enganchado al juego y vuelve al Casino. Y llega la gran decepción. Ella se da cuenta de que por un momento ha estado a punto de poner la vida en manos de ese hombre, de poner en riesgo todo lo que tiene. Veinticuatro horas que pudieron ser definitivas.

Veinticuatro horas en la vida de una mujer es una novela sobre la culpa y sobre la pasión, sobre las decisiones que tomamos en nuestra vida que pueden hacer que sea totalmente distinta, sobre lo que podría haber pasado, sobre la felicidad y sobre los errores. Y es apasionante.

Hay que leer a Zweig, de arriba abajo.

61

Entre visillos
de Carmen Martín Gaite

Entre visillos es un libro sorprendente. No sé si porque yo no me esperaba tanta complejidad, tanta profundidad, esa precisión y a la vez ese vuelo. Lo leí cuando a todos los alumnos del Ramiro de Maeztu (donde hice BUP y COU) nos dieron a leer obras de Carmen Martín Gaite antes de que ella misma viniera a darnos una charla. Nos repartimos los títulos y a mí me tocó *Entre visillos*. No sé qué me esperaba. No sé qué prejuicio, de los muchos que debía de tener con mis dieciséis años, acudió a mí entonces. No sé si fue la palabra visillos. Pero cuando me sumergí en *Entre visillos* me di cuenta, desde el principio, que no me iba a enfrentar a una novela como muchas de las que me había leído hasta entonces. Que tenía ante los ojos algo diferente.

Y no es que lo hubiera olvidado, pero me pasó lo mismo cuando en 2023 la leí de nuevo para preparar un programa de *Un libro una hora*. Volví a pensar que era una novela muy moderna, muy compleja. Cuantas más veces la lees más cosas descubres en ella, más matices, más perspectivas, más voces, como en la buena literatura, tal vez porque en función de lo que busques en ese momento la obra te lo da.

Carmen Martín Gaite nació en Salamanca en 1925. Fue la primera mujer en obtener, en 1978, el Premio Nacional de Literatura. Le otorgaron el Príncipe de Asturias en 1988, y el Premio Nacional de las Letras en 1994. *Entre visillos* ganó el Premio Nadal en 1957. Habla del aburrimiento y la desilusión de toda una generación en una ciudad de provincias que podría ser cualquier lugar. Es una novela que cuenta una historia en apariencia banal, pero, en realidad, está contando una historia muy profunda, triste y amarga. Y es curioso, pero Carmen Martín Gaite cuenta lo suficiente de cada uno de los personajes para definirlo perfectamente, pero al final no hay una gran descripción de cada uno, son tan solo pinceladas, las más necesarias, escenas, emociones, que nos cuentan cómo son y quiénes son, pero que nos dejan con ganas de saber más de cada uno de ellos.

La historia comienza con el diario de uno de los personajes, Natalia, un narrador no fiable porque lo que nos cuenta en su diario será solo una visión de la realidad, pero nunca lo que pasa de verdad. Luego, una segunda voz, en tercera persona, retoma la narración. Natalia está en la cama, pero se levanta y se asoma al balón. Son las fiestas de su ciudad. Levanta un poco el visillo. Ve venir entre el barullo, sorteando chavales, a Mercedes y a Julia, sus hermanas, con otra chica vestida de beige, Isabel. Las tres chicas vienen de misa. Isabel no quiere subir, pero al final lo hace y se queda a desayunar. Y ahí empieza a contarnos las primeras historias, de cada una de ellas.

La crítica ha dicho que para dar forma a su mundo, Carmen Martín Gaite hizo algo solo al alcance de las grandes, como Virginia Woolf, que es rehacer un lenguaje literario, adaptarlo, de alguna forma a lo que quería contar, al mundo visto desde la perspectiva de la mujer, pero contado con palabras de hombres.

La tercera voz de *Entre visillos* es una primera persona, la de Pablo Klein, un hombre que ha nacido en la ciudad pero que se fue siendo muy pequeño y que vuelve como profesor. Pero la persona que le ha recomendado y que dirigía el colegio donde iba a dar clase, acaba de morir. Pablo va a su casa y allí conoce a Elvira, otro de los personajes claves de la novela, y a su hermano Teo, y así entra en contacto con el mundo artístico de la ciudad. Y al final Pablo, como novedad, es el que agita un poco la vida de esa ciudad que se despereza con las novedades.

Carmen Martín Gaite nos cuenta todo ese universo de la ciudad de provincias, donde todos parecen conocer a todos, y donde a veces el ambiente es asfixiante, lleno de posturas que todo el mundo sabe que son falsas, lleno de juegos sociales, absolutamente aburridos, y donde, de hecho, el tedio de vivir, la falta de esperanzas y de ilusiones, pesa como una losa y aplasta sobre todo a las mujeres.

Leer *Entre visillos* es una delicia. Perderse por los argumentos de las vidas de cada uno, descubrir las motivaciones, las aristas, los sentimientos de cada uno, y quedarte con la sensación de que has asistido a un momento de la vida de una ciudad, un instante concreto en el que las vidas han cambiado, en el que todo se ha ordenado o la vida ha seguido, tan aburrida como siempre.

Por cierto, nunca podré olvidar la figura de Carmen Martín Gaite, con su boina y su voz, cuando vino a charlar con nosotros al instituto. Yo le pregunté qué debía hacer para escribir. Y ella me dio un consejo buenísimo. Me dijo «cómprate una soga y átate a la silla, y escribe sin parar». Nunca le hice caso.

62

Memorias de Adriano
de Marguerite Yourcenar

Memorias de Adriano es un libro sobre la belleza. Es un libro que te marca cuando lo lees por primera vez porque amplía tu mirada, te hace ver lo bello que puede ser el mundo y te enseña que depende en parte de ti hacerlo más bello y, sobre todo, depende de tu mirada. El ideal de Adriano está encerrado en la palabra belleza, tan difícil de definir. Y se siente responsable de la belleza del mundo. Buen objetivo para un emperador romano:

> Creí antaño que cierto gusto por la belleza me serviría de virtud, inmunizándome contra las solicitaciones demasiado groseras. Pero me engañaba. El catador de belleza termina por encontrarla en todas partes, filón de oro en las venas más innobles, y goza, al tener en sus manos esas obras maestras fragmentarias, manchadas o rotas, un placer de entendido que colecciona a solas una alfarería que otros creen vulgar.

Maravilloso. Toda la novela es una larga carta que el emperador Adriano envía, cuando sabe que su tiempo se acaba, a su protegido, Marco Aurelio. Y le cuenta su vida, pero no tanto su biografía, sino esa especial relación con la belleza que ha tenido siempre, esa importancia de la cultura, de la inteligencia, y la importancia de construir un mundo mejor. La vida de un hombre que estuvo muy cerca de la sabiduría. Así que da igual que quien nos lo cuente sea un lejano emperador romano, cada una de sus lecciones es absolutamente válida ahora.

Memorias de Adriano se publicó en 1951. Fue traducida al castellano por Julio Cortázar. Su autora, Marguerite Yourcenar, nació en Bruselas en 1903. Es una autora fundamental del siglo XX. Fue la primera mujer elegida miembro de número de la Academia Francesa, aunque entonces ya pertenecía a la Academia Belga:

> He ido esta mañana a ver a mi médico Hermógenes, que acaba de regresar a la Villa después de un largo viaje por Asia. El examen debía hacerse en ayunas; habíamos convenido encontrarnos en las primeras horas del día. Me tendí sobre un lecho luego de despojarme del manto y la túnica.

Así comienza *Memorias de Adriano*, con el emperador enfermo haciéndose pruebas, y desde ahí, recorre su vida, desde su infancia, la difícil relación con sus padres, a los que no vuelve a ver desde que se va a Roma, y su educación, mezclada con el ejército. La guerra y el estudio. El equilibrio. Y luego el senado, y su gusto por Grecia.

Es maravilloso cómo cuenta cómo va evolucionando, cómo va aprendiendo a comportarse en cualquier lugar, a fingir, a ocultar sus deseos, y por otra parte, a mostrar a los demás lo que quieren ver. Y es impresionante cómo se cuenta la sucesión de un emperador, cómo Trajano tiene dudas, las luchas políticas, las familias, y cómo a Adriano le ayuda la emperatriz, la mujer de Trajano, Plotina. Y es que en el Imperio Romano la sucesión no era por vía dinástica sino por méritos. Tenemos mucho que aprender aún.

Y cuando Adriano llega al poder es brutal cómo empieza a hacer cosas. Suprime de un trazo las conquistas peligrosas, celebra conferencias de paz, negocia con los sátrapas (y así la fiebre de la rebelión disminuye), se restablecen los acuerdos comerciales, hace la paz en Egipto, se ocupa de la esclavitud y hasta de la situación de las mujeres, de las leyes, de la diferencia extrema entre los hombres vergonzosamente ricos y los desesperadamente pobres, acaba con el escándalo de las tierras dejadas en barbecho por los grandes propietarios, indiferentes al bien público y hasta se ocupa de cambiar la forma de pensar del ejército, permite a los soldados que profieran sus gritos de guerra nacionales y que las órdenes se den en su propio idioma, autoriza las uniones de los veteranos con mujeres bárbaras y legitima a sus hijos, y regionaliza el ejército. Me encanta cuando dice que, a lo largo de veinte años de poder, pasó doce sin domicilio fijo, ocupando los palacios de los mercaderes asiáticos, las discretas casas griegas, las hermosas villas provistas de baños y caloríferos de los residentes romanos de la Galia, las chozas o las granjas. Me encanta Adriano.

Pero *Memorias de Adriano* también es el relato de una gran historia de amor. Adriano se enamora de Antínoo, y vive con él lo que llama «algunos años fabulosos». Antínoo es griego y su presencia es extraordinariamente silenciosa. A Adriano le maravilla su dura suavidad, su sombría abnegación. «Solo una vez he sido amo absoluto», dice el emperador, «y lo fui de un solo ser».

La novela termina con una reflexión brutal sobre el tiempo y sobre la historia. Dice Adriano:

> Vendrán las catástrofes y las ruinas: el desorden triunfará, pero también, de tiempo en tiempo, el orden. La paz reinará otra vez entre dos periodos de guerra; las palabras libertad, humanidad y justicia recobrarán aquí y allá el sentido que hemos tratado de darles. No todos nuestros libros perecerán; nuestras estatuas mutiladas serán rehechas, y otras cúpulas y frontones nacerán de nuestros frontones y nuestras cúpulas; algunos hombres pensarán, trabajarán y sentirán como nosotros.

Y así, Adriano trata de «entrar en la muerte con los ojos abiertos». Esa es la última frase de esta deliciosa novela que hay que leer una y otra vez porque, como todas las grandes obras de la literatura, siempre te ofrece lo que necesitas en ese momento.

63

Los girasoles ciegos
de Alberto Méndez

Ya he hablado en este libro alguna vez de un concepto seguramente poco científico que es el del libro escrito en estado de gracia. Hay algunos libros perfectos, irrepetibles, que cuando los lees tienes enseguida la sensación de que estás leyendo algo extraordinario. *Los girasoles ciegos* es uno de esos libros. Además es el único libro de su autor, Alberto Méndez, que nació en Madrid en 1941 y que murió en 2004, el mismo año de la publicación de *Los girasoles ciegos*, con lo que no pudo disfrutar del éxito, ni recogió el premio de la Crítica ni el Premio Nacional de Narrativa, que recibió en 2005. Una locura.

Los girasoles ciegos está compuesto por cuatro relatos. Solo dos de ellos tienen que ver argumentalmente, de alguna forma. El primero se titula *Primera derrota: 1939 o Si el corazón pensara dejaría de latir*. Es la historia del capitán Alegría que «eligió su propia muerte a ciegas», la historia de un hombre que hastiado del terror y de la muerte y que, combatiendo en el bando de los golpistas, decide rendirse justo cuando van a entrar en Madrid, ante la incomprensión de los unos y los otros. Aunque dice que es un rendido, pero nunca dice que se rinde porque «un rendido es un enemigo derrotado, pero sigue siendo un enemigo».

La propia escena de la rendición es brutal. Cuando llega al borde de una trinchera republicana, varios hombres vestidos de paisano le apuntan con sus armas, asustados y amenazantes. Obedeciendo una orden, salta al interior de la trinchera y alguien en la oscuridad le despoja de la pistola que lleva al cinto. No opone resistencia. Su arma está limpia, brillante y engatillada; jamás ha disparado. Parece un pasante de notario disfrazado de soldado. Entonces un militar le pregunta a voz en grito qué coño hace allí y si no sabe que Madrid se va a rendir al día siguiente. Y el capitán Alegría contesta que por eso se rinde. No quiere formar parte de la victoria. Es un relato escalofriante sobre los perdedores, sobre el horror, sobre la inutilidad de las guerras, sobre el absurdo y la incomprensión. Y sobre la dignidad, pero esto es un lugar común de los cuatro relatos.

El segundo se titula *Segunda derrota: 1940 o Manuscrito encontrado en el olvido*. Para mí es el mejor de los cuatro relatos. Es estremecedor. Cuenta la historia de dos jóvenes que intentan atravesar los montes de Somiedo en una huida enloquecida tratando de escapar de un futuro de terror y represión. Pero ella está embarazada. El camino es muy duro. Y es invierno. Él va escribiendo en un cuaderno todo lo que ocurre. Y es terrible. Cuenta el hambre, la desesperación, el nacimiento de su hijo, en medio del monte, y la muerte, la supervivencia y la locura. Nada más y nada menos.

El tercero se titula *Tercera derrota: 1941 o El idioma de los muertos*. Es un relato brutal en el que un detenido del bando republicano encuentra una posibilidad de salvación mintiendo sobre el paradero y la muerte de un combatiente del otro bando al que buscan sus padres. Y es que el padre de ese combatiente es precisamente el juez que va a decidir sobre la vida o la muerte del protagonista. Para salvarse, va tejiendo ante los padres un pasado de héroe, una muerte digna para el hijo, y es maravilloso cómo la madre empieza a asistir a las sesiones del juicio, y cómo escucha, y hasta termina preguntando alguna cosa, es estremecedor cómo le lleva bocadillos y le teje jerséis, y el detenido lo acepta porque se muere de hambre y de frío, y sigue construyendo la mentira. Pero el hijo del juez era un miserable, era un ladrón y un hombre sin escrúpulos, un tipo deleznable, y al final el preso no puede seguir mintiendo. Es brutal cuando dice la verdad sabiendo que la verdad lo va a llevar a la muerte.

El último relato se titula *Cuarta derrota: 1942 o Los girasoles ciegos*. Y esos girasoles están en la primera frase, en esta confesión, ante un superior, de un cura: «Reverendo padre, estoy desorientado como los girasoles ciegos». En este cuento hay muchas historias detrás de la obsesión de un cura por una mujer. Lo primero es que los protagonistas son los padres de esa pareja que conocimos en el segundo relato, que se marcharon, ella embarazada, para atravesar los montes y huir.

El padre vive escondido en el doble fondo de un armario, que oculta una diminuta habitación. Y es terrorífico cómo Alberto Méndez nos cuenta ese miedo a que lo vean, ese cuidado en correr las cortinas, en apagar las luces, en no dejar rastro de nada, en enseñar al hijo pequeño a mentir en el colegio y en todos los lados. Y en medio de ese miedo, de ese cuidado diario en fingir y en ocultar aparece un cura que se siente atraído por la madre y que intenta colarse en su casa para acostarse con ella. Y que lo descubre todo.

Realmente, este es un libro excepcional. Un libro que te deja, después de leerlo, el mal cuerpo de la derrota, de aquellos tiempos terribles que no podemos olvidar, de la angustia, de la represión. Y por otro lado te deja la sensación de haber leído algo irrepetible, algo extraordinario, un libro escrito en estado de gracia.

64

Sostiene Pereira
de Antonio Tabucchi

Sostiene Pereira es la novela del compromiso, de la emoción, del descubrimiento, es la novela del periodismo. Es relativamente reciente, porque se publicó en 1994, hace solo treinta años, y sin embargo nadie duda de que es una novela que perdurará, que será un clásico, seguro, en el futuro. Descubrirla a cierta edad es toda una lección de vida, descubrirla trabajando en medios de comunicación lo es tal vez más.

Antonio Tabucchi nació en Pisa en 1943 y murió en Lisboa en 2012. Era un enamorado de Portugal, y en especial de Lisboa. Fue profesor de literatura portuguesa y un estudioso de la obra de Fernando Pessoa. *Sostiene Pereira* fue un éxito inmediato. Ganó el Campiello, el Viareggio, el premio Europeo Jean Monnet y se tradujo a veintidós idiomas. Está escrito desde un punto de vista maravilloso porque, aunque es una tercera persona, un narrador omnisciente, repite constantemente «Sostiene Pereira que...» al empezar a contar algo y así parece que nos esté contando lo que contó Pereira, como si fuese una primera persona encubierta, lo que, como decía Sergio Pitol, permite la aproximación y también la distancia.

Sostiene Pereira cuenta la historia de un periodista, Pereira, que, en plena dictadura de Salazar, lleva Cultura en un pequeño periódico, el *Lisboa*, en el que nadie le molesta, nadie le dice lo que tiene que hacer (¿a quién le importa la cultura?) y que un día de verano conoce a un hombre que le cambiará la vida. Un tal

Monteiro Rossi. Lee un artículo suyo en el que habla de la muerte y de la resurrección de la carne y decide llamarlo porque necesita a alguien que le redacte necrológicas. Monteiro Rossi dice que va a la redacción aquel mismo día, pero Pereira le dice que en la redacción no. No quiere invitar a una persona desconocida a aquel triste cuartucho de rua Rodrigo da Fonseca, en el que zumba un ventilador asmático y donde siempre hay olor a frito por culpa de la portera, una bruja que mira a todo el mundo con aire receloso. Quedan en la Praça da Alegria, donde hay un baile popular con canciones y guitarras. Monteiro Rossi le cuenta que le han invitado a cantar una tonadilla napolitana, porque es medio italiano. Es 25 de julio de 1938.

Monteiro le dice que le escribirá una necrológica de prueba, y le propone hacerla de Federico García Lorca. A Pereira, García Lorca no le parece el personaje ideal, pero le dice que está bien, siempre que se hable de él con mesura y cautela, refiriéndose únicamente a su figura de artista. Pero Monteiro Rossi no le hace mucho caso y habla del asesinato de Lorca. Pereira le dice que lo intente con otro personaje, aunque no haya muerto, solo por probar, y Monteiro le manda la necrológica de Marinetti, donde cuenta que Marinetti es un enemigo de la democracia, belicoso y belicista, y que el fascismo italiano le concedió muchas medallas porque Marinetti fue uno de sus más fervientes defensores. Un desastre. Pero Monteiro le habla de la carnicería judía, de lo que está pasando en Alemania, en Italia y en España. Y le presenta a Marta, una mujer que sorprende mucho a Pereira, que es viudo y que cada noche le cuenta sus cosas, y le pide consejo, a la fotografía de su mujer.

Es como si Monteiro Rossi le hubiera abierto los ojos. Pereira no quiere complicarse la vida, pero es imposible no darse cuenta de lo que pasa. Cuando Pereira se va a un balneario a descansar unos días, a la vuelta, en el tren, conoce a la señora Delgado, una mujer que tiene una pierna ortopédica, que está leyendo a Thomas Mann en alemán y que le cuenta que es judía y que se va a Estados Unidos, que son tiempos difíciles y cuando se entera de que Pereira es periodista le pide que cuente lo que está pasando, que haga algo.

Cuando Pereira llega a Lisboa queda con Monteiro, piden un par de *omelettes* a las finas hierbas, y Monteiro Rossi le dice a Pereira que está metido en líos. Ha llegado su primo, que viene de España, donde está en una brigada combatiendo del lado de los republicanos. Quiere reclutar voluntarios portugueses para formar parte de una brigada internacional. Pereira comienza a sentir una gota de sudor que le baja por la espalda. Monteiro Rossi le pide a Pereira que se ocupe de él, que le busque un alojamiento discreto. Pereira no quiere complicarse la vida, pero está claro que algo le ha cambiado.

Y algo se debe notar desde fuera porque la portera, que seguro que es una confidente de la policía, parece más pendiente de él que nunca, y el director de su periódico le llama para decirle que va a empezar a supervisar la sección de Cultura. Y todo porque Pereira ha publicado la traducción de un texto de Alphonse Daudet, un cuento del siglo XIX, que trata de la guerra contra los alemanes y que termina con la frase: «Viva Francia». Y mientras, Monteiro Rossi le vuelve a pedir ayuda a Pereira. Esta vez que lo acoja en su casa, porque lo están buscando por todo Portugal. Y Pereira acepta.

El final de la novela es maravilloso, y trágico. Antonio Tabucchi lleva toda la novela contándonos cómo es este Pereira al que terminas amando, y has visto cómo ha ido tomando conciencia cada vez más, así que cuando llega la policía a su casa se te encoge el corazón, como a él. Cuando encuentran a Monteiro Rossi, tienes tanto miedo como él. Y sientes luego tanto dolor y tanta rabia como él. Y por eso, cuando Pereira empieza a escribir un artículo sobre todo lo que ha pasado, te sientes orgulloso de él, y te puede la emoción. Ya solo queda huir. Vivir:

> Era mejor darse prisa, el *Lisboa* saldría dentro de poco y no había tiempo que perder, sostiene Pereira.

65

Primera memoria
de Ana María Matute

Leer *Primera memoria* siendo casi un adolescente fue un impacto absoluto. La historia transcurre en una isla, que es Mallorca, un mes y medio después del comienzo de la Guerra Civil. Allí, unos niños ven su vida suspendida, de pronto, Matia, una chica de catorce años y su primo Borja de quince. Viven con la tía Emilia, madre de Borja, y con la abuela, que todo lo puede en la isla, que manda sobre todos. Borja y Matia se aburren y se exasperan a partes iguales, en medio de la calma aceitosa, de la hipócrita paz de la isla, entre el calor, el aburrimiento y la soledad, ansiosos de unas noticias que no acaban de ser decisivas. Pero no pueden evitar relacionarse con la gente de la isla, y ahí empiezan a cruzarse las historias que ellos apenas pueden entender. La historia de Jorge de Son Mayor y la de Sa Malene, y su hijo, Manuel, y el marido de Sa Malena, asesinado los primeros días de la guerra.

 Yo me sentí inmediatamente identificado con los personajes. Primero con Manuel, tal vez porque es el perdedor de la historia, pero también por el secreto que envuelve su vida, y por cómo vive, siempre con miedo. Pero también me sentí identificado con Matia, el personajazo de la novela, y su descubrimiento del amor, y su intuición del deseo, y su afán de pertenecer a otro lugar que no sea la casa de la abuela, porque ella quiere irse con Manuel, pero descubre también el mundo de la traición, del poder, donde no puede hacer nada, más que no mirar. Y recordarlo.

Primera memoria es una novela sobre la memoria, sobre cómo recordamos las cosas que nos marcaron, sobre cómo nos construyen, sobre la influencia que tienen en la forma de ver la vida, después. Es verdad que esa memoria no se correspondía con mi tiempo, ni nada de la historia de Matia tiene que ver con nada que yo haya podido haber vivido, pero, sin embargo, ese es el poder de la literatura, y yo sentí que Ana María Matute estaba hablando de mí, de mi dolor, de mis miedos.

En *Primera memoria* se proyectan los recuerdos de la autora. Ana María Matute nació en Barcelona en 1926 y murió en 2014. Ocupó el sillón K mayúscula en el Real Academia Española y le concedieron el premio Cervantes en 2010. *Primera memoria* ganó el premio Nadal de 1959 y se publicó en 1960. Es la primera novela de la trilogía *Los mercaderes*, integrada además por *Los soldados lloran de noche* y *La trampa*.

Primera memoria es una novela maravillosa sobre el paso de la adolescencia a la madurez, sobre la pérdida de la inocencia, sobre el descubrimiento de la traición, contada de una forma extraordinaria. También habla, por supuesto, de la Guerra Civil, pero más como algo lejano que sucede y que condiciona todo, y todo lo ensucia, que descubre la verdadera esencia de la gente, y que, mientras sucede, la vida sigue, sobre todo para unos adolescentes que tienen las preocupaciones de esa edad, la forma de ver la vida, pura, que corresponde a una chica de catorce años. Pero por encima está no solo la guerra, sino también la sociedad de la isla, con la abuela, doña Práxedes, dirigiendo la existencia de todos, como representante de una clase social llena de perversidad y altanería y que privilegia a los parientes que le son afines, con impunidad de cacique. Y con las otras familias, que Matia va descubriendo, tratando de entender.

Y por encima de todo está una maravillosa historia de descubrimiento de Matia y Manuel. Iba a decir de amor, pero es que no llega ni a eso. A ilusión, tal vez, en medio de todo el horror de la represión y la muerte. Una historia de manos que se rozan, tumbados en la tierra mientras ven las estrellas, de sueños desconocidos, de intuiciones. Pero también es la historia del descubrimiento de la injusticia. Y la imposibilidad de cambiar nada:

> Qué extranjera raza la de los adultos, la de los hombres y las mujeres. Qué extranjeros y absurdos, nosotros. Qué fuera del mundo y hasta del tiempo. Ya no éramos niños. De pronto ya no sabíamos lo que éramos. Y así, sin saber por qué, de bruces en el suelo, no nos atrevíamos a acercarnos el uno al otro. Él ponía su mano encima de la mía y sólo nuestras cabezas se tocaban. A veces notaba sus rizos en la frente, o la punta fría de su nariz. Y él decía, entre bocanadas de humo: «¡Cuándo acabará todo esto...!». Bien cierto es que no estábamos muy seguros a qué se refería: si a la guerra, la isla, o a nuestra edad.

En 2025 se celebra el centenario del nacimiento de Ana María Matute. Creo que es un momento maravilloso para reivindicarla y para redescubrirla. Hay que leer a Ana María Matute.

66
La insoportable levedad del ser
de Milan Kundera

Es casi una obviedad decir que hay libros que te cambian. Pero hay libros que cuando se leen en determinado momento son claves. Yo leí *La insoportable levedad del ser* con diecinueve años y por un lado tuve la sensación de que me abrían la puerta de la madurez, que me hablaban de cosas que tenían que ver con la vida de ahí en adelante, con las decisiones que tomamos y por qué, con las consecuencias de esas decisiones, con la coherencia, con lo que es verdaderamente importante y lo que no. Y fue un impacto, brutal. Lo fue también el compromiso político, que te pongan por primera vez ante los ojos las contradicciones de la izquierda, la invasión de Checoslovaquia. No es una frase hecha decir que es un libro que me cambió, que no era el mismo, no veía las cosas de la misma forma, antes y después de leerlo.

La insoportable levedad del ser es una novela que lo contiene todo. Además de ser una novela política, muy militante, reflexiona sobre nuestra identidad, sobre el sentido de las cosas que hacemos, sobre la vida que merece la pena ser vivida, y a la vez es una maravillosa y tristísima historia de amor. Y todo ello construido sobre un gran artefacto literario. Leerla casi cuarenta años después fue una experiencia igual de intensa porque en esa segunda vez me fijé en muchas otras cosas. Ideológicamente el viaje estaba hecho, pero el análisis que hace Kundera del deseo, de las decisiones, del amor y de la casualidad me pusieron los pelos de punta, y me hicieron darme cuenta de los errores cometidos, y darme cuenta también de que aún era tiempo de salvarse.

También tengo que decir que ha sido uno de los libros más difíciles de hacer en *Un libro una hora*. Fue complicado intentar contar la esencia de la novela y que se entendiera, más allá del argumento, lo que Kundera nos quería decir. Porque es una novela que parece contenerlo todo.

Tras leer *La insoportable levedad del ser*, con mis diecinueve años, me sumergí en Kundera, de arriba abajo y ahora tengo que recuperarlo, separar de aquella lectura compulsiva lo que perdura, elegir las relecturas con cuidado. Es curioso, pero de Kundera una de las lecturas que recuerdo con pasión, no es una novela sino un delicioso ensayo, *El arte de la novela*. Quiero volver a *La broma*, a *La vida está en otra parte*, a *El libro de la risa y el olvido* o a *La despedida*. Milan Kundera nació en Brno, actual República Checa, en 1929. Tras exiliarse en Francia tras la invasión rusa de Checoslovaquia de 1968, se nacionalizó francés. De hecho, estuvo prohibido en Checoslovaquia hasta 1987. Publicó *La insoportable levedad del ser* en 1984.

Comienza con una reflexión que marca toda la lectura de la novela. Habla de la idea del eterno retorno, donde dice que una vida que desaparece de una vez para siempre, que no retorna, es como una sombra: carece de peso. Que en ese mundo todo está perdonado de antemano y, por tanto, todo cínicamente permitido. Pero que si cada uno de los instantes de nuestra vida se va a repetir infinitas veces, estamos clavados a la eternidad. En el mundo del eterno retorno descansa sobre cada gesto el peso de una insoportable responsabilidad. Así que, qué hemos de elegir. ¿El peso o la levedad?

Y a partir de ahí nos cuenta la historia de Tomás, y su concepto del amor y de las relaciones de pareja y cómo todo cambia cuando conoce a Teresa. Cómo se plantea si esa pasión que siente por ella no será más bien la histeria de un hombre que en lo más profundo de su alma ha tomado conciencia de su incapacidad de amar y que por eso mismo empieza a fingir amor ante sí mismo. Brutal.

Y nos cuenta cómo Tomás acude a Sabina, una de sus amantes, una mujer extraordinaria, una artista, para encontrar un empleo a Teresa. Sabina y Teresa son los dos polos opuestos, las dos decisiones esenciales de Tomás. Gracias a Sabina, Teresa empieza a trabajar de fotógrafa, y eso la lleva a mirar de otra forma el mundo y a comprometerse, y eso la obligará, después, a tener que huir cuando se produce la invasión. Teresa no consigue ser feliz. Y la descripción de la felicidad imposible de Teresa es aterradora.

La insoportable levedad del ser nos cuenta también la relación de Sabina y de Franz, llena de matices, llena de aristas. Franz está casado, pero cuando decide dar el paso y separarse de su mujer, es Sabina quien lo deja. Franz busca, a partir de entonces, su lugar en el mundo, y lo encuentra en otro tipo de compromiso, social, y allí está su destino, la muerte, pero antes de morir vuelve a estar en manos de su exmujer. Y Kundera nos cuenta también la historia de Sabina, pasado el tiempo, y el fin de su coherencia, también.

Y es que *La insoportable levedad del ser* es una novela que nos pone en duda a cada rato, nos hace las preguntas esenciales, nos hace identificarnos con un personaje para luego desmontarlo, y volver a tener que elegir entre el peso y la levedad, para volver a preguntarnos qué es lo importante, lo esencial.

Para ello nos cuenta hasta el final la maravillosa historia de Tomás y de Teresa, y cómo es el hijo de Tomás quien contacta al final con Sabina y le cuenta todo lo que ha pasado, y cómo murieron Tomás y Teresa. Y lo que hace entonces Sabina:

> Un día escribió un testamento en el que estableció que su cuerpo debía ser quemado y las cenizas esparcidas. Teresa y Tomás murieron bajo el signo del peso. Ella quiere morir bajo el signo de la levedad. Será más leve que el aire.

Y de esa forma se cierra el círculo. ¿Qué es lo que da peso a nuestras vidas, y qué les da levedad? Aquello que es obra del destino, eso que debe ser, aporta un peso, un significado concreto a las circunstancias. Aquello que pudo haber sido se traduce en ligereza. Solo podemos tomar las decisiones una vez en nuestra vida, sin saber el impacto real que tendrán o sus consecuencias. Por eso la vida humana está condenada a la levedad y busca algo que le aporte sentido, densidad.

Hay que leer a Kundera.

67
El barón rampante
de Italo Calvino

El barón rampante está siempre entre los libros que recomiendo fervientemente porque es uno de mis favoritos. Es una delicia absoluta, un ejercicio de inteligencia, de ternura, de creatividad. Un libro sorprendente e inolvidable, revolucionario, divertidísimo y está lleno de claves que explican nuestra sociedad y nuestra condición.

Cuenta la historia de Cósimo, el hijo de un barón, que un día discute con su padre porque no quiere comerse unos caracoles, se sube a un árbol y dice que no va a bajar nunca más. Y lo cumple.

El barón rampante, escrita en 1957, forma parte de la trilogía *Nuestros antepasados*, junto con *El caballero inexistente* y *El vizconde demediado*, otras dos maravillas de Italo Calvino, un autor extraordinario que cada vez es más moderno, que nació en Cuba en 1923 y murió en Siena en 1985. A mí me parece genial. Comprometido, imaginativo, dueño de una voz muy personal y de un imaginario donde todos nos podemos reflejar y donde todos podemos soñar. Hay que leer a Calvino, sin duda, de arriba abajo.

La historia de Cósimo es la de una persona que se fija voluntariamente una difícil regla y la sigue hasta sus últimas consecuencias, ya que sin ella no sería él mismo ni para sí ni para los otros. Y ahí está una de las claves de la novela y de la historia. La autenticidad, la coherencia. El compromiso. Hasta en el amor.

La encina a la que se ha subido Cósimo está cerca de un olmo. Las dos copas casi se tocan, así que a Cósimo le es fácil dar el paso y ya en el olmo se pasa a un algarrobo, y luego a una morera. Y así es cómo llega a los límites de su jardín. Al otro lado de la tapia está el jardín de los de Ondariva, vecinos y nobles de Ombrosa. Y allí conoce a Violante, a la que todos llaman Viola, y que será clave en su vida.

El encuentro con ella es maravilloso. Mientras la niña se columpia, Cósimo llega caminando por las ramas del árbol más cercano y se descuelga hasta la horcadura más baja. La niña se sorprende al verlo y le pregunta si es un ladrón de fruta. Cósimo, por un momento, envidia a los ladrones de fruta y dice que sí. Ella le dice que se vaya de sus tierras, pero Cósimo le contesta que él por arriba va donde quiere. Entonces Viola le pregunta hasta dónde llega ese territorio suyo:

—Hasta donde se consigue llegar andando sobre los árboles, por acá, por allá, tras la tapia, al olivar, hasta la colina, al otro lado de la colina, al bosque, a las tierras del obispo…

Pero la novela no nos habla de una huida, al revés. Cósimo se niega a caminar por tierra como los demás, pero le gusta relacionarse con todo el mundo, explorar, aprender, aunque en *El barón rampante* se habla de la libertad en la naturaleza, de la bondad innata del hombre, de las excelencias del instinto, por oposición a la opresión de la familia, la ley, la educación. Como dijo Calvino en el prólogo a la edición de 1960: «… El único camino para estar con los otros de verdad era estar separado de los otros, imponer tercamente a sí y a los otros esa incómoda singularidad y soledad en todas las horas y en todos los momentos de su vida, como es la vocación del poeta, del explorador, del revolucionario». Maravilloso.

Poco a poco, Cósimo va haciéndose a la vida en los árboles. Por las noches duerme en una especie de tienda que se hace con pieles, colgado de una rama. Come de lo que caza, en parte intercambiándolo con los campesinos por fruta u hortalizas. Incluso bebe leche fresca todas las mañanas porque se ha hecho amigo de una cabra a la que ordeña desde una rama baja. Y hasta llega a tener un perro, al que llama Óptimo Máximo, que en realidad es el perro de Viola, que se lo han dejado en una huida apresurada. Durante toda su adolescencia la caza es el mundo para él.

Se hace amigos, algunos extraordinarios, como el bandido Gian dei Brughi, con el que habla de libros, una pasión que a Cósimo, le dura toda la vida. Porque Cósimo se convierte en un hombre extremadamente culto, enciclopedista. Desde su árbol verá morir a su madre y conocerá el amor. Y Viola será el gran amor de su vida. A veces a Cósimo le cuesta entender lo que Viola acepta de él y lo que no. A veces Viola se marcha, indignada, en su caballo, y él se queda desesperado. Pero luego el amor se reanuda con una furia similar a la de la pelea. Y cuando llegan las dudas, cuando Viola no sabe si puede seguir amando a un hombre que vive en un árbol, Cósimo le dice una de las grandes frases de la novela:

—No puede haber amor si no se es uno mismo con todas sus fuerzas.

A lo que Viola contesta que entonces sea él mismo pero solo. Cósimo durante mucho tiempo vagabundea por los bosques, llorando con grandes sollozos, como los recién nacidos, destrozado, rechazando la comida. Y luego tiene una época de la violencia destructora. Hasta que empiezan a verse los árboles descortezados, con aire herido. Aunque en toda esa ira no hay resentimiento contra Viola, sino solo remordimientos por haberla perdido, por no haber sabido mantenerla ligada a sí, por no haberla entendido y haberla exasperado hasta perderla.

A partir de entonces Cósimo hace muchas cosas y muy distintas. Lucha contra los lobos, participa en la vendimia, se relaciona con sus vecinos y con su familia de otra forma. Su mundo cambia, pero es que el mundo entero ha cambiado con la Revolución Francesa. Cósimo llega a conocer al emperador, Napoleón, que pasa por Ombrosa, y hasta habla con él, y repiten una famosa conversación entre Alejandro Magno y Diógenes.

Finalmente, cuando Cósimo enferma siente la necesidad de estar siempre a la vista de los demás. Se instala en el árbol de la plaza. Alrededor siempre un corro de gente que le hace compañía. Pero una mañana no lo ven. Ha subido a la cima del árbol. De pronto aparece en el cielo un globo aerostático, arrastrado por el viento, que se dirige hacia el mar. Cósimo se agarra a su ancla y con los pies en el ancla y el cuerpo encogido, se va volando, arrastrado por el viento y desaparece, volando hacia el mar:

> Así desapareció Cósimo, y no nos dio siquiera la satisfacción de verlo volver a la tierra muerto. En la tumba de la familia hay una estela que lo recuerda con el escrito: «Cósimo Piovasco de Rondó — Vivió en los árboles — Amó siempre la tierra — Subió al cielo».

68
El señor de las moscas
de William Golding

El señor de las moscas es una novela terrible y maravillosa que me marcó cuando la leí por primera vez y que me impresionó tal vez más la segunda. Quizá porque me di cuenta hasta qué punto era real.

La novela arranca con unos chicos saliendo ilesos de un accidente aéreo. Están en plena guerra. Probablemente han disparado al avión, que se ha estrellado en una isla desierta. Parte del avión, la parte de la cabina, ha caído al mar. Ningún adulto ha sobrevivido. William Golding la tituló *El señor de las moscas*, que es como se conoce también al demonio Belcebú en la tradición hebrea, dando a entender que el libro trata sobre la maldad humana.

Porque a partir de aquí vamos a asistir a lo que ocurre cuando los niños se dan cuenta de que están solos, cómo se organizan, qué decisiones toman, quién manda y quién sigue a quién. Está el chico gordo al que todos maltratan, y al que llaman Piggy, está el débil, el violento, el creativo, el asustadizo, el obediente. Están todos representados, y al final, lo que intentan copiar es lo que han aprendido, la sociedad que enseñamos a nuestros hijos, los modelos que les ofrecemos. Sería muy interesante reescribir esta novela pero que los protagonistas fueran chicos de nuestro tiempo.

El señor de las moscas se publicó nueve años después del final de la Segunda Guerra Mundial, en 1954. Era la primera novela de William Golding, un escritor británico que nació en 1911 y murió en 1993 y que recibió el Premio Nobel de Literatura en 1983. *El señor de las moscas* no tuvo mucho éxito en el momento de su publicación, pero pronto se convirtió en un clásico de la literatura inglesa de posguerra. Es una novela inquietante, hipnótica, violenta, triste y muy sorprendente. Y sobre todo hace que nos reconozcamos en ella como sociedad. El propio Golding dijo que «el tema de la novela es un intento de conectar los defectos de toda sociedad con los defectos de la naturaleza humana», donde el mal, como decía Camus, se relaciona directamente con cualquier obstrucción a la solidaridad entre las personas.

Los chicos intentan organizarse, pero poco a poco, y según va pasando el tiempo, todo empieza a fallar. Aparece la violencia, con la caza, con la sangre, con el miedo. La escena de la primera muerte de un cerdo salvaje es absolutamente brutal, cómo lo viven los chicos, cómo lo asimilan, lo que siente cada uno, esos instintos primarios, esa sensación de poder. Pero hay temas que se les escapan. La descripción de cómo viven los más pequeños, los «peques», es estremecedora: se han acostumbrado a los dolores de estómago y a una especie de diarrea crónica, sufren terrores indecibles en la oscuridad y se acurrucan los unos contra los otros en busca de alivio, pero lloran por sus madres mucho menos de lo que podía haberse esperado. Terrible.

Y pronto empiezan los enfrentamientos, entre los dos líderes que representan dos formas distintas de hacer las cosas y, sobre todo, de vivirlas. Hay una escena en la que los que se han instalado en una especie de fortaleza en la punta de la isla dice que ellos se lo pasan bien, comen de todo y no se preocupan de nada. Buen plan. Los otros quieren que los rescaten, cuidan a los pequeños, racionan la comida. Mucho más aburrido.

Y de pronto, en medio de la selva, en medio de la nada, surge la figura del monstruo. Primero como mito. Una voz que se oye de noche. Algo que lloran a gritos los pequeños, que representa los miedos más atávicos. Y entonces, uno de los niños, Simon, se hace la gran pregunta, una reflexión terrible que no tiene respuesta:

—Quizá —dijo con vacilación—, quizá haya una fiera.
La asamblea lanzó un grito terrible y Ralph se levantó asombrado.
—¿Tú, Simon? ¿Tú crees en eso?
—No lo sé —dijo Simon. Los latidos del corazón le ahogaban—. Pero... Lo que quiero decir es que... a lo mejor somos nosotros. [...] Puede que seamos algo...
A pesar de su esfuerzo por expresar la debilidad fundamental de la humanidad, Simon no encontraba palabras.

Hasta que aparece un monstruo de verdad. Un paracaidista cae, muerto, sobre la cima de la isla. Queda prácticamente sentado, el cuerpo encogido. Y allí la brisa permite que las cuerdas del paracaídas alcen la cabeza y el tronco, con lo que la figura parece querer asomarse al borde de la montaña. Después, cuando amaina el viento, los hilos se aflojan y de nuevo el cuerpo se inclina, hundiendo la cabeza entre las rodillas. Parece inclinarse y enderezarse una y otra vez. Y ese es el monstruo que los chicos no saben descifrar desde abajo, que les aterroriza.

El final es estremecedor. Violento hasta límites terribles, cuando se desata lo peor de cada ser humano, cuando han pasado ya, hace tiempo, la frontera del mal y no hay salvación. Hasta que de pronto aparece un adulto en la playa, un oficial de marina. Tras él hay un bote. Un semicírculo de niños con cuerpos pintarrajeados de barro y palos en las manos, que está persiguiendo a otro para matarlo, se detiene en la playa sin hacer el menor ruido. Las palmeras y los refugios arden. El oficial pregunta si están jugando. Y de repente todos empiezan a llorar. Lloran por la pérdida de la inocencia, por las tinieblas del corazón del hombre:

El oficial, rodeado de tal expresión de dolor, se conmovió algo incómodo. Se dio la vuelta para darles tiempo de recobrarse y esperó, dirigiendo la mirada hacia el espléndido crucero, a lo lejos.

También sería interesante contar la vuelta. Saber si la vida es posible después de tanta violencia. *El señor de las moscas* es un libro terriblemente actual. Terriblemente real. Maravilloso.

69
El desierto de los tártaros
de Dino Buzzati

El desierto de los tártaros es uno de esos libros que se te enganchan y es imposible quitártelos de la cabeza. Esta historia sobre un militar que pasa su vida en un fuerte, defendiendo una frontera, tiene un impacto enorme cuando lo lees. Puede ser una fábula sobre la soledad, sobre lo inútil de algunas de las cosas que hacemos en esta vida, sobre el trabajo alienante, sobre la xenofobia, sobre las oportunidades perdidas, sobre la pérdida de los ideales. O puede ser simplemente el relato de una vida desperdiciada.

Pero la historia es tan simple como eso. Y Dino Buzatti lo deja claro en la primera frase de la novela:

> Nombrado oficial, Giovanni Drogo partió una mañana de septiembre de la ciudad para dirigirse a la Fortaleza Bastiani, su primer destino.

Y allí, en la Fortaleza Bastiani, Drogo pasa el resto de su vida, esperando el ataque de unos enemigos que llegarán por la frontera que defiende la Fortaleza. Y que nunca llegan. O, más bien, que cuando llegan es demasiado tarde.

Dino Buzzati nació en Belluno, en el Véneto italiano, en 1906. Fue escritor, periodista y pintor. Un hombre inteligente, brillante, una de esas mentes renacentistas. Borges dijo de esta novela y de su autor, «hay nombres que las generaciones venideras no se resignarán a olvidar. Uno de ellos es, verosímilmente, el de Dino Buzzati. Este libro es, acaso, su obra maestra». Publicó *El desierto de los tártaros* en 1940, y se consolidó como una de las figuras más importantes de la literatura italiana y europea contemporánea. Murió en Milán en 1972.

Decía Dino Buzzati en una entrevista que en Giovanni Drogo, protagonista de *El desierto de los tártaros,* hay una alegoría de la vida en general y de la sociedad moderna en particular, que el militar siente una atracción extraña por ese enclave militar al que va destinado como teniente del mismo modo que la vocación conduce a un religioso al monasterio, y una vez allí descubre que el objetivo de su existencia es la defensa de esa frontera, lo que supone al mismo tiempo la negación de todas las luchas del hombre corriente. *El desierto de los tártaros* es la novela del silencio y de lo no dicho, y en ese sentido se parece a la literatura de autores como Kafka o Becket.

Y cuando al fin parece que atacan la frontera, han pasado treinta años y Drogo está a las puertas de la muerte. Tiene que sufrir la humillación de ser sacado de los puestos de mando, incluso físicamente de su habitación y del puesto de observación para que lleguen soldados más jóvenes, que tal vez lo único que hagan sea continuar esa absurda e inútil existencia. Entonces Giovanni Drogo se da cuenta de que tiene que librar la batalla más importante de su vida y que esta sí, seguro que la perderá. La batalla contra la muerte.

Es maravilloso el final, cuando el viejo militar está en una posada, camino de la ciudad, y se da cuenta de que esta batalla nada tiene que envidiar a aquel afanarse en las escarpadas rocas de la Fortaleza, aquel explorar la desolada llanura del norte, sus penas por la carrera, aquellos largos años de espera. Y que terminar como un valiente así es bastante más ambicioso, exiliado entre gente desconocida. El cuarto se llena de oscuridad, solo con mucho trabajo se puede distinguir la blancura de la cama, y todo el resto está negro. Ni siquiera sabe si podrá ver salir la luna. Entonces entra la muerte en la habitación y se acerca al sillón de Drogo:

Armándose de fuerza, Giovanni endereza un poco el busto, se ajusta con una mano el cuello del uniforme, echa aún un vistazo al exterior de la ventana, una brevísima mirada, para su última porción de estrellas. Después, en la oscuridad, aunque nadie lo vea, sonríe.

El desierto de los tártaros te obliga a mirar tu mundo con otros ojos. Tu trabajo. Tu vida. Tus ambiciones. Tal vez el mundo está repleto de Drogos que dejan escapar los valiosísimos años que se les ha concedido sobre la tierra esperando aquel ataque de los tártaros que se suponía había de cambiar sus vidas. La gran pregunta que terminas haciéndote es si tal vez tú eres uno de ellos.

70

La plaza del Diamante
de Mercè Rodoreda

Hay pocos libros con los que haya sentido tanta emoción al contarlos en el programa *Un libro una hora* como *La plaza del Diamante*. Y eso que la novela de Rodoreda tiene un tono, desde el principio, alejado de la emoción y sobre todo del sentimentalismo, cuando está bailando y dejándose llevar por su novio mientras recuerda a su madre muerta, mientras acepta todo lo que la vida le da sin ponerlo en duda, como si estuviera viviendo la vida de otra. Pero tal vez por eso, cuando Natalia toma el control de su vida, cuando es consciente de todo lo que ha hecho, de todo lo que ha perdido, por todo lo que ha pasado, lanza un grito terrible que sigue resonando en tu cabeza mucho después de terminar de leer. Y esa emoción, que sale de pronto de dentro, es una de las cosas inolvidables de esta novela. Una de ellas.

Mercè Rodoreda nació en 1908 en Barcelona y murió en Girona en 1983. Se tuvo que exiliar y guardó un silencio de más de veinte años, como Natalia, la protagonista de *La plaza del Diamante*, mientras vivía en Burdeos, en París y en Ginebra, trabajando como traductora en la Unesco. No volvió a España hasta 1979. En 1980 recibió el premi d'Honor de les Lletres Catalanes. *La plaza del Diamante* se publicó en 1962. De ella dijo Gabriel García Márquez que era «la más bella que se ha publicado en España desde la Guerra Civil». Y seguramente es verdad. Es una novela mágica, hermosa y a la vez terrible, que cuenta como pocas la historia de una mujer que no es dueña de su destino. Y su liberación.

Porque el problema de Natalia es que desde el principio no decide nada, o más bien se deja llevar por otros, sobre todo por su marido. También es verdad que cuenta una época en la que la mujer tampoco tenía una gran capacidad de decisión. Pero Natalia, desde el principio parece no ser dueña de su vida. Conoce al Quimet en una verbena y enseguida la saca a bailar, aunque ella no quiere bailar, y le dice que debería llamarse Colometa, y Natalia, así, también pierde su nombre. Hay una escena en la que Quimet empieza a alabar a Gaudí, y Natalia le dice que para ella hace demasiadas ondas y demasiados picos, y él le da un golpe en la rodilla con el canto de la mano y le dice que si quiere ser su mujer tiene que parecerle bien todo lo que a él le parezca bien. Todo esto antes de besarla por primera vez. Asombroso.

Y lo malo es que ella cree que es feliz y hasta Rodoreda tiene el talento de contar esta primera parte de la novela como si fuera una bella historia de amor. Cuando se casan, ella dice que ve las estrellas cada vez que practican sexo, y piensa que tiene que estrujar la tristeza, hacerla pequeña enseguida. Tragársela. Al final tienen un niño y luego una niña.

Pero una de las cosas más turbadoras es la presencia de las palomas en la casa. Y Natalia, la Colometa, las odia, no las puede soportar, pero tiene que convivir con ellas. Todo empieza con una paloma herida que ve Natalia una mañana cuando abre los postigos del comedor. Y luego el Quimet decide hacer un palomar en la azotea, que se va llenando de palomas. Hay una clara simbología de las palomas, que echan a Natalia de su territorio, que lo llenan todo de un sonido determinado, de una suciedad determinada, que de alguna forma lo transforman todo.

Pero llega la guerra. *La plaza del Diamante* cuenta la Guerra Civil y la posguerra, pero sin mencionarlas, sino describiendo cómo impacta sobre Natalia lo que ocurre, directamente en su casa. Esta segunda parte de la novela es durísima. Cuenta cómo

Quimet se va al frente y no vuelve jamás. Cuenta el hambre que pasa Natalia con sus hijos, y cuenta cómo al final Natalia logra desprenderse de las palomas, cómo las saca de su vida y de su casa, cómo así empieza a liberarse, aunque le queda mucho camino.

Natalia se busca un trabajo de interna por las mañanas, en una casa con jardín. Le dan diez reales al día, hasta que la echan porque se enteran de que su marido estuvo en el frente con la República y ellos no quieren tener problemas. Hay una escena terrible en la que Natalia mete a su hijo en una colonia, porque piensa que allí por lo menos va a comer y el niño llora y suplica a su madre que lo saque de allí.

Un día un miliciano llama a la puerta para decirle que el Quimet ha muerto. Y le da todo lo que queda del Quimet: el reloj. Y Natalia siente que es de corcho. Y llega a pasarlo tan mal que termina pensando en matar a sus hijos y quitarse de en medio ella también, pero entonces aparece el Antoni, un hombre que tiene una tienda, y a cuya casa Natalia empieza a ir a limpiar. Antoni, por unas heridas de guerra, es inútil pero quiere tener una familia, y le pide a Natalia que se case con él.

Este final de la novela es extraordinario. Lo que ocurre desde entonces. Es maravilloso el viaje interior que hace Natalia, que definitivamente deja de ser la Colometa, como se da cuenta de todo lo que ha pasado, y aquí es cuando llega la escena del grito, brutal y asombrosa:

> Y con los brazos delante de la cara para salvarme de no sabía qué, di un grito de infierno. Un grito que debía de hacer muchos años que llevaba dentro y con aquel grito, tan ancho que le costó mucho pasar por la garganta, me salió de la boca una pizca de cosa de nada, como un escarabajo de saliva... y aquella pizca de cosa de nada que había vivido tanto tiempo encerrada dentro, era mi juventud que se escapaba con un grito que no sabía bien lo que era...

Y cuando vuelve a casa se da cuenta de que el Antoni se ha pasado años dándole las gracias a ella y ella nunca le ha dado las gracias a él por nada. Y *La plaza del Diamante* termina con una escena deliciosa, emocionante, con ellos dos abrazados en la cama, al calor de las mantas mientras en la calle los charcos reflejan el cielo, un cielo que a veces rompe un pájaro, que se baña en charco, con las plumas erizadas y mezcla así el cielo con fango y con picos y con alas, contento.

71

Buenos días, tristeza
de Françoise Sagan

Hay novelas que lees en la juventud, prácticamente en la adolescencia, y que te marcan. Y *Buenos días, tristeza* es una de ellas. Es verdad que yo estudié en el Liceo Francés y para nosotros Françoise Sagan era más conocida y tenía más importancia que en España. Pero de todas formas *Buenos días, tristeza* tiene una cosa magnífica que es que parece una novela ligera, una novela veraniega casi, la historia de una chica y sus problemas con su padre, pero según va avanzando la novela te das cuenta de que ahí hay mucho más. Es verdad que las cosas que me marcaron al leerla en la adolescencia no son las mismas que cuando la he leído para preparar el programa que le dedicamos en *Un libro una hora*. Entonces me llamó la atención cierto descubrimiento del mundo adulto, la sexualidad, la figura de un padre que tenía novias y mucho glamour (algo que para mí era cosa de ciencia ficción) y ese final trágico que tiene la novela, por supuesto, pero ahora me han impresionado las aristas de ese personaje del padre, lo perdido que está, la lucha por conservar su juventud, los celos, y sobre todo, el personaje de la novia del padre. Pero vamos a contar un poco de qué va esta maravillosa novela.

Buenos días, tristeza fue la primera novela de Françoise Sagan. Se publicó en 1954, cuando Sagan tenía diecinueve años, y consiguió el premio de la Crítica en Francia. En ese momento en Francia (y creo que en toda Europa) estaba de moda el existencialismo, Sartre y los libros muy «serios», cuando de pronto apareció esta novela ligera que, sin embargo, arrasó. Comienza con tres frases rotundas:

> A ese sentimiento desconocido cuyo tedio, cuya dulzura me obsesionan, dudo en darle el nombre, el hermoso y grave nombre de tristeza. Es un sentimiento tan total, tan egoísta, que casi me produce vergüenza, cuando la tristeza siempre me ha parecido honrosa. No la conocía, tan sólo el tedio, el pesar, más raramente el remordimiento.

Buenos días, tristeza cuenta la historia de Cécile, una chica de dieciséis años que, en las primeras líneas, se define como completamente feliz. Va a pasar el verano con su padre, Raymond, y con la amante de este, Elsa. Raymond tiene cuarenta años y es viudo desde hace quince. Es un hombre todavía joven, lleno de vitalidad, de posibilidades. A Cécile, cuando salió del internado, hace dos años, no le costó entender que viviese con una mujer, aunque sí aceptar que tuviera una distinta cada seis meses. Elsa es una chica muy joven, alta y pelirroja, entre galante y mundana, simpática, bastante simple y no tiene pretensiones serias. Raymond ha alquilado, en el Mediterráneo, una gran casa con jardín, blanca, apartada.

Los días transcurren tranquilos. El sexto día Cécile ve a un chico que se llama Cyril, estudiante de derecho, guapo, de rasgos latinos, y liga con él. Todo parece ir bien hasta que el padre anuncia que va a ir a visitarles una tal Anne Larsen, una antigua amiga de la pobre madre, que en un momento dado ayudó a Cécile con algunas cosas. Anne tiene cuarenta y dos años. No es ninguna niña. De repente es un personaje que no encaja en ese mundo liviano de verano, barcos y fiestas. Es una mujer con un peso distinto. De hecho, Cécile se siente intimidada por Anne, aunque la admira mucho.

Hay una conversación muy brillante entre Cécile y su padre sobre cómo se van a llevar Elsa, la joven amante, y Anne, o de qué van a hablar. Y al padre, por primera vez, le da miedo pensarlo. Luego, Cécile y su padre hablan del amor y de sus complicaciones. El padre piensa que las complicaciones en el amor son imaginarias porque rechaza por sistema las nociones de fidelidad, de seriedad, de compromiso. Para él son nociones arbitrarias y estériles. Ese concepto de las cosas seduce a Cécile, amores rápidos, violentos y pasajeros. Esta es una de las grandes claves de *Buenos días, tristeza* y todo lo que ocurre después gira alrededor de este concepto.

Desde la escena, deliciosa, de los primeros besos con Cyril, hasta la llegada de Anne, confusa, que parece agitarlo todo, la sorpresa de Anne por la presencia de Elsa, las conversaciones en la mesa, inteligentes, de pronto, diferentes respecto a la liviandad de antes, llenas de frases inteligentes, todo gira alrededor del peso que tiene el amor o las relaciones. Hay un momento en el que Anne le dice a Cécile que confunde tipos de inteligencia con edades de la inteligencia. Y es que Anne es una mujer muy brillante, pero que se comporta con Cécile como si fuera su segunda madre, y la adolescente no lo acepta, y se rebela.

Y de pronto todo cambia. Primero hay una escena brutal en el Casino, cuando Cécile y Elsa pierden de vista a Raymond y a Anne, y Cécile se los encuentra muy acaramelados dentro del coche, les echa la bronca de muy malos modos y Anne le pega a Cécile un bofetón que la pone en su sitio. Después viene el anuncio de la boda entre Raymond y Anne, y los acontecimientos se suceden. Elsa se marcha, pero la adolescente Cécile empieza a maquinar una especie de venganza, un lío para sacar de su vida a Anne que implica a Cyril, a Elsa y a Raymond, y que primero parece un asunto de comedia, pero que termina en tragedia.

Hay lecciones terribles que aprende Cécile de pronto. Sobre las decisiones que tomamos, sobre cómo afectan a otros, sobre la imposibilidad de volver atrás, sobre los errores, sobre los sentimientos, sobre el dolor. Y esta novela, que parecía ligera, que en algún momento nos ha parecido novela erótica o sentimental, hasta comedia, descubre de pronto todo el peso de lo que cuenta, todo el peso de la memoria. Es una novela brillante. Así termina:

> Pero cuando estoy en la cama, al amanecer, sin más ruido que el tráfico de París, a veces me traiciona la memoria: vuelve el verano con todos sus recuerdos. ¡Anne, Anne! Repito ese nombre muy quedo y durante mucho rato en la oscuridad. Entonces algo sube por mi interior y lo recibo llamándolo por su nombre, con los ojos cerrados: Buenos días, Tristeza.

72

El coleccionista
de John Fowles

El coleccionista es una novela brutal. Pero yo tengo que confesar que llegué a ella después de ver la adaptación cinematográfica dirigida por William Wyler y protagonizada por Samantha Edgar y Terence Stamp, que me impresionó muchísimo. Recuerdo hasta el póster de la película, con un hombre arrastrando por el suelo a una mujer tirándola de los pelos, en medio de la lluvia. Una imagen terrible e hipnótica. La película se produjo en 1965, tan solo dos años después de que apareciera la novela de John Fowles. *El coleccionista* podría ser el primer thriller psicológico moderno. Es magnífica, y tiene una estructura brillante que cuando la lees te deja helado.

El coleccionista cuenta la historia de Frederick, un tipo gris que empieza a obsesionarse con una mujer a la que ve cada día, que se llama Miranda y que es una chica moderna y brillante, que estudió arte y que ha ganado una beca importante y por eso sale en una noticia en un periódico local. Para Frederick es su mujer ideal. Su prototipo. La chica con la que le gustaría casarse. Fantasea con ella: imagina episodios en los que se conocen de pronto y se casan, ella pinta sus cuadros y él cuida de sus colecciones de mariposas, van juntos a las reuniones de la Sección de Insectos y él, en vez de estar callado por temor a equivocarse y hacer el ridículo, habla mucho y son muy populares. Y por eso decide secuestrarla.

Es alucinante la mentalidad enferma de Fred, que piensa que si Miranda vive con él una temporada y él la cuida y ella le conoce, Miranda se enamorará de él. Y lo da por bueno. Y lo encuentra normal. Porque él piensa de sí mismo que es un buen partido. Y ese es el gran hallazgo de la novela, esa estructura en que toda la primera parte está contada en primera persona por Fred, y así conocemos su punto de vista enfermo, sus reflexiones, sus razonamientos, sus planes, y asistimos a todo lo que hace. Con estupor, eso sí. Porque todo es una locura:

> Pensé: «Nunca podré conocerla de una manera normal, pero si está junto a mí acabará viendo mi lado positivo y acabará comprendiéndolo todo».

Compra una casa en medio del campo que tiene un sótano independiente y aislado y planea cómo llevarla allí. Y la escena en la que consigue ponerle en la boca un pañuelo con cloroformo y meterla en el coche es terrible. Pero es que a partir de entonces empieza el infierno para Miranda. La instala en ese zulo donde él cree que le ha puesto todas las comodidades, pero donde Miranda vive como en una cárcel. Fred no es un violador, en su locura lo que quiere es seducirla, pero Miranda no entiende nada. Y todo se va complicando, todo va saliendo mal en una historia terrible, asfixiante, oscura, brutal.

Y lo maravilloso de la estructura de la novela es que toda la segunda parte la cuenta Miranda en primera persona, a través de unos diarios que escribe durante su encierro. De forma que podemos ver todo lo que ha pasado y lo que Fred nos ha contado ya, pero desde el punto de vista de Miranda. Y asistimos así al terror de ella, a la incomprensión, al punto de vista de la víctima, y es absolutamente terrible. Cómo cuenta su miedo, encerrada, su estrategia para escapar, una y otra vez, su intento de entender a Fred para tratar de convencerlo, de hacerle ver que es imposible seducirla así, y cómo cada vez va encontrándose peor en ese sótano húmedo y oscuro.

El coleccionista es un thriller psicológico, pero también es mucho más. Es casi una novela social, porque cuenta un enfrentamiento de clases en la Inglaterra de los sesenta, pero también es una novela que cuenta una lucha entre diferentes formas de ver la vida, desde la intelectualidad o desde la mediocridad, desde la creatividad o desde la miseria intelectual, desde la clase que cree que lo puede todo porque tiene dinero o la que avanza con otro tipo de valores, basados en la cultura.

En definitiva, *El coleccionista* es una novela extraordinaria que seguro que se seguirá leyendo en el futuro. Es terrorífica y emocionante, lúcida y a la vez oscura.

Hay que leer a John Fowles. Hay que leer *El coleccionista*.

73

Claus y Lucas
de Agota Kristof

Esta trilogía es maravillosa, compleja, absolutamente salvaje. Podría decir que *El gran cuaderno* es una de las novelas más inolvidables que me he leído, pero sin embargo tiene mucho más sentido cuando lees la segunda parte, *La prueba*, y se convierte en una joya cuando lees la tercera, *La tercera mentira*, que a mí me apasionó.

Agota Kristof nació en 1935 en Csikvánd, Hungría y murió en Neuchâtel, Suiza, en 2011. Abandonó Hungría por motivos políticos en 1956 para instalarse en Suiza. Aprendió francés, lengua en la que escribió en 1986 su primera novela, el primer libro de la trilogía de *Claus y Lucas*. Me asombran esos casos de autores que escriben en su idioma pero que son capaces de aprender una nueva lengua y escribir obras maestras en ella. Me vienen a la cabeza Joseph Conrad y Nabokov, y entre ellos está Agota Kristof. Creo que hay algo en esa forma de expresión, cuando realmente no escribes en tu idioma materno, que la dotan de unas características particulares, extrañas, diferentes y reconocibles.

En *El gran cuaderno* nos cuenta la historia de dos hermanos que son dejados en casa de su abuela en plena guerra por una madre que no puede mantenerlos y cómo se asalvajan en casa de la abuela, una señora despreciable que los obliga a trabajar para ganarse la comida y que no les da ningún cariño. Uno de ellos escribirá en un cuaderno todo lo que va ocurriendo. Y lo que pasa es terrible. Pocas veces se ha expresado mejor la crueldad, la inhumanidad de una guerra, la lucha por la supervivencia sin ninguna ética. Es una novela brutal y, sin embargo, extrañamente hermosa.

Porque los dos hermanos, que no son ni adolescentes, no dudan en matar, en robar en hacer cualquier salvajada para sobrevivir. Cuando la madre vuelve a por ellos, con un bebé en sus brazos, una bomba la mata en la puerta de la casa. Ellos desentierran el cuerpo, limpian los esqueletos y los cuelgan en el desván. Una forma extrema de amor.

Y cuando vuelve su padre, lo utilizan para que camine primero hacia la frontera minada y así usan su cuerpo reventado para que uno de los dos pueda huir pasando por encima de él. Terrible. Pero toda la novela es tan coherente, como si te metiera en una realidad distinta donde terminas habitando y que logras comprender, asumiendo que las cosas no pueden ser de otra forma.

La segunda parte de la trilogía, *La prueba*, que se publicó dos años después, es, seguramente, la novela más compleja de las tres, porque pone en duda todo lo que nos ha contado en la primera parte. Como si ese gran cuaderno que escribía el niño fuera en realidad una ficción que pone en duda que fueran dos hermanos, pone en duda que la vieja fuera su abuela, pone en duda todo. Y nos toca a nosotros construir. Por un lado, te cuenta la vida del hermano que se escapa, Claus, saltando por encima del cadáver del padre, y por otro, la vida del que se queda, Lucas, que dice que nunca tendrá paz. Lucas trata de hacer una vida normal. Tiene amigos, amantes, amores, y hasta casi un hijo. Se queda con la librería donde compraba con su hermano y la casa que siempre soñó, en el centro del pueblo, pero sobre todo cuenta la bajada a los infiernos de Lucas, la imposibilidad de sobrevivir sin su hermano.

Además, *La prueba* cuenta que Claus un día decide volver a su ciudad. Y cómo busca a su hermano. Entra en la librería, lo confunden con Lucas y le entregan cinco cuadernos que su hermano escribió antes de desaparecer. Claus permanece en la ciudad hasta que legalmente tiene que marcharse, tratando de demostrar a todo el mundo que él vivió allí, con Lucas, que nació allí, que vivían con su abuela, pero nadie le cree. Su visado caduca. Lo detienen. Claus tiene un manuscrito en su poder con el que pretende demostrar que todo lo que cuenta es verdad, pero las investigaciones demuestran que ese manuscrito ha sido escrito de una sola vez, por la misma persona, en un lapso de tiempo que no puede remontarse a más de seis meses, es decir, por parte del mismo Claus durante su estancia en la ciudad. El texto solo puede tratarse de una ficción, ya que ni los acontecimientos descritos ni los personajes que allí figuran han existido jamás en esa ciudad. Ni siquiera es verdad la existencia de su abuela.

¿Qué es verdad? ¿Qué es ficción? ¿Quién está contando la historia? ¿Lo que se cuenta en *El gran cuaderno* lo inventó Claus? ¿Existe Lucas? ¿O es una creación de su hermano? Todas esas dudas nos asaltan en el segundo volumen de esta trilogía.

Y por fin todo se resuelve en *La tercera mentira*. O no, y todo se trata de un juego inmenso alrededor de la ficción, de la literatura, de la memoria, de cómo construimos nuestros recuerdos, con el dolor, cómo nos los inventamos para salvarnos. Para mí, *La tercera mentira* es la única que cuenta la verdad de las tres novelas. Cuenta quiénes eran esos hermanos de verdad. Cómo lucharon para sobrevivir en la guerra, cómo los separaron, cómo cada uno tuvo una vida diferente por los acontecimientos que les tocó vivir y cómo al fin se reencuentran. Y cuentan lo que cada uno ha hecho para salvarse. Lo que han eliminado, por lo que han luchado. Y es dramático, brutal, extraordinario, emocionante, ver el camino que ha tomado cada uno.

La tercera mentira no puede leerse de forma aislada, pero es la perfecta resolución de esta increíble trilogía, excepcional e inolvidable, que será, sin lugar a dudas, un clásico en el futuro.

74

A sangre y fuego
de Manuel Chaves Nogales

Manuel Chaves Nogales nació en Sevilla en 1897 y murió en Londres en 1944. Se inició muy joven en el oficio de periodista, primero en su ciudad natal y más tarde en Madrid. Además de brillante periodista fue autor de una espléndida obra literaria, sorprendentemente moderna. Es el autor de *El maestro Juan Martínez que estaba allí*, *Juan Belmonte, matador de toros*, *La agonía de Francia* o *La vuelta a Europa en avión*. *A sangre y fuego. Héroes, bestias y mártires de España* se publicó en 1937, y es un impresionante testimonio de la Guerra Civil, donde Chaves denuncia las atrocidades cometidas por ambos bandos con una lucidez adelantada a su tiempo. Una lucidez alejada de la equidistancia. Su discurso, en defensa de la democracia y contrario a los totalitarismos, hizo que su obra fuese condenada al ostracismo durante medio siglo. Cuando yo leí por primera vez *A sangre y fuego* eran nueve relatos, aunque en la última edición de su obra, de Libros del Asteroide, han incorporado dos inéditos.

El prólogo de Manuel Chaves Nogales es tan importante como los reportajes que le siguen. Es fundamental. Leerlo ahora es una lección extraordinaria, de periodismo y de vida. Dice, entre otras cosas que, en realidad, su única y humilde verdad, la cosa mínima que pretendía sacar adelante era «un odio insuperable a la estupidez y a la crueldad; es decir, una aversión natural al único pecado que para mí existe, el pecado contra la inteligencia, el pecado contra el Espíritu Santo». Brutal. Y actual. Y eso que cuando Chaves Nogales escribe *A sangre y fuego* ha pasado todavía poco tiempo desde el inicio de la guerra. Pero, también dice en el prólogo que cruzó la frontera cuando tuvo la íntima convicción «de que todo estaba perdido y ya no había nada que salvar, cuando el terror no me dejaba vivir y la sangre me ahogaba».

Hay que sumergirse en estos (ahora) once reportajes. Leerlos con la emoción abierta y con todos los sentidos preparados para detectar cualquiera de las pulsiones que todos tenemos, nuestras fobias, y nuestros prejuicios y dejarlos a un lado. Teniendo el valor de leer aquello que nos incomoda y nos interpela, sabiendo que todo lo que nos cuentan es verdad. No hay más que leer la nota que encabeza el libro:

> Estas nueve alucinantes novelas, a pesar de lo inverosímil de sus aventuras y de sus inconcebibles personajes, no son obra de imaginación y pura fantasía. Cada uno de sus episodios ha sido extraído fielmente de un hecho rigurosamente verídico; cada uno de sus héroes tiene una existencia real y una personalidad auténtica, que sólo en razón de la proximidad de los acontecimientos se mantiene discretamente velada.

Todos son estremecedores. Yo, en el programa *Un libro una hora* elegí tres: *La gesta de los caballistas*, que cuenta la batida que hace un marqués, con sus hijos y hasta el cura, y la gente que le sigue por obediencia, para limpiar la comarca de rojos, y cómo uno de los hijos se encuentra con un amigo de la infancia en el otro bando, y lo que ocurre.

Elegí también *La columna de hierro*, en la que un grupo de rufianes se aprovecha del descontrol de la guerra y con la justificación de matar fascistas va sembrando el terror por los pueblos, robando y beneficiándose. Esos grupos que ahora llamaríamos paramilitares que parecen defender una ideología y solo se defienden a sí mismos. En este cuento hay dos personajes maravillosos.

Uno de ellos es una mujer que simpatiza con los fascistas pero que está infiltrada entre los rojos, un caso magnífico de coherencia, y un piloto británico que ha venido a combatir en las Brigadas Internacionales que se deja llevar por la columna de hierro y se ve metido en una batalla que no termina de entender. El final de ese relato, con el piloto inglés ametrallando desde un avión a la columna es antológico.

El tercero que contamos fue *Consejo obrero*, donde se cuenta la historia de Daniel, un hombre que trabaja en una fábrica y que por no quererse poner de parte del Consejo obrero que ha tomado el control es despedido y que encima es investigado porque quieren acabar con él. Todo por ser un tipo que se dedica a trabajar y que no quiere tomar partido. Lo definen como el peor enemigo de la revolución y de la dictadura del proletariado. Ni ha sido fascista ni ha pertenecido jamás a ningún sindicato amarillo. Se ha limitado a desconocer y desacatar las organizaciones proletarias de la lucha de clases, a no secundar las huelgas y a procurarse mejoras económicas trabajando a destajo o en horas extraordinarias, contrariando los acuerdos e intereses sindicales. Pero, a pesar de todo, es indiscutiblemente un obrero, un proletario ciento por ciento. Y aun así tiene que buscarse la vida, hacerse de la CNT para seguir en la fábrica y termina teniendo que ir a combatir, él que es un pobre diablo sin conciencia revolucionaria. Pero para ir a morir al frente sirve, sin embargo. Le ponen en una mano un plato de comida y en la otra un fusil. Y termina de una forma brutal, emocionante y trágica:

> Daniel, convertido en miliciano de la revolución, luchó como los buenos. Y murió batiéndose heroicamente por una causa que no era suya. Su causa, la de la libertad, no había en España quien la defendiese.

Hay que leer a Manuel Chaves Nogales.

75

Soy leyenda
de Richard Matheson

Soy leyenda es una de las novelas que más miedo me ha dado nunca, que me ha puesto delante un mundo terrorífico que me ponía los pelos de punta y con uno de los finales más brillantes que he leído. Tiene una última frase que lo cambia todo, el libro entero, y que te lo hace entender de una forma totalmente distinta.

Richard Matheson nació en New Jersey en 1926 y murió en California en 2013. Está considerado por escritores de la talla de Ray Bradbury o Stephen King uno de los autores más influyentes del siglo xx. *Soy leyenda* se publicó en 1954. Cuenta una historia muy alucinante. Después de una guerra nuclear, unas bacterias han infectado a la humanidad y han quedado dos clases de seres: los que han mutado, que comparten características con los vampiros, y los mutantes, que vuelven a la vida convertidos en una especie de zombis. Los primeros hablan, sienten, odian y piensan, lo que los convierte en peligrosos enemigos. Los otros son la escoria de la escoria.

Pero queda un hombre, Robert Neville, que no se ha visto afectado y que sigue viviendo en su casa, que ha convertido en un búnker, que cierra por la noche y que se dedica, cada día de su vida, a encontrar las guaridas de los vampiros y matarlos, a cuantos más mejor, sin distinguir entre los unos y los otros. El líder de los vampiros se llama Ben Cortman. Cada noche se planta ante la casa de Neville y le grita que salga. De vez en cuando una piedra o un ladrillo golpean la casa. Porque todos se reúnen allí para lo mismo. Ya ni siquiera los mira. Al principio había abierto una mirilla en la puerta para espiarlos. Pero un día las mujeres se dieron cuenta y le incitaban a salir de la casa con ademanes obscenos. La presencia de las mujeres complica las cosas. Le provocan para que se decida a salir. Y Neville siente ese calor insoportable en las entrañas. Neville vive solo y pasa de la desesperación y el pesimismo a la esperanza, y se refugia en el arte, en la música y en la literatura.

Soy leyenda está escrita con un tono muy duro, alejado de cualquier afectación o de cualquier sentimentalismo. Es una novela llena de escenas muy potentes que casi no te dejan respirar. La escena en la que encuentra y pierde a un perro es brutal, la descripción de la pérdida de su mujer, sus miedos, sus debilidades, el alcohol, son como golpes: es imposible leerlas sin que se te encoja en corazón.

Neville es un personaje muy peculiar. A veces se pregunta por qué no salir cuando le llama Cortman y acabar con todo, con el aislamiento, con la soledad, con el confinamiento. Pero sigue luchando. Tratando de matar más y mejor. E investigando, tratando de leer y de buscar una posible cura. Hasta que le tienden una trampa. En forma de mujer. En forma de esperanza. Una mujer que aparece de pronto, como salida de sus sueños, que le dice que su marido ha muerto y que ella vive sola, que se ha estado moviendo de un sitio a otro. Se llama Ruth. Tienen conversaciones extrañas y magníficas. En una de ellas, cuando Ruth le llama por su nombre, Robert, él siente un nudo en la garganta. Oírlo en labios de una mujer, después de tres años, le parece raro e inquietante. Ruth le dice que se irá al día siguiente, que no quiere alterar su vida ni que se sienta obligado a nada. Neville le dice que ha pasado demasiado tiempo solo. Cuando Neville cuenta lo que hace cada día y cómo mata a los que están infectados, Ruth dice que es horrible. Neville la mira sorprendido. ¿Horrible? Es curioso. A Neville no se le ha ocurrido pensarlo durante años. Para él la palabra «horrible» carece de significado. Porque un horror acumulado termina por convertirse en costumbre. Pero Ruth le habla de una nueva sociedad. Y cuando no puede mantener más la mentira, lo entrega, porque todo ha sido una trampa.

Cuando capturan a Neville nos muestran la nueva sociedad, el nuevo poder, la nueva organización. Y es que en la novela de Matheson el malo es Neville, el protagonista. Al fin y al cabo, ese superviviente que nosotros contemplábamos con pena, que comprendíamos, asistiendo a su supervivencia angustiosa, a sus miedos y a sus pérdidas, y viendo cómo cada mañana se ensañaba con los vampiros, los buscaba, les clavaba estacas, los quemaba, sin distinguir entre los zombis y los vampiros, es el monstruo. La nueva especie humana sobre la Tierra tiene como único enemigo a Neville, y por eso es leyenda. El gran asesino, el invencible, el que tiene poderes, el que sobrevive a la luz del sol, el que asusta a los niños cuando se retiran a dormir es Neville.

La última escena es brutal. La calle está llena de gente esperando su ejecución. El sonido de sus voces llega a él como el zumbido de abejas. Neville los mira, agarrado a los barrotes y entonces alguien lo ve. Se oyen algunos gritos, pero luego se extiende el silencio. Todos vuelven hacia Neville sus rostros pálidos y comprende la expresión que reflejan aquellos rostros: angustia, miedo, horror. Le tienen miedo. Neville los comprende, y deja de odiarlos.

Maravilloso.

CUARTA PARTE

Mis lecturas más personales

76

Mentira
de Enrique de Hériz

Mentira es, sin duda, uno de los libros de mi vida, por muchas razones. La primera es por lo que cuenta la novela, la historia de una mujer, antropóloga, que está estudiando tribus no contactadas en Guatemala y que una vez al mes, si puede, baja durante horas por un río, llega a un pueblo en el que, si hay suerte, tiene conexión a internet y así se comunica con su familia, en Barcelona, y puede ver las últimas noticias y saber lo que ha pasado en el mundo. Tras unas tormentas que le impiden bajar durante un tiempo, al fin lo logra y cuando se conecta lee la noticia de su propia muerte. Y no solo eso, sino que lee que su familia ha viajado hasta Guatemala, ha reconocido el cadáver y que la han enterrado en Barcelona. Así arranca la novela:

¿Muerta? ¿Muerta yo? A quién se le ocurre. No mientras me quede una sola palabra por decir.

A partir de ese momento hay dos posibilidades, no deshacer el error y ser libre, desaparecer y vivir su vida (al fin y al cabo, su familia ya la ha llorado y ya la ha enterrado) o volver, recuperar a su familia, recuperar su vida. El planteamiento es extraordinario.

Pero es que *Mentira* cuenta muchas cosas más. Cuenta cómo es la muerte en muchas civilizaciones y en muchas tribus perdidas, lo que nos hace reflexionar sobre nuestra vida y nuestra forma de enfrentarnos a la muerte. Cuenta, por ejemplo, que en una de las tribus, cuando muere una persona, a través de tambores, sus familiares transmiten al mundo quién se ha muerto utilizando un adjetivo que le defina. Yo desde entonces me he preguntado qué adjetivo utilizarían para definirme a mí. Y a veces no me ha gustado.

Y *Mentira* trata sobre una cosa esencial que tiene que ver con el título de la novela: cómo todas las familias cuentan una serie de historias que, de alguna forma, la construyen, y cómo muchas veces esas historias son mentiras que se han ido pasando de generación en generación, que se repiten en la mesa, cada Navidad, hasta en la forma de narrarlas. *Mentira* también nos cuenta esas historias y las historias de esa familia a donde regresa la protagonista.

Mentira también me apasiona por cómo está escrita. Esa mezcla de ensayo, a veces, antropológico, esas voces que se van cruzando, las historias que parece que nada tienen que ver con el argumento principal, las relaciones en esa familia que sufre la desaparición de la madre y que se descompone poco a poco, que se busca. Una novela sobre quiénes somos y sobre cómo nos ven los demás. Es un disfrute desde la primera línea hasta la última, está llena de personajes inolvidables, de historias, de relatos, tiene un humor corrosivo, extraordinario, una ternura y una pasión por la vida que te levantan del asiento. Tiene un ritmo que te impide dejarla, que te va llevando hacia un final cada vez más abierto, más profundo, más imprevisto.

Enrique de Hériz era un gran escritor (también editor y traductor), que murió muy joven. Yo lo conocí porque cuando hablé de *Mentira* por la radio, por primera vez, contactó conmigo y me dijo que me quería conocer. Es verdad que yo jamás he contado por la radio un libro mejor que *Mentira*. Ese día encontré las palabras exactas y logré comunicar toda mi pasión por esta novela. Enrique me dijo que me había escuchado y que le había encantado, que iba a presentar la novela en Madrid y que le gustaría que nos conociéramos. Y allí fui, como un fan más, a la presentación. Y cuando terminó, nos dimos un abrazo y Enrique me dio un ejemplar firmado, que guardo como una joya, en mi librería, con esta dedicatoria maravillosa:

> Antonio; no sé si puedo dedicarte esta mentira; ya es más tuya que mía. Y encima me la devuelves convertida en verdad. ¡Gracias!

Mentira me ha acompañado desde entonces. No me he cansado de recomendársela a todo el mundo. Es una novela maravillosa para superar un duelo. Habla de la familia, del amor, de la muerte y de la vida, de las historias que nos construyen y de la importancia del relato, de contarse la propia vida, de creérsela.

Hay que leer *Mentira*.

77

Ataduras
de Doménico Starnone

Es imposible hablar de *Ataduras* sin hacerlo antes de *Los días del abandono* de Elena Ferrante, mi libro favorito de la autora italiana que, como todo el mundo sabe, nadie se sabe quién es (o casi nadie). Para mí fue un impacto leer *Los días del abandono*. Un auténtico mazazo. Es verdad que la leí en el momento de mi vida en el que estaba planteándome separarme y, de repente, *Los días del abandono* te pone un espejo delante y te muestra el dolor, las cosas que no debes hacer. Es una novela que se lee conteniendo la respiración. Según vas pasando las páginas, se te encoge más el corazón, esperando cualquier cosa, comprendiendo la locura, persiguiendo a su protagonista por los caminos de la desesperación, del miedo y de la supervivencia.

En realidad, el argumento es muy simple: una mujer es abandonada por su marido, tras muchos años de matrimonio, sin que ella sepa por qué y sin que haya habido una crisis o un aviso previo. El marido se ha enamorado de otra mujer. Tan sencillo y tan complejo como eso. La novela cuenta la derrota, la desesperación, la soledad, y sobre todo la incomprensión, la búsqueda de razones. De pronto ella empieza a vivir en un territorio hostil, donde nada es conocido, donde nada tiene sentido, donde las relaciones cambian, donde los modelos, los valores, las reacciones, ya nunca serán las mismas. El peso de la vida real, de las acciones más cotidianas pierde su sentido, como lo pierde todo tiempo pasado, en la incomprensión y el dolor. Y cuenta también cómo, tras esos primeros días, el dolor va evolucionando, a veces hacia la locura. Es un libro durísimo en el que los hijos tienen también un protagonismo extraño, como si en esa locura ellos fueran los únicos que se comportan de forma responsable.

Años después de leer *Los días del abandono* llegó a mis manos *Ataduras*, y enseguida me di cuenta de que esta novela es una especie de continuación, o una cara B, de *Los días del abandono* (lo que nos da una clave de quién puede ser Elena Ferrante, porque nadie que no sea muy cercano podría haber hecho esto).

Ataduras comienza con unas cartas que escribe una mujer a su marido, que la ha abandonado. Cartas llenas de reproches, de dolor y de reflexiones brillantes. Nueve cartas. Pero en esas treinta páginas está resumida *Los días del abandono*. Vanda, la mujer abandonada, quiere saber, quiere decir, quiere avanzar, quiere dejar de sufrir.

La segunda parte de *Ataduras* cuenta el resto de la vida. Cuenta las razones de Aldo para abandonar a su mujer y a sus hijos, enamorado de Lidia, una mujer mucho más joven, independiente y culta.

> Amaba a esa muchacha. La amaba del modo más subdesarrollado, es decir, de un modo absoluto. La idea de alejarme de ella, de volver con mi mujer y mis hijos, de dejársela a otros, me quitaba las ganas de vivir.

Pero cuenta también cómo no tiene el valor de apostar por esa relación, cómo no se siente lo suficientemente bueno para seguir, para crecer al lado de Lidia y cómo vuelve con su mujer y con sus hijos y lo que ocurre a partir de entonces. Y lo que ocurre es, tal vez, una derrota mayor de lo que fue el propio abandono, porque es el tiempo de los reproches, de las desconfianzas, de las pequeñas venganzas. La historia de una pareja inviable que se empeña en seguir avanzando juntos, y que paga cada día sus culpas y sus errores. Y por eso a mí me parece que *Ataduras* es casi más duro aún que *Los días del abandono* porque cuenta la degradación diaria de esa pareja, y cómo se van haciendo viejos odiándose, prácticamente, pero fingiendo que la vida es así, que eso es lo que han elegido. Brutal.

En la tercera parte de *Ataduras* toman la palabra los hijos, ya mayores, que han descubierto las cartas que la madre escribió al padre. No voy a contar lo que ocurre en esa tercera parte, pero es maravilloso saber cómo ven los hijos lo que ha pasado, lo difícil que es que lo entiendan, que compartan, y lo increíble que es ver cómo lo recuerdan.

Ataduras es un libro maravilloso (que se puede leer sin leer la obra de la Ferrante). Estoy convencido de que los libros nos eligen a nosotros también y que un libro nos gusta más o menos por el momento vital en el que lo leímos, por cómo nos llegó en ese momento, aunque también es verdad que la buena literatura tiene la capacidad de hacer que nos identifiquemos con personajes y situaciones que a lo mejor no tienen nada que ver con nosotros. A mí me pilló en un momento vital que tenía que ver con los abandonos, con los enamoramientos, con el valor de apostar y con la cobardía de volver.

Aunque no sea así, aunque no se esté en ese momento, hay que leer *Ataduras*.

78

Hotel Vivir
de Fernando Beltrán

Tenía que haber en este libro algo de poesía, que tan importante ha sido en mi vida. He sido más un lector de poemas que de poesía, pero he tenido emociones con un solo verso que no me han dado novelas enteras. Creo, sinceramente, que la poseía nos salva, que nos habla desde un lugar tan esencial que nos conecta con emociones que a veces ni siquiera conocemos y que son tan intensas como inolvidables. Y mi poeta es Fernando Beltrán.

Para mí, Fernando Beltrán es el poeta de la emoción, el poeta de las cosas cotidianas, decían que el poeta de la calle, pero también ha sido para mí el poeta del amor (es brutal su recopilación *La amada invencible*), el poeta de los juegos de palabras que te rompen y te descubren la otra cara del mundo, y el poeta de la esperanza y la vida (con *La curación del mundo*). Solo una vez ha sido el poeta de lo oscuro (atención a *El corazón no muere*). Además, Fernando Beltrán tiene una serie de libros con otros artistas, como el maravilloso Pep Carrió (con el que ha hecho *Solo el que ama está solo*, donde Fernando acompaña a cada dibujo de Pep con un verso, o *Los días*, donde lo hace con fotografías), o con Rosa Juanco (*Charcos y ballenas*, también con fotografías), que son una delicia, una joya para los sentidos. Acaba de publicar una novela, que es algo más que una novela, *Bacon sin Bacon*, y que está llena, también, de poesía, de inteligencia, de pasión y de emoción.

Por otra parte, acompañar a Fernando Beltrán en uno de sus recitales es una experiencia que recomiendo a todo el mundo, sanadora, luminosa, una experiencia que te abriga y que te limpia, que te devuelve a la vida.

Pero de toda la obra de Fernando Beltrán yo he elegido *Hotel Vivir*. Tal vez porque es una conclusión en su obra, no un punto final sino una madurez a la que Fernando Beltrán ha llegado en estado de gracia. Es un libro que se tarda muy poco en leer la primera vez y que tardas toda la vida en seguir leyendo.

Hay poemas que son sencillamente extraordinarios. Como «Los lápices de Ikea», que cuenta la historia de un hombre que se va un día a esa enorme tienda y mientras su mujer mira y él se pierde, ella le pregunta cuánto mide su habitación. Y esa pregunta lo dispara todo. Le baja al mundo, le hace fijarse en su vida, en la tienda que le rodea, en los lápices que se acumulan en una columna, «y un enjambre de hombres y mujeres / se quitan la palabra unos a otros / dispuestos a saber cuánto miden sus vidas». Y desde allí el poeta viaja a su vida, a su cuarto, al miedo de no poder explicarse su propia vida.

Cuánto mide el amor. Cuánto el silencio.
Cuánto mide una vida
aproximadamente.

Hay poemas estremecedores, como «Mar y memoria», donde el recuerdo del dolor de la pérdida del ser querido se encuentra con la terrible realidad de un día triste que se tuerce, o como «Cuarenta minutos con Theo Angelopoulos», que cuenta la terrible muerte, la terrible soledad del director de cine griego, o como «Tierra de nadie» («Para qué sirve morir si no es con alguien / a quien poder decir eres mi piel, / crecí, reí, sufrí, me equivoqué contigo, / eres mi amor») o «Playa del silencio» («Tanta belleza en pie, y el mar en calma / concentrado en su azul, como pensando / hasta que escucho el frío»), con el mar tan presente a lo largo de todo el libro.

Pero Fernando Beltrán, en *Hotel Vivir*, también habla de la felicidad y de la muerte, de la salud, de la belleza y del paso del tiempo, de los ojos de los perros, que parecen saber cosas que nosotros no sabemos, y habla mucho de un tema que le es muy querido que es la familia, la paternidad, en los dos sentidos, como padre y como hijo. Y ahí aparece tal vez uno de los poemas más famosos de Fernando Beltrán, «La gabardina de mi padre», en el que habla de una cosa estremecedora que le pasó cuando murió su padre y él se puso su gabardina y allí, en el bolsillo, encontró una hojita con las últimas tareas y compras que tenía que hacer. Y así, el poeta descubrió que su padre compraba todos sus libros y que se los regalaba a todos sus amigos, que los elegía con cuidado, que conocía perfectamente su obra, mientras que Fernando pensaba que lo ignoraba, que no le importaba.

No podía creerlo.
Yo experto en sus silencios, él experto en mis fríos.
Dos buscándose, y nunca.
Así la vida.

Una historia brutal que nos lleva a cada uno a nuestro padre. A lo que encontramos cada uno de nosotros en la gabardina vieja que nos pusimos. Yo no encontré ningún papel. Pero el poema me dio la posibilidad remota de que mi padre alguna vez se hubiera preocupado de lo que hacía.

Hotel Vivir es una sucesión de emociones cercanas y profundas, reales y remotas a la vez, un poemario lleno de las cosas que nos forman y nos construyen. Lleno de literatura también. Hay un poema escrito cuando murió Gabriel García Márquez sobre lo que supuso para el poeta la novela *Cien años de soledad* (y así se titula el poema) que es una maravilla, que habla de lo que hace la literatura en cada uno de nosotros, de cómo nos hace crecer, comprender y avanzar. Como habla, en otro poema, de su amigo Gérard Augustin, o de Silvio Rodríguez y su unicornio azul.

Pero también habla de sus temas más queridos, de los lugares a donde vuelve una y otra vez, el amor, la mujer poema, la lluvia, la memoria, los lugares de su vida, de la propia poesía, de los naufragios y la supervivencia, a pesar de todo. De la vida.

Hay que leer *Hotel Vivir*. Hay que leer a Fernando Beltrán, de arriba abajo.

79

Libro de réquiems
de Mauricio Wiesenthal

Mauricio Wiesenthal es, seguramente, el autor que más me ha deslumbrado en mi vida. Por su conocimiento enciclopédico, por la forma de contar las cosas, por su europeísmo, por su cultura inmensa. Llegué a él en 2004 cuando publicó *Libro de réquiems*. Es verdad que el título es engañoso. La RAE dice que un réquiem es una misa de difuntos, y este libro es, sobre todo, una celebración de la vida, de la cultura, del conocimiento. El propio autor dice, en una especie de prólogo que se titula «Oración», que es un libro de memorias porque en sus páginas reúne a personajes que han formado parte de su vida. Y es que *Libro de réquiems* es una memoria emocional, un repaso de los autores, las ciudades, los lugares, que le han marcado y así hay capítulos dedicados San Petersburgo, a Nápoles, al barrio del Marais en París, a Estambul, a la plaza Navona de Roma, a Taormina, o Venecia, como hay capítulos dedicados a Stefan Zweig, Casanova, Kazantzakis, Velázquez, Falla, Rilke, Goethe, Chopin, Balzac, Camus, Delmira Agustini, Pío Baroja o Mozart, entre otros.

Este libro es una delicia, por lo que cuenta, esas maravillosas historias, muchas veces desconocidas, de las ciudades, de los autores y de un tiempo perdido, pero también es maravilloso cómo lo cuenta. Cómo nos enseña que entrar en la vida de un autor tiene que ver con muchas otras cosas, cómo Wiesenthal lo pone en relación con una cultura, con Europa casi siempre, pero también con las cosas que le han construido y con las cosas que nos construyen a nosotros y que descubrimos leyéndolo.

Es un libro lleno de descubrimientos, de cosas que, por supuesto, no conoces y de otras que conoces mal. A mí, el primero que me viene a la cabeza de los que me sorprendió es Casanova, sobre el que hay muchos clichés y que Wiesenthal cuenta maravillosamente desmontando tópicos y dando el valor que merece a ese pedazo de personajazo. Y es espectacular también cómo lo cuenta y desde dónde. Por ejemplo:

> Mi primer encuentro con Casanova fue, si la memoria no me traiciona, en 1965. Yo vivía entonces en Venecia, en una vieja mansión que se asomaba sobre el río del Duca: un lugar antiguo y delicioso que alquilé, por unos pocos dólares, a un joven sacerdote acuciado por remordimientos de conciencia y deudas de amor.

Tal vez este libro se llama *Libro de réquiems* porque cuenta un mundo que ya no existe y que, a veces, desde nuestra realidad, parece inventado.

Dice Mauricio Wiesenthal que «un libro no tiene interés si no lleva dentro una buena parte del corazón de su autor». Y en *Libro de réquiems* lo lleva a rajatabla porque es un libro lleno de emociones, porque Wiesenthal nos cuenta lo que sintió cuando llegó a cada lugar, lo que vivió, lo que le queda, lo que no podrá jamás olvidar. Y para el lector es una forma de viajar con él. El único problema es que según vas leyendo vas apuntando lugares a los que viajar, vas descubriendo autores y libros que quieres leer y te das cuenta de todas las cosas que quieres hacer y el poco tiempo que tienes.

Adoro los libros que te abren la puerta de otros libros, de otros lugares, que te obligan a levantarte del sillón y conocer otras cosas.

Dice Wiesenthal que «un libro solo existe verdaderamente cuando ha sido bien leído». Y este es un libro para disfrutarlo, para leerlo poco a poco y bien, para anotarlo, subrayarlo y volver a él, para planificar una vida, para soñar, para viajar y para leer.

80

La ridícula idea de no volver a verte
de Rosa Montero

¡Qué maravilla de libro! Volvería a leerlo una y otra vez desde que lo hice por primera vez cuando se publicó, en 2013, y yo estaba pasando uno de los peores momentos de mi vida. Hay libros que te ayudan a sobrevivir y este es uno de ellos. No sé si por lo que te cuenta, o por cómo lo cuenta Rosa Montero, que tiene el don del relato y sus libros te dan ese hilo del que tirar, que te agarra y te entrega al final un ovillo con el que hacerse una prenda de abrigo, para estos tiempos de frío, para sentirse un poco más humano o entender algo mejor cosas esenciales, como la pérdida, como la muerte o la soledad, o como las razones del tesón, los esfuerzos que llenan una vida y que a veces terminan en nada y a veces dan sentido a todo.

La ridícula idea de no volver a verte cuenta la vida de Marie Curie, y a través de los diarios que escribió tras la muerte de Pierre, su marido. Rosa Montero construye una larga y deliciosa reflexión que nos va llevando de la mano, emocionándonos a ratos, sorprendiendo. Y es que los diarios por sí mismos son impresionantes, brutales, apenas veinte páginas que encogen el corazón (y que están íntegras al final del volumen), y sirven de hilo conductor para que Rosa Montero nos cuente la vida de esa increíble mujer, dos veces premio Nobel, en unos tiempos dificilísimos para la mujer, y nos hable no solo del enorme esfuerzo que supuso llegar a completar sus investigaciones, sino además de su vida personal, del amor que la unía a su marido, del dolor que le supuso su pérdida, de los efectos que tuvo sobre ella la radiación, de cómo sobrevivió, de sus hijas, de su lucha en la Primera Guerra Mundial, de su muerte.

Y a la vez, entremezclando la historia de Marie Curie con la suya, Rosa Montero, reflexiona sobre la muerte, y nos habla de su dolor, de su pérdida, de su amor, de esa idea ridícula, que nadie asume, que supone no volver a ver a la persona amada, un día cualquiera. Y cuenta cómo perdió a su pareja, a Pablo, y esos recuerdos del proceso, de la enfermedad, de la muerte, del duelo, son tan brillantes, tan luminosos, tan inteligentes también, que es imposible no emocionarse al leerlos. Están llenos de amor y de ternura, pero también llenos de paz y de abrigo. Y de recuerdo.

> Hay que hacer algo con la muerte. Hay que hacer algo con los muertos. Hay que ponerles flores. Y hablarles. Y decir que les amas y siempre les has amado. Mejor decírselo en vivo; pero, si no, también puedes decírselo después. Puedes gritarlo al mundo. Puedes escribirlo en un libro como este. Pablo, qué pena que olvidé que podías morirte, que podía perderte. Si hubiera sido consciente, te habría querido no más, pero mejor. Te habría dicho muchas más veces que te amaba. Habría discutido menos por tonterías. Me habría reído más. Y hasta me habría esforzado por aprenderme el nombre de todos los árboles y por reconocer todas las hojitas. Ya está. Ya lo he hecho. Ya lo he dicho. En efecto, consuela.

Rosa Montero también habla, en *La ridícula idea de no volver a verte*, de la creación, de la construcción de una novela, del proceso de creación que al final tiene tanto que ver con la propia vida: «Hallar sentido en el relato de una vida es un acto de creación». De construir nuestra vida, nuestra verdad, asumir quiénes somos y construir «una narración convincente y redonda».

Aunque al final terminemos encontrando la verdad en los recuerdos más cotidianos, en la magia de encontrarse cada día con una higuera en cuyas ramas está subida una niña que canta una canción para alejar a los pájaros, en el olor del árbol, en la evocación del amor que sentimos, en la felicidad, en el pasado, en el tiempo perdido, a veces, esforzándonos por ser, por alcanzar los sueños, en la intimidad perdida cuando se va el ser amado, y la sensación de que jamás la recuperaremos. Incluso en el mensaje de esperanza que a pesar de todo logra transmitir, en la ligereza, como escribió Marie Curie en una felicitación enviada a su hija, poco antes de morir:

> Os deseo un año de salud, de satisfacciones, de buen trabajo, un año durante el cual tengáis cada día el gusto de vivir, sin esperar que los días hayan tenido que pasar para encontrar su satisfacción y sin tener necesidad de poner esperanzas de felicidad en los días que hayan de venir. Cuanto más se envejece, más se siente que saber gozar del presente es un don precioso, comparable a un estado de gracia.

Un día le dije a Rosa Montero que quería hacer un libro suyo en *Un libro una hora* y quedamos en hacer *La ridícula idea de no volver a verte*, pero le pedí que participara ella en la grabación, porque las partes en las que ella habla de su pérdida, los fragmentos que seleccioné eran tan personales que ninguna actriz podía ponerle voz. Y dijo que sí. Ha sido una de las cosas más mágicas que he hecho en el programa. Rosa Montero llegó el día de la grabación, se sentó con su perrito en el regazo, y leyó los fragmentos que yo le había preparado. Fue tan emocionante. Había un silencio absoluto en la «pecera» (donde estábamos el realizador, el técnico y yo). Y cuando terminamos de editar el programa, con mi voz, con la voz de una actriz, Marisol Navajo, que dio voz a Marie Curie, y la música, nos dimos cuenta de que aquello que habíamos hecho era algo excepcional. Fue maravilloso.

El arte es una herida hecha luz, decía Georges Braque. Necesitamos esa luz, no solo los que escribimos o pintamos o componemos música, sino también los que leemos y vemos cuadros y escuchamos un concierto. Todos necesitamos la belleza para que la vida nos sea soportable. Lo expresó muy bien Fernando Pessoa: «La literatura, como el arte en general, es la demostración de que la vida no basta». No basta, no. Por eso estoy redactando este libro. Por eso lo estás leyendo.

Los libros de Rosa Montero siempre me han hecho un poco mejor, pero *La ridícula idea de no volver a verte* me salvó la vida. No sé si se lo dije a Rosa.

81

Los seres felices
de Marcos Giralt Torrente

Hay pocos libros que me hayan impactado tanto en una época determinada de mi vida, que hayan llegado en el momento justo, como *Los seres felices*. Y es que cuando los libros coinciden con situaciones vitales esenciales y te cuentan lo que necesitas, es maravilloso. No me he cansado de recomendárselo a todo el mundo desde entonces. De hecho, un día Marcos Giralt Torrente me sorprendió, al encontrarnos en una presentación, llamándome «el hombre que recomendaba *Los seres felices*».

Curiosamente no he vuelto a leerlo desde que se publicó, en 2005. Pero está siempre en mi cabeza, y lo he sacado cientos de veces de su sitio para ojearlo (y también hojearlo). Está lleno de subrayados, de signos de exclamación y hasta de notas manuscritas. Yo tenía cuarenta años cuando se publicó y estaba lleno de preguntas, tratando de saber por qué nada funcionaba, ni con mis padres, ni con mi pareja, ni con mi familia, ni con mi vida.

Y es que *Los seres felices* habla de eso, de la historia de un hombre que tiene un hermano, y que analiza constantemente lo que ha sido la familia en la que han crecido, la relación con sus padres, y la relación entre ellos, la relación con su propio hermano. Y escarba y profundiza, y mete el dedo en la llaga, pero lo más asombroso es que cuando parece que ha llegado al centro de sus problemas, a la parte más oscura de sus pensamientos, entonces sigue profundizando, y va más allá, y mete un poco más el dedo, hasta el dolor. Hay reflexiones brutales sobre la madre, sobre todo, y sobre la relación entre ambos, padre y madre, y cómo influye en los hijos el servilismo del padre y la autoridad de la madre, y la personalidad de ambos.

Pero hay un segundo plano y es que, con la misma técnica, con la misma forma de escribir y de analizar, de buscar, Marcos Giralt Torrente reflexiona, a través de su protagonista (porque es una novela contada en primera persona), sobre el matrimonio, sobre la relación de pareja, sobre el amor, sobre la posibilidad de ser felices, sobre lo que hacemos para conseguir que esa relación funcione. Y ese análisis, desde una pareja que funciona, es tremendo también. Precisamente porque te hace plantearte cosas que están ahí siempre, vaya bien o vaya mal la relación, porque es una forma de analizar la pareja en sí, las contradicciones de esta cosa rara que es vivir en pareja, formar una familia, e intentar crecer y avanzar en la misma dirección. Hay reflexiones brutales, brillantes, profundas, emocionantes.

> Tenemos miedo del amor porque conduce a la verdad, y lo que necesitamos para seguir viviendo es la ficción, mentirnos, negar lo que otros ven y nosotros preferimos seguir negándonos.

Pero hay una característica esencial en esta novela y es que el narrador, tanto cuando habla de la familia como cuando habla de la pareja, muchas veces ese análisis lo hace sobre sí mismo, y se pregunta qué parte de culpa tiene él, más que descargar todo sobre los demás, con lo cual la novela se convierte en un ejercicio de introspección apasionante. «Lo que no otorga la herencia es un eximente para nuestras acciones», dice el narrador cuando habla de sus padres.

Pero para terminar de apasionarme, *Los seres felices* tiene un tercer plano, que es el mundo de la escritura. Y es que es una gran reflexión sobre el hecho creativo. Tengo la novela llena de anotaciones. En una de ellas escribí «¡Qué lección de escritura!». Porque el narrador (¿o el autor?) va reflexionando, mientras escribe, mientras cuenta las cosas, sobre el hecho de la escritura, sobre cómo lo hace, sobre lo que significa contar las cosas de una forma u otra, sobre lo que significa la literatura y para qué sirve.

No es fácil dirimir por qué se cuenta algo. Todo relato oculta intenciones espurias. Afirmarse, someter, justificarse, imponerse... Contamos historias sesgadas no porque queramos sino porque cualquier historia, por limpio que sea su propósito, tiene varias maneras de contarse y no pueden contarse todas. La única respuesta a por qué se cuenta es el contar mismo.

Los seres felices es una novela extraordinaria. Me estoy dando cuenta de que mi relectura va a ser maravillosa, porque en su momento, hace veinte años ya, me contó todas las cosas que me estaban pasando entonces. Me contó a mis padres, como si los conociera. Me contó muchas de mis dudas en mi relación de pareja, muchos de mis miedos, me contó incluso la dificultad de relacionarte con un hermano. Y ahora, pasado el tiempo, muchas de esas cosas, si no todas, se han solucionado. Va a ser interesante leerlo desde esa madurez. Tal vez descubra muchas otras cosas (seguro) que no encontré la primera vez. Hay que leer *Los seres felices*. Hay que leer a Marcos Giralt Torrente.

82

El comprador de aniversarios
de Adolfo García Ortega

Primo Levi cuenta en *La tregua*, el segundo volumen de su Trilogía de Auschwitz, la historia de un niño, Hurbinek:

> Hurbinek no era nadie, un hijo de la muerte, un hijo de Auschwitz. Parecía tener unos tres años, nadie sabía nada de él, no sabía hablar y no tenía nombre: aquel curioso nombre de Hurbinek se lo habíamos dado nosotros. [...] Estaba paralítico de medio cuerpo y tenía las piernas atrofiadas, delgadas como hilos; pero los ojos, perdidos en la cara triangular y hundida, asaeteaban atrozmente a los vivos, llenos de preguntas, de afirmaciones, del deseo de desencadenarse, de romper la tumba de su mutismo.

No hay nada en estos tres libros de Primo Levi que te deje indiferente. Nada. Pero la historia de Hurbinek, que tan solo ocupa tres páginas, es como un puñal que no te puedes quitar en mucho tiempo.

> Hurbinek murió en los primeros días de marzo de 1945, libre pero no redimido. Nada queda de él: el testimonio de su existencia son estas palabras mías.

Y frente a ello, para quitar ese puñal o para recordarle, Adolfo García Ortega le inventa a Hurbinek una vida en *El comprador de aniversarios*. Le compra la posibilidad de una existencia. Le compra cumpleaños, curación, esperanza, trabajo, futuro.

Esta novela me marcó absolutamente. Me hizo más humano, me hizo mejor. Y me abrió la puerta a toda la literatura de campos de concentración que devoré en los años siguientes. Desde Primo Levi hasta Semprún. Es una novela sobre la dignidad y sobre la memoria. Sobre el viaje que todos deberíamos hacer y, por desgracia, es más actual que nunca y, tristemente, más necesaria que nunca.

Auschwitz está demasiado cerca.

Hurbinek, por ejemplo, de haber sobrevivido tendría hoy cincuenta y nueve años.

Así empieza *El comprador de aniversarios*. Y se pregunta quién sería hoy Hurbinek. Y luego de qué le vale a él una vida inventada. Y la respuesta es que tal vez es una forma de redimirnos, tanto él como nosotros. Porque esta obra trata también de nuestro viaje, de lo que sabemos de lo que pasó, de la posibilidad de avanzar después de Auschwitz. *El comprador de aniversarios* habla de la banalización del mal, del nazismo, pero lo hace desde la actualidad, desde el año 2003, cuando se publicó. Y lo hace recordando a las víctimas, sus historias, de dónde vinieron, cómo llegaron allí, si salieron y cómo. Pero también lo hace recordando a los victimarios, a los verdugos, recordando el mal, recordando la crueldad infinita, en un relato doloroso que nos sigue sorprendiendo.

«Los ojos de Hurbinek son un idioma», dice Adolfo García Ortega. Y en ese idioma interpreta la historia y nos lleva desde Primo Levi hasta muchos otros personajes que pueblan la novela y que componen, poco a poco, toda la historia de dolor que tenemos que recordar, desde antes del nacimiento de Hurbinek, desde el principio del siglo XX hasta la actualidad, en una frontera borrosa entre la ficción y la realidad.

A mí me parece especialmente emocionante el capítulo en el que Adolfo García Ortega imagina vidas posibles para Hurbinek, metamorfoseándolo en un empleado de la red de tranvías de Budapest, o en la vida de Pavel Farin, escenógrafo brillante, ruso, o incluso en la del escritor Pablo Orgambide, o la del polaco nacionalizado francés Paul Roux. Y muchos otros. Porque Hurbinek somos todos.

Y *El comprador de aniversarios* habla también de la importancia de las palabras. Primo Levi cuenta que Hurbinek decía una sola palabra que nadie sabía qué significaba. «El desesperado intento por decir el silencio». Y Adolfo García Ortega trata de hacerle decir esa palabra que le falta y que lo define. Y nos habla de las palabras que marcan, que definen y que nos hablan de la violencia y de quiénes somos en realidad. «Solo cabe ser mudo tras el horror, y Hurbinek era mudo».

El comprador de aniversarios es un libro esencial que hay que releer cada poco. Recordar cada una de las vidas truncadas, imaginadas y posibles, cada objeto, cada parte de la historia. Es un viaje al horror impresionante, durísimo, pero enriquecedor y necesario.

Hay que acompañar a Adolfo García Ortega en este viaje, y reconocerse, y devolver, con cada palabra, la dignidad a Hurbinek. Y jamás olvidarlo.

He recorrido el siglo y me he adentrado en el horror del siglo, y he imaginado su gris epicentro en la corta vida del pequeño judío Hurbinek, de tres años. Pensarlo, saberlo, decirlo me ha cambiado, claro que me ha cambiado.

Ahora lo sé: yo iba a Auschwitz, pero ya no.

83

La conquista del aire
de Belén Gopegui

En esta parte del libro están los libros que me han marcado más en mi vida. No siempre por razones literarias (aunque creo que los veinticinco son grandes artefactos literarios), sino, las más de las veces, por cuestiones personales. Porque me pillaron en momentos de debilidad y me ayudaron, porque me explicaron lo que me pasaba, porque me consolaron, porque me hicieron hacerme las preguntas correctas y, algunos de ellos, porque me contaron un mundo que aún estaba por venir. Y esta novela es un claro ejemplo.

Descubrí a Belén Gopegui con la maravillosa *La estela de los mapas*, en 1993, pero me cautivó *La conquista del aire*, publicada en 1998, cuando yo tenía treinta y tres años y ya había pasado por una crisis económica después de tomar una de las grandes decisiones de mi vida, irme de la empresa en la que era fijo y en la que ganaba lo suficiente para vivir medianamente bien. Lo hice, tal vez, porque no quería en mi vida nada que fuera medianamente nada. Porque no quería pudrirme en un trabajo fijo y aburrirme, porque no quería solo sobrevivir y meterme en esa rueda de hámster donde todos los días y todos los objetivos eran iguales. Pero ya tenía familia y responsabilidades, y esa decisión tuvo una influencia enorme y me hizo enfrentarme por primera vez a uno de los grandes miedos: el dinero. O, más bien, la falta de dinero.

La conquista del aire plantea lo que les ocurre a tres amigos cuando uno de ellos les pide a los otros dos dinero prestado. Es una reflexión sobre la libertad del individuo en nuestra sociedad pero, sobre todo, es una reflexión sobre el dinero, y más concretamente sobre el dinero como conciencia moral. Dice Belén Gopegui en un magnífico prólogo que «en la Grecia clásica, algunos hombres podían desarrollar sus facultades en la asamblea, en el teatro, en la lucha, y confinar el dinero al recinto de lo doméstico. Hoy, sin embargo, cualquier instancia decae frente a la única capaz de traducir a todas las demás». ¿Es el dinero la única ética y la única forma de conocimiento de esta sociedad hiperconsumista?

Hay, en ese prólogo, una reflexión muy brillante sobre la utilidad de la literatura (tema que a mí me apasiona) y sobre la novela como instrumento formador de vida, cosa que yo no pongo en duda. Y tal vez justifica, teóricamente, el tema de esta novela y llama la atención sobre lo importante que es que la novela no sea solo emoción, para que no termine confundiéndose con cualquier otro entretenimiento. La novela como aprendizaje, la novela como teoría. «La novela se pierde, se diluye, cuando renuncia a saber», dice Gopegui. Y es esencial porque refleja cómo está construida la novela, la solidez de lo que cuenta y las reflexiones por la que nos obliga a transitar.

Los personajes son coherentes, están creados y representados de forma brillante. Durante toda la novela vamos viendo cómo los tres amigos, Carlos, Marta y Santiago, cambian, evolucionan, en sus vidas personales, en pareja, y profesionalmente. Vemos cómo les influye ese préstamo, cómo les va condicionando en la toma de decisiones, cómo esa ética del dinero les va guiando en sus relaciones.

> Las decisiones de la vida, lo habían comprobado, no se resolvían haciendo cálculos sino viviendo, porque la propia vida era el factor clave para calcular.

Al final, cuando tus decisiones en la vida son tan trascendentes y cuando tienes tantas dudas como tenía yo, una novela como esta te salva, te cambia, te abriga. Porque hay una inmensa reflexión sobre el mundo del trabajo, solo la búsqueda personal, sobre la coherencia de esta sociedad. Pero también habla sobre la relación con los más queridos cuando llega la crisis o cuando, sencillamente, la forma de pensar y de entender el mundo, cambia. También es un libro muy político, un libro que habla de la España de los ochenta, y de la ideología que sustentó el crecimiento económico, de la sociedad que estamos creando, de la coherencia y de la ética, una novela sobre las decisiones que tomamos, sobre la posibilidad de elegir.

Elegir, le diría, significaba determinar los fines de acuerdo con la razón. Tomar decisiones era solo escoger entre los deseos de un muestrario concebido por el apetito propio o ajeno, casi siempre ajeno.

La conquista del aire es un libro profundísimo que habla de un tiempo y de una edad, y de un territorio. Está maravillosamente escrito y estructurado, plagado de reflexiones que hacen que miremos hacia dentro. Contiene un poco de todo: amor, deseo, libertad, sexo, vida, cultura, pasado, política, economía. A mí me ayudó a seguir siendo quien era, o más bien, a entender por qué había llegado a donde estaba. Como dice uno de los personajes, solo los pasos dados nos dirán quiénes fuimos.

84

Brooklyn Follies
de Paul Auster

Elegir una obra de Paul Auster es un ejercicio frustrante. Pero tengo claro que Paul Auster tiene que estar en este libro porque algunas de sus obras han sido claves en mi vida. Me apasionó *El libro de las ilusiones* en 2003, en un momento muy determinado de la vida, cuando la libertad de cambiar y emprender una vida totalmente nueva era un desafío, y casi un proyecto. Devoré *La invención de la soledad*, del que tengo un recuerdo maravilloso, aunque, de alguna forma, temo volver a él. Me gustó muchísimo *Leviatán*, aunque descubrí a Auster con *La trilogía de Nueva York*, a finales de los noventa y lo primero que me engancharon fueron sus películas.

Pero he decidido que sea *Brooklyn Follies* la elegida, tal vez porque es un libro que cuando lo recuerdo se me dibuja una sonrisa. Y es que *Brooklyn Follies* es un libro que habla sobre el reencuentro con la vida, sobre cómo las casualidades pueden cambiar el sentido de la existencia y sobre el optimismo, sobre la felicidad. En realidad, como dice Guelbenzu, *Brooklyn Follies* es un cuento de hadas.

Se publicó en 2006 y cuenta la historia de los últimos años de Nathan Glass, que vuelve a Brooklyn «buscando un sitio tranquilo para morir». Así empieza la novela. Y es maravilloso cómo está estructurado este cuento de hadas, a base de historias que se van engarzando unas con otras, y hasta que todas ellas funcionan, porque *Brooklyn Follies* es la novela de las segundas oportunidades.

Nathan Glass se alquila un apartamento de dos habitaciones con jardín. No tiene problemas de dinero. Ha discutido con su hija Rachel antes de trasladarse allí. Al poco de llegar, en uno de sus paseos, se encuentra con su sobrino Tom, al que no ve desde hace siete años, al entrar en una librería muy peculiar, Brightman's Attic. Tom ha llevado una vida extraña porque ha renunciado a terminar su tesis, después de estudiar mucho, convencido de que no estaba preparado. La librería es de un tal Harry Brightman, que tiene un pasado de estafador de obras de arte y una historia maravillosa. Historias que empiezan a cruzarse, que Auster cuenta maravillosamente, que vas atesorando mientras siguen apareciendo los personajes de una forma natural.

Porque además está la historia de Rory, la hermana de Tom, que tiene una hija que se llama Lucy, que será clave en la historia. Rory tiene una historia trágica y complicada, pero el caso es que un día la pequeña Lucy se presenta en casa de Tom, sin abrir la boca, prácticamente con lo puesto, para vivir con él, que tiene un apartamento diminuto. Así que Nathan decide llevársela a su casa. Y luego aparece la gran Nancy Mazzucchelli, de la que Tom está enamorado, solo con ver cómo cada mañana lleva a sus hijos al autobús escolar. Y la historia de Nancy es maravillosa, una artesana que hace joyas y a la que Nathan compra una joya para enviar a su hija, con una carta, y reconciliarse con ella. Y además está la madre de Nancy, y la pareja, y los hijos.

Es delicioso cómo todas las historias se van uniendo unas a otras, junto a muchas otras, como la historia de la bella Marina, de la que Nathan está secretamente enamorado y que trabaja de camarera en el restaurante Cosmic Diner, donde Nathan come cada día, y cómo todo cobra sentido. La búsqueda de Rory, la relación entre Nancy y Tom, la historia del librero Harry Brightman. Es delicioso dejarse llevar por las historias, y sentir que todo va colocándose, porque todos y cada uno de los personajes de la novela tienen una segunda oportunidad. Y los que no la tienen desaparecen de este cuento de hadas, como la bella Marina. Los demás avanzan, toman decisiones, se salvan de alguna forma, se redimen, deciden hacer lo que siempre soñaron, ser felices o intentarlo, por lo menos.

Los libros sobre las segundas oportunidades. Ya hemos visto algunos y es un tema maravilloso, para mí. Cuando leí por primera vez *Brooklyn Follies* me di cuenta de que todo estaba por hacer, que daba igual las veces que me parara, que pensara que me había equivocado, porque si tenía la cabeza suficientemente bien amueblada y si tenía la suerte de cruzarme con las personas adecuadas, tendría una segunda oportunidad y, al fin, las cosas saldrían bien. Yo podría ser un personaje más de *Brooklyn Follies*.

Solo hay un pero a este cuento de hadas, y es la escena final. Nathan se recupera en el hospital de lo que creían que era un infarto y no lo es (más segundas oportunidades). Por la mañana sale muy pronto, lleno de vida. En lo alto, el cielo es azul intenso. Es 11 de septiembre de 2001. Muy poco después el primer avión se estrellará contra la torre norte del World Trade Center.

Sólo dos horas después, la humareda de tres mil cuerpos carbonizados se desplazaría hacia Brooklyn, precipitándose sobre nosotros en una nube blanca de cenizas y muerte. Pero de momento todavía eran las ocho de la mañana, y mientras caminaba por la avenida bajo aquel radiante cielo azul era feliz, amigos míos, el hombre más feliz que jamás haya existido sobre la tierra.

El atentado de las Torres Gemelas cambió el mundo, está claro. Paul Auster dijo que los párrafos finales le daban un vuelco total al libro y que todo cobraba un sentido inusitado, transformando la novela en una elegía, en un himno a una forma de vivir que desapareció de un plumazo de la faz de la tierra.

Yo me quedo con el futuro y con las segundas oportunidades.

85

Beatus ille
de Antonio Muñoz Molina

A lo mejor, si tuviera que elegir una obra de Antonio Muñoz Molina elegiría *El jinete polaco*, con ese arranque prodigioso en un hotel de Nueva York y ese final maravilloso, esa invocación al señor de las bestias y de los gusanos para que les conceda el privilegio de no saciarse jamás («dicta para nosotros un porvenir del que por primera vez en nuestras vidas ya no queramos desertar»), o la extraordinaria *Sefarad*, incluso la última novela, *No te veré morir*, que me pareció un prodigio por la forma en la que está contada (esa primera frase que ocupa todo el primer capítulo, más de sesenta páginas) y por la historia que cuenta, brutal y definitiva. Pero sin embargo he elegido *Beatus ille*, que fue su primera novela, publicada en 1986, porque hay una historia con *Beatus ille* que ha sido muy importante para mí.

En abril de 2023, el día del Libro, decidimos hacer una edición especial de *Un libro una hora* en un teatro, por primera vez, con público y contando la novela de un autor vivo. Yo elegí a mi autor favorito, el que creo que es el autor vivo más importante de nuestra literatura, Antonio Muñoz Molina, y elegí para llevar al teatro *Beatus ille*, tal vez porque tenía un recuerdo maravilloso de su lectura. Volver a leerla fue una experiencia extraordinaria, y más sabiendo que luego tenía que hacer la adaptación para el programa. Con una tensión añadida, y es que a mí los clásicos se me quejan poco cuando hago adaptaciones de sus obras pero, de repente, pensar que le tendría que mandar el guion a Muñoz Molina me tensaba mucho.

Beatus ille es una novela de una madurez alucinante para ser una primera novela y tiene una estructura compleja, con una gran dificultad: no se sabe hasta el final quién es el narrador. Hay una voz esencial que no sabemos quién es y eso te crea una inquietud desde el principio.

Beatus ille cuenta la historia de Minaya, un chico que vuelve a su pueblo huyendo de la represión policial y de una posible detención después de participar en unas revueltas. Son los años sesenta del siglo XX. Aparece una tarde ante la casa de su tío Manuel, en Mágina. Estuvo en aquella casa cuando tenía seis años, antes de que se mudara con sus padres a Madrid. En Mágina hay una historia que ha marcado a la familia. Manuel se casó con una maravillosa mujer que murió la noche de bodas de un disparo en la frente, que siempre se ha dicho que venía de una bala perdida en una persecución de un falangista por los tejados del pueblo. Entonces vivía en Mágina un amigo de Manuel, un escritor llamado Jacinto Solana. Y precisamente, la justificación que se inventa Minaya para irse a Mágina es que va a escribir una tesis sobre Jacinto Solana.

Y a partir de ahí Minaya se interesará de verdad por la historia y poco a poco se irá empapando de Jacinto Solana, de su personalidad, de todo lo que hizo, su relación con Buñuel, su pintura y el libro que quería escribir, que se iba a titular *Beatus ille* y, sobre todo, se interesa por la relación que tenía con Mariana, la mujer que se casó con su tío. Mariana es un personajazo, ausente, que llena de recuerdos la casa, pero de la que Minaya solo logra saber lo que le cuentan. En el dormitorio que compartió con Mariana una sola noche, Manuel guarda su vestido de novia y los zapatos blancos y el ramo de flores artificiales que ella llevó en la mano el día de la boda. Ha distribuido las fotografías de Mariana y de Jacinto Solana por la casa según un orden privado que le permite convertir su paso por las habitaciones en una reiterada conmemoración.

En la casa también están la abuela de Minaya y un tipo que vive con ellos, escultor, que se llama Eugenio Utrera. E Inés, una chica que sirve y que cada noche se va a cuidar a su tío, enfermo, y de la que Minaya se enamora. La novela es apasionante. Minaya empieza a investigar la extraña muerte de Mariana, y va tejiendo la historia de ese triángulo que forman los dos grandes amigos, Manuel y Jacinto Solana, y la mujer de la que ambos están enamorados.

En la primera parte de la novela Muñoz Molina plantea todas las tramas, todas las preguntas, reparte todas las cartas. En la segunda parte cuenta todas las historias de todos los personajes que tienen algo que decir en esta trama, teje todos los flecos, nos ayuda a entender por qué cada uno se comportó de una manera, nos enseña el universo de Mágina, como quien descorre un telón para que podamos entender toda la historia. Y en la tercera parte nos da las respuestas. Es una estructura, casi, de novela negra.

No voy a contar quién narra la novela. Merece la pena leerla y sentir esa emoción, esa sorpresa. En realidad, merece la pena todo, descubrir las maravillosas historias de amor que encierra ese triángulo, la historia de la guerra y la represión, pero también lo bien contados que están esos personajes, desde el magnífico Jacinto Solana y su renuncia, o Manuel, siempre de alguna forma al margen, la abuela controladora y hasta el siniestro Utrera, o la bella Inés, que encierra un secreto y una promesa. Una novela redonda, brutal, inquietante, emocionante y profunda. Una increíble primera novela que ya nos hablaba de quién sería Antonio Muñoz Molina.

Y después de la emoción de leerla vino la maravilla de salir a un escenario con Antonio Muñoz Molina y contar *Beatus ille* frente al público. Antonio hizo el papel de Manuel y fue absolutamente inolvidable oírle narrar su propio libro y ver cómo al final se emocionaba, y saber que le gustó lo que hicimos.

Una maravilla, una velada inolvidable, una novela deliciosa. Hay que leer a Antonio Muñoz Molina, de arriba abajo.

86
La hija del comunista
de Aroa Moreno Durán

La hija del comunista es una de esas novelas que se te quedan dentro, aunque no tenga que ver contigo el argumento de la novela. Seguramente por la forma en la que está contada, y porque al final trata de la familia, del desarraigo, del amor, de la búsqueda de tu propia identidad, de la huida, de la, a veces imposible, vuelta atrás y de la memoria. De los muros que separan. De las políticas y las ideologías. Y de la traición.

Cuenta la historia de una pareja que se exilia tras la Guerra Civil y acaba en Berlín, en la Alemania Oriental. Y cuenta la historia de Katia, una de las hijas, cómo crece y cómo se siente encerrada en aquel Berlín y en aquella casa y cómo huye. Y de qué huye. Y todo lo que ocurre después.

Creo que todo empieza con una maleta, escondida debajo de la cama de los padres, que las hijas encuentran jugando, y abren, y dentro están todos los recuerdos, todas las historias que nunca les han contado. Es brutal la escena en la que la encuentran, y cómo a la madre se le cae el cesto de la ropa cuando las descubre, cómo se apoya en la pared y va resbalando poco a poco hasta el suelo, cómo, cuando llega el padre, empieza a dar gritos por la casa diciendo cosas que no se les dicen a los hijos. Y, así, Katia y Martina descubren que tienen una familia. Nada menos.

Tienes una tía en Madrid, que es mi hermana y que se llama Carola, esta es, y esta soy yo. Y un tío, hermano de papá, que se llama Gabriel y que tiene dos hijos...

Y ese descubrimiento le vuela la cabeza a Katia y le hace preguntarse por primera vez qué culpa tiene ella. Es brutal esa reflexión sobre esa forma de desarraigo a la que sus padres han obligado a las dos hermanas. Pero Katia todavía no tiene la pulsión de saber. Solo tiene la necesidad de rebelarse, de romper con las decisiones de su padre, con el régimen comunista que la oprime.

Hay una electricidad entre emoción y memoria: cerebro, neuronas, flash. Una complejidad natural: a mayor emoción, más facilidad de que un suceso pueda ser recordado. La emoción es el filtro y es la marea. Es la revolución. La nitidez de la memoria está atada a la impresión que algo nos produce. A la vez, una catarata química se desencadena, un movimiento imparable y adictivo. Es el fin del juicio crítico. La dilatación de las pupilas es el pequeño animal que se esconde contra el Estado.

Es toda una experiencia seguir a Katia en su camino de ida, en su huida particular, y vivir con ella todo lo que le ocurre, todo lo que siente, todo lo que le emociona y lo que no. Y es absolutamente maravilloso seguirla en su viaje de vuelta (aunque, en realidad, todos los viajes son de ida, no hay viaje de vuelta porque siempre somos personas diferentes de las que se fueron), en su decepción.

Y es que un día Katia vuelve a la casa de donde huyó, en Berlín, y se reencuentra con su hermana, y con su vieja madre. Es una escena impresionante, imposible de olvidar. El mundo ha cambiado. Todos han cambiado. Pero es que *La hija del comunista* también trata de eso, de quiénes somos en cada momento de nuestra vida, de cómo aprendemos y de cómo sufrimos, y de la necesidad de reconocer los cambios, los errores, las victorias y las derrotas.

Y para terminar ese viajazo por la vida de Katia, *La hija del comunista* nos hace preguntarnos una cosa esencial: ¿qué sabemos de nuestros padres?, ¿qué secretos nos han guardado siempre? Y, sobre todo: ¿los queremos conocer?, ¿los podemos entender?

La hija del comunista se publicó en febrero de 2017, de la mano de Lara Moreno y la editorial Caballo de Troya. En octubre de 2017 murió mi padre sin que yo le hubiera hecho las preguntas esenciales. Sin saber casi nada de él y sin que él supiera nada de mí, después de haber vivido más de cincuenta años a su lado. Tal vez por eso, de pronto, recordé ese final de *La hija del comunista*, que parecía hablarme a mí, contarme mi historia, meses después, desde un lugar tan ajeno a mí. Maravillas de la literatura.

La hija del comunista es otra de esas novelas escritas en estado de gracia. Creo que es una experiencia extraordinaria leérsela.

Ya solo me queda por decir *Poyejali*.

87

Velázquez desaparecido
de Laura Cumming

En este libro estoy hablando sobre todo de novela. Es verdad que hay un poemario y una obra de teatro, y que habrá relatos, así que también quería que hubiera un ensayo. Hay muchos ensayos que me han marcado, que podrían estar entre los libros de mi vida, creo que incluso podría haber un volumen solo de poesía, o solo de teatro, o solo de ensayos, o solo de relatos. He seleccionado *Velázquez desaparecido* porque aquí estoy hablando de libros que me han marcado, y en esta última parte de los libros más personales. Hay una anécdota muy divertida: la mayoría de las veces que recomiendo este libro me equivoco de título y digo «Velázquez enamorado». Y seguramente me pasa porque yo me enamoré de Velázquez después de leerlo. Nunca más lo vi de la misma forma. Lo entendí. Lo disfruté. Y desde que lo leí, la emoción al plantarme delante de *Las meninas* o de cualquiera de los cuadros de Velázquez (sobre todo de mi favorito, *Vista del jardín de la Villa Medici en Roma*) ha aumentado.

Velázquez desaparecido es un ensayo espectacular sobre Velázquez, sobre pintura, sobre un cuadro perdido, sobre un librero que adquiere ese cuadro. Un libro lleno de pasión y que además se lee con una emoción difícil de contener. Laura Cumming nos cuenta la historia de John Snare, que en una subasta, en 1845, adquiere un lote de cuadros entre los que cree reconocer un Velázquez, un retrato de Carlos I de Inglaterra. A partir de ahí, su vida se transforma y gira solo alrededor de este cuadro. Se arruina, es difamado, acusado, intentan quitarle el cuadro, lucha, se defiende, pierde a su familia, cambia de país, de profesión, de vida. Primero para lograr autentificar el cuadro, y luego para conservarlo.

Y *Velázquez desaparecido* nos cuenta también cómo era, a mediados del siglo XIX el mundo del arte (y el mundo en general). Cómo se hacían las autentificaciones, las exposiciones; cómo se conocían los cuadros de los grandes maestros cuando no se tenía la capacidad de viajar a verlos. Porque ahora estamos acostumbrados a conocer la obra de cualquier pintor y a acceder a cualquier obra, en este tiempo globalizado y tecnificado en el que los rayos X nos han permitido ver el pasado de los lienzos o en el que con un clic en internet podemos visitar cualquier pinacoteca. Pero hace menos de doscientos años casi no se sabía escribir el nombre de Velázquez en Inglaterra, y verlo era una opción remota para muchos.

Es apasionante la lucha de John Snare por demostrar que ese cuadro es de Velázquez y la lucha por conservarlo en vez de venderlo, de mostrarlo, de disfrutarlo. «Sin embargo, parece que nunca se cansó de él ni le culpó de haber traído la ruina a su familia; solo aumentaba su amor por el cuadro», nos cuenta Laura Cumming. Y es comprensible, porque el cuadro de Velázquez (que sigue perdido en la actualidad), según las crónicas y la descripción que podemos leer en *Velázquez desaparecido*, era maravilloso, especial, como cada uno de los cuadros de Velázquez. Y es que este ensayo cuenta, además, un misterio. La historia de la aparición y luego desaparición de un cuadro de Velázquez. Y es una historia muy sorprendente y muy emocionante.

Velázquez desaparecido también es un apasionado retrato de Velázquez como persona y, por supuesto, como pintor, y de su obra. Porque nos cuenta quién era Velázquez y cómo llegó a ser el pintor de la corte, además de un alto funcionario de palacio, sus pocos viajes, lo que se sabe de su vida, su parte más íntima, lo que pensaba del mundo y de sus semejantes, en un viaje apasionante por sus cuadros, y por lo que representan.

No es un tratado erudito de pintura, aunque nos cuenta la técnica de cada uno de ellos y nos hace ver lo especial que tiene cada cuadro, pero además Laura Cumming nos hace ver los cuadros de Velázquez de una forma especial, humana. «Si el arte de Velázquez nos enseña algo es la profundidad y complejidad de los demás seres humanos». Es un placer acercarse a *Las meninas* de su mano, tratar de entender el cuadro, saber quién es cada una de las personas representadas, adónde da la escalera por la que se irá el personaje que está al fondo, y quiénes somos nosotros en la composición «pues crea la ilusión de que las personas que vemos también son conscientes de nuestra presencia, que su escena está completa con nosotros».

No solo es una lectura gratificante, divertida, emocionante, sorprendente, no solo es un retrato de nuestro mundo en dos momentos muy precisos, la segunda mitad del siglo XIX y la primera mitad del XVII, no solo es una forma de descubrir a Velázquez como persona, de acercarse a su obra, además es un libro apasionante que se disfruta desde la primera página hasta la última, que te deja con ganas de saber más, de salir corriendo a visitar el Museo del Prado, de mirarte en *Las meninas*, de enamorarte de este *Velázquez desaparecido*.

88

El lápiz del carpintero
de Manuel Rivas

En diciembre de 2024, en la gira de *Un libro una hora*, contamos *El lápiz del carpintero* en un teatro abarrotado de Santiago de Compostela. A mi lado estaba Manuel Rivas. Fue una de las cosas más bellas y más emocionantes que he hecho en mi vida. Y eso que adaptar *El lápiz del carpintero* fue muy complicado.

La novela la cuenta un narrador en tercera persona, pero gran parte de lo que sucede lo cuenta Herbal, un personaje siniestro, un guardia de prisiones en la Guerra Civil y en la inmediata posguerra, que sin embargo habla a veces por boca de un pintor, un hombre al que ha matado él mismo de un disparo en la cabeza, como si el pintor, después de muerto, se hubiera metido en su cabeza. De hecho, desde que mata al pintor, Herbal empieza a dibujar muy bien. El pintor es un ser luminoso, un artista maravilloso que le sirve a Herbal para entender un poco, para tener compasión, para dulcificarse, para hacerse mejor, casi bueno. El pintor está inspirado en Camilo Díaz Baliño. Y no sé si decir que esta historia en realidad la cuenta el lápiz del carpintero. Eso nos dijo Manuel Rivas.

Y luego está la historia del doctor Da Barca y su mujer, Marisa Mallo (basados también en dos personajes reales). A Marisa, Herbal la conoce desde siempre, la ha visto crecer en su aldea, hija del más rico de la zona y la ha deseado siempre. Esa es una bella historia. Y el doctor Da Barca acaba detenido por Herbal y encerrado en la cárcel que él vigila. Así que Herbal, de alguna forma, le cuida. No se sabe muy bien si por amor a Marisa o porque la voz del pintor le lleva por el buen camino. Y esa historia de la transformación de Herbal es emocionante y es uno de los motores de la historia. Herbal, al final, nos está contando todo esto mientras trabaja en un burdel en Galicia, cuidando de las chicas y del negocio, y como amante de la dueña, viejo, cansado, pero con su lápiz de carpintero en el bolsillo.

Hay algo maravilloso en la forma de contar las cosas de Manuel Rivas, de ligar una historia con otra, de ir cambiando de narrador y de punto de vista, de reflexionar sobre el mal y sobre el bien. Hay una poesía en la forma de expresarlo, hay una complejidad en el lugar desde el que se cuenta la historia, tanto si habla uno como si habla el otro, porque al final Manuel Rivas habla desde nuestras conciencias, habla desde el corazón, desde esa bondad que representan Da Barca y el pintor, porque frente a todo lo malo, frente al horror de la guerra, frente a todo lo oscuro, *El lápiz del carpintero* nos cuenta una maravillosa historia de amor.

Y nos cuenta la historia de Da Barca, un hombre comprometido, luchador, inteligente, que no duda nunca en tomar la decisión correcta, y la historia de Marisa Mallo, que se enfrenta a su familia para estar con Daniel Da Barca, que le va llevando, con cada comida, a la cárcel, una pistola, en piezas, para que su amado se escape. Que le espera, que le busca, que a la vuelta de una estancia en Valencia le va a buscar al tren en el que vuelve a Galicia esposado, solo para darle algo de comida y para compartir con él un rato. Esa mujer tan hermosa, tan inteligente, que termina pasando toda su vida con Da Barca.

Es maravillosa la escena en la que Marisa está en la estación y se sube al tren para acompañar a su marido, que viaja junto a un sargento y junto a Herbal, y cómo Da Barca convence, con su simpatía y con su voz, al sargento para que una vez que lleguen a Vigo les dejen pasar una noche juntos, una noche de recién casados (porque se han casado por poderes) antes de pasarse otra buena temporada separados. Es una de mis escenas favoritas. Emocionante, tierna, profunda. Y cómo a la mañana siguiente un fotógrafo de emigrantes los retrata y ella lo abraza de forma que no se vean las esposas.

>   Nunca los he vuelto a ver. [...] Supe que Marisa había tenido un hijo, cuando él todavía estaba en San Simón. ¡El niño de la noche de bodas! Al doctor Da Barca lo soltaron a mediados de los cincuenta. Luego se fueron para América. Eso fue lo último que me dijeron de ellos. Ni siquiera sabía que habían regresado.

El lápiz del carpintero es una novela esencial, una novela que nos habla de la dignidad, de nuestra propia condición, una novela de profunda raíz antifascista que nos cuenta algo que ocurrió y que no debemos olvidar, pero que sobre todo nos habla de posibilidad de hacer las cosas de otra forma, de la bondad, de la solidaridad, de la posibilidad de vencer, de la esperanza y del amor.
¡Qué más se puede pedir!
Hay que leer *El lápiz del carpintero* y hay que leer a Manuel Rivas, de arriba abajo.

89

El soldado de porcelana
de Horacio Vázquez-Rial

Un día, a finales del siglo pasado, estaba revolviendo estanterías y mesas en una de las grandes librerías de Madrid cuando descubrí un voluminoso ejemplar que me llamó la atención, no por el autor, al que no conocía, sino por el argumento que explicaba en la contracubierta: trataba sobre la vida de Gustavo Durán, pianista, amigo de Falla en los tiempos de la Generación del 27, y de Lorca, admirado por Hemingway y Gil de Biedma, general del Ejército Republicano, y exiliado, luego; puede que espía ruso (cosa que nunca se pudo demostrar) pero casi seguro que lo fue del lado norteamericano: estuvo en Argentina cuando Perón tomó el poder, representó a la ONU en el proceso de independencia del Congo Belga; relacionado con Roosevelt, con Rockefeller; murió en Grecia en los tiempos del Golpe de los Coroneles…

No me lo podía creer. Nada me podía parecer más interesante, así que lo compré y devoré en pocos días sus más de novecientas páginas en esa edición de bolsillo (donde ponía «Edición definitiva») para descubrir no solo que era una historia fascinante, sino que era una de las mejores novelas que me había leído hasta entonces.

El soldado de porcelana tiene un ritmo frenético, está escrita con pasión, con elegancia, está llena de historias profundas, de historias de amor construidas con primor, de vidas ejemplares, de luchas heroicas, de ideologías puras. Recorre casi toda la historia del siglo xx y lo más asombroso es que, además, ha creado una serie de personajes inolvidables: el caso de Jacobo Beckman y Antonio Reyles, ambos argentinos, es antológico: tan redondos, tan profundos, tan vivos y tan literarios a la vez, llenos de matices y de magníficas bifurcaciones, de aristas, de caminos que se pierden, que hay que reconstruir.

Me pregunté quién sería ese autor que no conocía y que había escrito semejante maravilla (yo, que me creía tan leído) y descubrí que Horacio Vázquez-Rial había escrito entonces ya casi una veintena de novelas, que busqué y leí en los siguientes meses con auténtica obsesión, para descubrir que los mismos personajes aparecen en casi todas sus novelas y así podemos asistir, en *Frontera Sur*, al nacimiento de Reyles y Beckman, como en otras novelas asistiremos a sus muertes, a sus amores. Y lo mismo pasa con otros personajes, como Mila Solé, como Bardelli, como Vero Reyles, unas veces narrador y otras protagonista. Y aparecen otros que fueron secundarios en algunas novelas y protagonizan la siguiente, siempre llena de referencias, en una cosmogonía gozosa que te da una idea del universo completo del autor. Leerse todas las novelas de Horacio Vázquez-Rial es tener una visión que lo abarca todo, que todo lo pone en duda, que se plantea todo, llenas de emoción, de tristeza, de deseo. Hasta las que se salen de esta cosmogonía son apasionantes, como *Las dos muertes de Gardel*, y *Las leyes del pasado*, donde cuenta el nacimiento de las mafias bonaerenses a principios del siglo xx.

El soldado de porcelana cuenta la vida de Gustavo Durán, desde que es un niño, un amante de la música, un gran pianista hasta que la historia y los acontecimientos le hacen tomar partido, comprometerse e integrarse en el ejército republicano, donde tuvo un papel relevante en la defensa de Madrid. Y luego llega el exilio, esa época mucho más oscura donde Durán se deja ver en sitios insospechados, en actividades a veces sospechosas y termina muriendo en Grecia. La vida de Durán, de por sí, es apasionante, pero es que *El soldado de porcelana* cuenta mucho más. Cuenta lo que ocurre en la cabeza y en el alma de Durán durante la guerra, cuenta lo que aprende, cómo gestiona sus emociones, sus deseos, sus afanes. Y puebla la novela de unos personajes maravillosamente trazados, inolvidables. Es una lectura enriquecedora.

Yo estoy un poco harto de perder la guerra, y de que me lo cuenten, una y otra vez, pero esta es una de esas novelas que van más allá, que aportan algo de humanidad, de comprensión, de matiz, de verdad (diría yo) a la contienda. Está llena de historia y de historias. Recorre, además, casi todo el siglo XX, desde que Elena Solé y José Durán (padre de Gustavo Durán) se levantan de la cama en un burdel, el 13 de noviembre 1906, hasta que Jacobo Beckman deposita unas flores sobre la tumba de Gustavo Durán, en Creta, en 1969, y luego se echa a llorar.

> Quédate tranquilo comandante. Nada cambia y, sin embargo, todo está cambiando constantemente. Pero siempre hay alguien que recuerda. Pobres de nosotros, el día que nadie recuerde.

Hay un aspecto importante en los libros de nuestra vida, que es con quién los has compartido. Yo he intentado compartir los libros de mi vida con las personas que más he querido, y no me he cansado de recomendar todos los que están en este libro, pero sobre todo *El soldado de porcelana* porque realmente es un libro muy especial y con una sensibilidad muy particular que te une automáticamente con quien la comparte.

No hay nada tan maravilloso como compartir una tarde con alguien especial hablando de libros y descubrir que ambos leímos *El soldado de porcelana*, y ante una caña, acodados en la barra de un bar, que se nos llenen los ojos de lágrimas hablando de Gustavo Durán y recordando lo felices que fuimos leyendo *El soldado de porcelana*.

90

El olvido que seremos
de Héctor Abad Faciolince

Leí *El olvido que seremos* en octubre de 2017, cuando lo publicó Alfaguara. El mes y el año que murió mi padre, y para mí fue una forma de recordarle, aunque mi padre no se parecía absolutamente en nada a Héctor Abad Gómez, el protagonista de la novela. ¿O sí?

«Ya somos el olvido que seremos», escribió Borges, y el autor de este extraordinario libro de memorias, lo ha escrito precisamente para no olvidar a su padre, Héctor Abad Gómez, luchador por la libertad en Medellín, Colombia, asesinado a tiros en plena calle, a plena luz del sol, con la mayor impunidad.

Estamos acostumbrados a escucharlo cada día, a convivir con la violencia, y sin embargo, ese libro asombra porque, desde nuestra perspectiva, parece fantasía, parece que no puede existir un mundo en el que se conviva con tanta saña, con tanta corrupción, con tanta desidia, con tantos asesinatos diarios, pero sin embargo ahí está, es nuestro mundo. Basta con no apartar la mirada.

> Es posible que todo esto no sirva de nada; ninguna palabra podrá resucitarlo… pero de todas formas yo necesito contarla. Sus asesinos siguen libres… Solamente mis dedos, hundiendo una tecla tras otra, pueden decir la verdad… para que se sepa. Para alargar su recuerdo un poco más, antes de que llegue el olvido definitivo.

Pero este libro está escrito desde una perspectiva emocionante, porque cada una de sus palabras está llena de ternura, de amor, y está contado con una paz de espíritu que se transmite, que, de alguna manera, te cambia la forma de ver la vida. De hecho, este libro es un canto a la vida.

Toda la primera parte es un emocionado recuerdo de quien debió ser un hombre admirable, primero en lo personal, en lo familiar, y según va avanzando el libro, en lo social, en lo público, en el servicio a los demás.

> Yo quería a mi papá con un amor que nunca volví a sentir hasta que nacieron mis hijos... Yo amaba a mi papá con un amor animal.

Hay unas reflexiones maravillosas y muy valientes sobre la paternidad, sobre el orgullo con que hemos mirado a nuestro padre, sobre las caricias, sobre el amor, sobre las cosas que al final de la vida se recuerdan: es magnífica la historia en la que el autor recuerda que su padre siempre lo abrazaba y lo besaba al llegar a casa y luego soltaba una enorme carcajada (amor y felicidad); con el tiempo temió que sus amigos pensaran que era mariquita por eso, porque su padre lo besaba, pero sus amigos, en la madurez, le confesaron que siempre habían envidiado ese saludo. Hay recuerdos dolorosos, tiernos, emocionantes, felices, y sin embargo, no hay ni una gota de sensiblería, nada que sobre en las páginas de la novela.

En la segunda parte el autor nos cuenta cómo va creciendo el compromiso y el servicio público de su padre hasta alcanzar cargos de responsabilidad en organizaciones de defensa de los derechos humanos, mientras que es atacado, vilipendiado por las mafias y por las autoridades, señalado por los paramilitares y asesinado al fin, en la mayor impunidad. La escena en la que el autor intuye que su padre ha sido tiroteado y corre por la calle hasta encontrarlo es estremecedora.

Hay una realidad que se nos escapa a los europeos y por eso está muy bien que Abad Faciolince nos cuente cómo era la dura realidad en Colombia durante un tiempo. Por sus páginas desfilan políticos muy conocidos aún y se citan protagonistas de la historia más reciente. Da igual, aunque no supiéramos nada, aunque pensáramos incluso que nos habla de un mundo ficticio, de todas las formas, se nos encogería el corazón y nos sentiríamos, al terminar de leerlo, un poco más libres, un poco más personas.

91

La escritura o la vida
de Jorge Semprún

Llegué a Jorge Semprún en un viaje extraño, en el que fui descubriendo muchos libros de literatura de campos de concentración. Después de leer la maravillosa, la estremecedora, la iluminadora, *El comprador de aniversarios* de Adolfo García Ortega (de la que ya he hablado), que me abrió las puertas de la trilogía de Primo Levi (que no había leído) llegué a Semprún. Increíblemente tampoco había leído nada suyo. Estamos hablando del año 2002. Yo tenía treinta y siete años. Empecé por *La escritura o la vida*. Y luego seguí leyendo a Semprún, tanto su obra autobiográfica, divertida, canalla y lúcida como pocas, como su literatura de campos de concentración, como *Aquel domingo*, *El largo viaje* y *Viviré con su nombre, morirá con el mío*, que entonces acababa de salir, o la obra que no tiene que ver con una cosa o la otra, como la fantástica *La algarabía* o la maravillosa *Veinte años y un día*.

No he dejado de leerlo. Porque leer a Semprún es una experiencia intelectual única, gratificante, completa, enriquecedora, que te abre una ventana al mundo que jamás puedes volver a cerrar, que te ilumina, que te muestra quién eres, como europeo, mejor que cualquier otra obra que yo haya leído.

Las obras de Semprún suelen empezar con una escena que funciona como el cabo de un ovillo, un lugar desde el que empezar a tirar, y luego todo va sucediéndose, de una cosa pasa a otra, una reflexión te lleva a otra, de la filosofía a la política, a la ética, al recuerdo, para volver a empezar, una y otra vez, en una larga reflexión sobre el ser humano, sobre la dignidad y, sobre todo, alrededor de la idea de Europa, de la cultura de la vieja Europa. No he leído nunca a nadie más culto ni que me haya aportado tanto como Semprún.

La escritura o la vida se publicó en 1994. Comienza con una escena increíble en la que Semprún se da cuenta de que en Buchenwald no hay pájaros. Se pasea, recién liberado el campo, por los bosques cercanos, rodeado de silencio y se da cuenta de que el olor de la incineradora ha alejado todo rastro de vida.

> Necesitaría varias vidas para poder contar toda esa muerte hasta el final, tarea infinita.

Una de las reflexiones principales de Semprún es que durante veinte años se ha mantenido en silencio ya que ha tenido que elegir entre vivir y contarlo, sumergiéndose así en una afasia voluntaria, en un olvido capaz de regenerarle. Al final del libro cuenta con ternura y emoción la historia de Primo Levi, un hombre que, al contrario, fue capaz de escribir dos libros nada más ser liberado donde contó su experiencia y luego su liberación, y que aguardó varias décadas para volver sobre el tema y publicar sus reflexiones más profundas en *Los hundidos y los salvados* y que sin embargo terminó suicidándose muy poco después, como si la muerte al final le hubiera dado alcance, como si se hubiera dado cuenta de que no merecía la pena vivir. Como si entre la escritura o la vida él hubiera elegido la escritura y eso se lo hubiera llevado por delante.

En *La escritura o la vida* está la memoria de Semprún, parte de sus recuerdos de Buchenwald, historias terribles que aún hoy me siguen pareciendo inimaginables, casi irreales, y sin embargo tan cerca de nosotros. Pero también está toda la cultura europea, la que nos llevó hasta el *Lager*, la cultura de la que venimos y la cultura que nos hará avanzar: un viaje por la memoria y por el pasado, para dignificar el futuro: una sucesión de armas para construirlo. Y cada uno de los temas que abre nos lleva a otro. Política, filosofía, literatura. Aquí está todo. A veces parece que Semprún nos lo cuenta de una forma desordenada, según le viene a la cabeza, pero al final es una larga memoria emocional y cultural, un recorrido fascinante, que hoy, que renace el fascismo, tenemos que hacer más que nunca.

Es un libro bellísimo, impresionante, emocionante y necesario. Si hay algún libro necesario es este. Creo que es un momento magnífico para volver a leer literatura de campos de concentración. Pero, sobre todo, hay que leer a Jorge Semprún. De arriba abajo.

92

Los rojos de ultramar
de Jordi Soler

Para mí *Los rojos de ultramar* es la novela del exilio. Y es curioso que la haya escrito un autor nacido en México, Jordi Soler, pero por otra parte tiene lógica. *Los rojos de ultramar* cuenta la guerra de Arcadi, que es la Guerra Civil, pero como dice Jordi Soler en las primeras líneas de la novela, su guerra empezó el 11 de enero de 1937 porque «cada soldado tiene su guerra». La de Arcadi terminó en México, en el exilio. Allí vive con su familia, con su hija, que nació en Barcelona en medio de la guerra y con sus nietos.

> Vivíamos una vida mexicana y sin embargo hablábamos en catalán y comíamos fuet, butifarra, mongetes y panellets [...] Los domingos por la tarde Arcadi sacaba de su armario un aparato de metal negro y proyectaba, sobre la pared verdosa del salón, una serie de diapositivas que recorría las Ramblas, de la fuente de Canaletas a la estatua de Colón.

Pocos fragmentos cuentan tan bien el dolor del exilio como este. Pero es que la familia de Arcadi vive en La Portuguesa, en medio de la selva mexicana, como si lo hiciera en Barcelona, no por melancolía sino porque están convencidos de que pronto regresarán, que Franco caerá y ellos tienen que conocer la cultura del país, de la ciudad donde van a vivir. Y en medio de la selva bailan la sardana y luchan por sus raíces. A los niños que no se quieren tomar la comida les dicen: «Si no te comes eso no podrás ir a Barcelona».

La primera vez que leí *Los rojos de ultramar* me pareció absolutamente emocionante. Una historia triste pero que, a veces, te hace sonreír. Y es que Jordi Soler se mueve en ambos territorios. Sonríes cuando cuenta el universo de La Portuguesa, maravilloso, y a veces caótico, que recuerda a esos relatos del realismo mágico (Jordi Soler abordará todo ese universo en sus novelas posteriores). Pero cuando narra la historia de Arcadi todo es emoción.

Cuenta su salida de España y su estancia en el campo de concentración de Argelès-sur-Mer (hay quien quiere llamarlo campo de refugiados, pero allí nadie encontró refugio, sino miseria, hambre, muerte y desolación) cuando los franceses se portaron de forma indigna con los españoles, y nos maltrataron, y nos trataron peor que a los animales.

Esa es una historia que no está contada en nuestro país. Hay muy poca literatura sobre el tema, es casi algo desconocido. Yo estuve allí, visitando ese campo que hoy es una playa turística, y visité el extraordinario Mémorial du camp d'Argelès-sur-Mer que hay en el pueblo de Argelès-sur-Mer y es desolador. Y tenía en la cabeza la historia de Arcadi. Muy pocos libros lo cuentan de una forma tan directa como *Los rojos de ultramar*. Pero tras el campo, tras la miseria, tras intentar buscarse la vida en Francia llegó la Segunda Guerra Mundial y Arcadi se embarcó hacia América. Cuántos españoles han hecho ese viaje y qué mal se ha contado, qué poco se ha reconocido.

Jordi Soler cuenta cómo, cuando lee los diarios de Arcadi, cuando escucha su voz grabada, decide volver a Francia, y buscar su historia.

> Decidí, mientras pensaba que era imperativo viajar a Francia a hurgar en el sótano de la Rue Longchamp, que salvaría exclusivamente la historia que me define, la que desde que tengo memoria me perturba.

Todos tenemos una historia. Y esa es nuestra historia. Y debemos conocerla o inventarla, pero completamente, sin que queden huecos. *Los rojos de ultramar* se publicó en 2004 en España. Muchos años después, en enero de 2017, mi prima Sandra, que vive en Buenos Aires, me propuso recorrer una pequeña parte de Francia haciendo el mismo recorrido que hizo Paquita, su abuela, mi tía abuela, al irse al exilio. Teníamos una grabación de ella con ochenta y siete años contando cómo salió de Barcelona y lo que sufrió hasta que llegó a Perpignan, un recorrido que ahora se hace, por autopista, en una hora y media, y que ella hizo en casi dos semanas. Su historia estaba llena de contradicciones, de pueblos sin nombre, y Sandra y yo decidimos hacer el mismo recorrido guiados por su voz, por esa grabación. Casi el mismo viaje que hizo Jordi Soler para buscar a Arcadi. Hicimos el viaje en diciembre de 2017. No se nos iba de la cabeza, a ninguno de los dos *Los rojos de ultramar*.

La última parte del libro cuenta ese viaje a Francia de Jordi Soler, rellenando todos los huecos. Y es un relato delicioso, maravilloso, que nos obliga a los lectores a reconstruir de nuevo, a entender del todo el viaje de ese hombre, de Arcadi, que sigue toda su vida esperando a que el dictador sea desalojado. Y nunca.

> El repliegue de Arcadi tenía que ver con su capitulación. Con su retirada, era la representación de la derrota.

Creo sinceramente que leer *Los rojos de ultramar* es una experiencia extraordinaria, un placer inmenso y un descubrimiento. Hay que leer a Jordi Soler.

93

Crónica de la mucha muerte
de Javier Fernández de Castro

Durante mucho tiempo he pensado, y se lo dije en persona, que Javier Fernández de Castro era el mejor narrador que teníamos en España. Nadie utilizaba la lengua como él, creo que era tan preciso en la construcción de la frase, la sintaxis, la utilización de los tiempos verbales, que nadie como él manejaba ese instrumento que es la Lengua. Hay autores cuyas frases parece que hay que sacar con una soga, y hay otros, como Javier Fernández de Castro, que fluyen de tal forma que leerlo es casi como escuchar música.

Pero, además, Javier Fernández de Castro tiene otras cosas que me apasionan. Por un lado, un humor maravilloso y muy brillante. Por otro, que construye como nadie a sus personajes. Es verdad que no hay personajes normales en su universo. O a lo mejor es que nos los cuenta desde un lugar en el que lo que descubres de ellos te sorprende. Son personajes que viven y sienten de una forma especial. Y tal vez lo que más me gusta es que sus personajes aparecen en otras novelas y así podemos ir conociéndolos, verlos crecer y conocer el territorio. La Fatarella es una finca cinegética, familiar, alrededor de donde ocurre casi todo. Los dueños son los Vidal i Dalt, y allí dentro están los Balanus, y Gregorio Portales, y sobre todo, La Fayona, una gigantesca hembra de jabalí que será el centro de la acción.

Es verdad que La Fayona aparece por primera en otra novela de Javier Fernández de Castro, *La tierra prometida*, en la que se cuenta cómo Severo Vidal (protagonista de *Crónica de la mucha muerte*), muy joven, decide irse de la ciudad y marcharse a la finca. Aunque su padre le dice en qué estación se tiene que bajar, Severo se baja una antes, y se da cuenta de que va a tener que cruzar el monte para llegar a la finca. Se prepara una tormenta y Severo echa a andar, y se pierde. Llueve a cántaros. Severo no sabe qué hacer y de pronto choca con un ser al que se abraza y ambos caen por un cortado, por una hendidura en la roca. La descripción de los olores, de las sensaciones es impresionante.

Severo está cayendo abrazado a una enorme hembra de jabalí (a la que luego bautizarán como La Fayona) que lucha por liberarse mientras Severo grita, y así, en una de las mejores escenas que yo he leído jamás, poco a poco el abrazo deja de ser agresivo, y Severo se encuentra a gusto apretado a ese cuerpo. La hembra de jabalí se calma y de repente parece como si fuera un abrazo de enamorados y Severo se encuentra haciendo el amor a La Fayona. Brutal.

> Le resulta curioso no sentir ni el más leve asomo de culpabilidad. Ha ocurrido y ya está, se dice al tiempo de saltar a tierra firme una vez que el agua les ha subido flotando hasta el borde rocoso. Ha ocurrido y ya está, vuelve a decirse mientras vacía el agua que anega sus botas. Pero claro. No va a ser tan sencillo como ahora parece, piensa mientras ve a su ocasional compañera (que ha resultado saber nadar y ser capaz de saltar a tierra sin necesidad de ayuda) regresar a la espesura y desaparecer sin volver la cabeza. Qué poderosa y qué salvaje es, piensa al verla salvar sin esfuerzo aparente uno de los estratos rocosos. Qué ágil y elástica, insiste al recordar. Y qué bella.

El tiempo ha pasado desde ese encuentro. Severo ha heredado la finca y se ha ido a vivir allí, y en La Fatarella se desarrolla la obra. *Crónica de la mucha muerte* es una novela brutal, excesiva y maravillosa, que se lee con admiración. Es verdad que para llegar a ella hay que pasar antes por *La tierra prometida*, pero esta conclusión, esta lucha de poderes, esta historia de amor, esta reflexión brutal sobre la paternidad y sobre la familia, esta historia sobre la naturaleza y sobre la sociedad actual, es absolutamente inolvidable. Además, en la segunda parte, aparece Tina, la hija autista de Severo, la niña que debajo de una mesa murmurará que viene mucha mucha muerte (y así da título a la novela) y que dota a toda la novela de una percepción mágica que termina envolviéndonos.

El primer párrafo de la segunda parte es un ejemplo perfecto del talento de Javier Fernández de Castro.

> Nada más verlo entrar por la puerta de la llamada biblioteca, Severo tuvo la certeza de que Gregorio Portales era portador de las peores noticias. Y aunque juraría no haber hecho un gesto brusco, y todavía menos un movimiento instintivo pero capaz de transmitir su propio sobresalto, advirtió que Tina también había captado de inmediato que algo no andaba bien. Incluso era posible que ya antes de que Gregorio Portales entrase en casa y abriese la puerta, Tina supiera que era él quien llegaba y que traía turbio el ánimo, pues Severo había notado cómo de pronto se ponía rígida a sus pies, aparte de que casi de inmediato empezó a decir «¿eso?, ¿eso?, ¿eso?», con un timbre de imperiosa urgencia que en ella era un síntoma inequívoco de desasosiego y preludio, por lo general, de uno de aquellos temibles estallidos de violencia durante los cuales podía llegar a causarse mucho daño a sí misma.

Javier Fernández de Castro murió en agosto de 2020, el año de la pandemia, con casi ochenta años. A mí me parece que es un autor que hay que leer de arriba abajo. Desde sus cuentos hasta sus historias de moteros («Tiempo de beleño» es un prodigio), las novelas del universo de La Fatarella o su última novela, *Una casa en el desierto*, que a mí me parece maravillosa.

Pasa una cosa curiosa con él y es que sus libros no se encuentran en las librerías de viejo ni en los portales de libros de segunda mano. Es como si la gente que lo ha leído y tiene libros suyos no quisiera ya nunca desprenderse de ellos.

94

Cuentos completos
de Jorge Luis Borges

La forma en la que descubrí a Borges fue muy peculiar (muy borgiana), porque cuando aún era un niño, seguramente tendría trece años, un profesor particular de inglés trajo un par de hojas impresas que contenían un cuento, en inglés, que teníamos que traducir y al final explicar, sin autor y sin título. Me gustó tanto (y me costó tanto traducirlo) que le pregunté qué cuento era y me dijo que era «La escritura de dios» de Borges. Lo busqué y me maravilló.

Cuenta la historia de Tzinacán, mago de la pirámide de Qaholom, encerrado desde hace años por los españoles en una celda desde la que solo ve, enfrente, a un jaguar, que pasa una y otra vez delante de él, en una celda frente a la suya. El jaguar es uno de los atributos de dios. Si pudiera entender la escritura de dios en la piel del jaguar sería todopoderoso. Y un día ocurre, ve la unión con la divinidad, con el universo, entiende la palabra de dios. Es una fórmula de catorce palabras que parecen casuales y que si las dijera podría hacer lo que quisiera, salir de la cárcel, vencer a los españoles, pero se da cuenta de que ya no importa. Al conocer la escritura de dios se ha olvidado de sí mismo, de su realidad, ya no le importa nada. Maravilloso. Literalmente me voló la cabeza.

«La escritura de dios» es uno de los cuentos del libro *El Aleph*, donde hay otros muchos cuentos brutales, que devoré. Entre ellos el que da título al volumen. Pero aún era muy joven. Tuve que parar. Leer a Borges a esa edad era demasiado. Porque Borges te propone un mundo imaginario pero posible que al final no hace más que explicar nuestro propio mundo. Es un juego, pero de pronto, cuando te has metido en él te das cuenta de que ya no puedes salir. Poco a poco volvía a él, me lo volvía a encontrar, como cuando leí ese cuento del mapa del imperio que era tan grande como el propio imperio. A lo largo de mi vida he ido leyendo y releyendo todo lo que caía en mis manos de Jorge Luis Borges y cada vez que lo leo es una nueva lectura, como si partiera de cero.

El libro que tengo a mi lado reúne los *Cuentos completos* (*Historia universal de la infamia*, *Ficciones*, *El Aleph*, *El informe de Brodie*, *El libro de arena* y *La memoria de Shakespeare*), seis libros de relatos. Tal vez, si tuviera que elegir qué libro de relatos de Borges me gusta más, diría que *Ficciones*.

Ficciones tiene relatos alucinantes cuyos títulos abren universos en la cabeza de quien los ha leído, como «Tlön, Uqbar, Orbis Tertius», que reproduce el estilo enciclopédico al que Borges era tan aficionado (era un gran lector de enciclopedias), o «Pierre Menard, autor del Quijote», la historia del otro autor del Quijote, un hombre que ha escrito algunos de los capítulos del Quijote, exactamente como lo hizo Cervantes, con cada palabra y cada coma, pero que sin embargo no son igual, no son los mismos, o el extraño «Las ruinas circulares», o el maravilloso «La biblioteca de Babel», donde cuenta una biblioteca que contiene todo el universo, o «El jardín de senderos que se bifurcan», un extraordinario cuento policial, género al que Borges era tan aficionado. De todos ellos me maravilló «Funes el memorioso», la historia de un hombre que recuerda absolutamente todo lo que ve, lee o escucha, seguramente porque no duerme, y con el que hay que tener cuidado, claro, porque no se le puede llenar de palabras que recordará. Pero en realidad cualquier relato de Borges es casi un universo entero. El propio «El Aleph» lo es, un universo entero, un objeto que lo contiene todo.

Borges me abrió, además, otras puertas. Me enseñó a leer cuentos, y ese ha sido un territorio que no tiene fin. Adoro los cuentos. Creo que podríamos hacer otro libro que hablara de los cien libros de cuentos de mi vida. He intentado leer mucho relato y he descubierto auténticas joyas. Cuando leí a Cortázar era como si ya nada me extrañara, como si entendiera en qué universos me metía. Descubrí a Adolfo Bioy Casares, y me sumergí en su mundo alucinante. Monterroso, Onetti, Julio Ramón Ribeyro, Bolaño... Qué maravilla cuando di con Ambrose Bierce, con Poe, con los cuentos de Kafka, cuando descubrí los cuentos de Philip K. Dick, los de Ray Bradbury, los de Nabokov, cuando leí a Raymond Carver. No sigo.

Borges jamás escribió una novela, pero a quién le importa. Yo nunca podré olvidar el impacto que supuso para mí leer a Borges por primera vez.

95

El sur
de Adelaida García Morales

El sur es un caso difícil de encontrar en la literatura porque la película de Víctor Erice basada en la novela corta de Adelaida García Morales (que era su pareja) se estrenó en 1983 y la novela se publicó en 1985. Por eso, cuando la leí ya había visto la extraordinaria película de Erice. La gran sorpresa es que esta obra de apenas sesenta páginas (en la edición conmemorativa que Anagrama acaba de publicar) contiene todo lo que contó Erice en la película, pero va más allá, mucho más allá, en el tiempo y en el argumento.

> Mañana, en cuanto amanezca, iré a visitar tu tumba, papá. Me han dicho que la hierba crece salvaje entre sus grietas y que jamás lucen flores frescas sobre ella. Nadie te visita. Mamá se marchó a su tierra y tú no tenías amigos. Decían que eras tan raro…

Así comienza la novela. Tiene el ritmo pausado del recuerdo. Y del amor. Y de la incomprensión, de la búsqueda, porque para Adriana, la narradora, su padre es un misterio. Sobre todo, la razón por la que se suicidó, que es lo primero que cuenta en *El sur* y que es el centro de la narración. Porque Adriana quiere saber el motivo, el sufrimiento que escondía. Había en el padre algo limpio y luminoso y, al mismo tiempo, un gesto de tristeza que con los años Adriana cuenta que se fue tornando en una profunda amargura y en una dureza implacable. Adriana no sabía nada de su pasado. Su padre nunca hablaba de sí mismo ni de los suyos. Para Adriana era un enigma, un ser especial que había llegado de otra tierra, de una ciudad de leyenda que ella había visitado solo una vez y que recordaba como el escenario de un sueño. Un lugar fantástico, donde el sol parecía brillar con una luz diferente y de donde una oscura pasión le hizo salir para no regresar nunca más. Porque en el fondo de la historia del padre, de su soledad, de su incomunicación, está Sevilla, algo que le ocurrió allí y que Adriana no sabe.

Adelaida García Morales habla de soledad, de comunicación, de lo que sabemos de nuestros padres, de lo que encierran los silencios, pero también habla de la culpa, del amor como pasión y como marca, de la cobardía, del resentimiento, y siempre, como un recuerdo o como una mancha, la Guerra Civil y la sensación de derrota y de silencio.

Son apasionantes las escenas que Adriana recuerda con su padre, al filo de la magia, de la inocencia, con el péndulo de su padre y el juego que inventan juntos: Adriana escondía cualquier objeto para que su padre lo encontrara con el péndulo y se esforzaba en hallar algo diminuto, lo más cercano a lo invisible que pudiera haber. Escondía una miga de pan bajo una piedra, al pie de un rosal, dejaba flotar en el agua turbia de la fuente un pétalo de flor, o deslizaba a espaldas de su padre, en cualquier lugar, una piedrecita cualquiera que solo ella podía reconocer. Y luego se maravillaba al comprobar que su padre acertaba siempre. Se movía lentamente en la dirección que el péndulo le señalaba, acercándose al lugar que Adriana había elegido en secreto.

De pronto comprendí que existía un mundo especial sólo para nosotros dos. Nunca me sentí tan cerca de nadie como entonces. Y no sólo me sentía hermanada contigo en aquella actividad que se me aparecía, paradójicamente, familiar y mágica a un tiempo, sino también en aquello otro que teníamos en común: el mal.

Maravillosa esa reflexión. Esa percepción. Porque Adriana a veces se rebela también, y hay una escena divertidísima en la que tortura a su prima porque ha criticado a su padre, y todo el mundo la regaña y ella siente que solo su padre la puede entender. Porque Adriana adoraba a su padre, no solo aquella fuerza mágica que posee, y recuerda la emoción que la hacía correr a su encuentro, cuando lo divisaba a lo lejos, avanzando lentamente en su bicicleta, cuando llegaba de dar sus clases de francés en el instituto.

Uno puede ir tejiendo cada escena, y disfrutándola, mientras ve las imágenes de la película de Erice, con ese extraordinario Omero Antonutti y esa magnífica Icíar Bollaín haciendo de Adriana. Pero hay algo en la novela que de repente abre todas las ventanas y deja pasar una luz distinta, y es que Adriana decide, después de encontrar varias cartas de su padre, las cartas de Gloria Valle, viajar a Sevilla y buscar a la mujer de la que estuvo enamorado. Y ese viaje, que en la novela ocupa apenas diez páginas lo cambia todo. A quién conoce y lo que descubre. La casa. Es asombroso, aunque podríamos decir que lo completa todo. Y, sobre todo, permite a Adriana seguir viviendo, tomar sus decisiones, salir del influjo de su padre, tal vez.

> Y en este escenario fantasmal de nuestra vida en común ha sobrevivido tu silencio y también, para mi desgracia, aquella separación última entre tú y yo que, con tu muerte, se ha hecho insalvable y eterna.

Así termina la novela. Parece que Elías Querejeta cortó el rodaje de *El sur* y no permitió que Víctor Erice hiciera la película de cuatro horas de duración que tenía prevista. Querejeta nos privó, seguramente, de dos horas más de metraje que podrían haber redondeado esa obra maestra, pero de esa forma nos regaló la sorpresa de leer la novela de Adelaida García Morales y disfrutar de un final insospechado, de imaginar la casa de Sevilla y los rasgos de Gloria Valle y de Miguel.

Leer *El sur* es maravilloso. Es un regalo que todos debemos permitirnos. Esta obra unió muchas de mis pasiones cuando la leí, con apenas veinte años. Tal vez por eso me impactó tanto y me marcó. El cine, la melancolía, la memoria, los derrotados de la Guerra Civil, el amor que deja huella, la figura del padre, la sensación de que hay algo en su mirada que no conoces y que nunca llegarás a saber, la incomunicación con él.

Es curioso, cuántos libros sobre padres maravillosos hay en este libro, y cuántas historias de padres e hijos, de relaciones profundas y de comprensión y de memoria. ¡Qué envidia!

96

El corazón helado
de Almudena Grandes

El corazón helado es, posiblemente, la novela más emocionante que he leído. Lo que es seguro es que esta es la novela con la que más he llorado. Tuve que parar de leer varias veces y secarme las lágrimas, sonarme de la forma menos romántica y relajarme antes de seguir leyendo. No dudo de que esa emoción viene de mi propia memoria y de mi propia historia, pero también sé que lo que cuenta Almudena Grandes en esta novela es la historia de muchos de nuestros padres.

Yo pensé, durante mucho tiempo, escribir sobre algo que veía a diario en mi padre, algo que tiene que ver con cierta forma de vivir, cierta forma de derrota, cierto silencio, cierta amargura, como si la vida le debiera algo. Creo que muchas de esas cosas guardan relación con ese exilio interior que ha vivido mucha gente de una generación que vivió en silencio. Pero cuando leí *El corazón helado* me di cuenta de que ya no tendría sentido contarlo porque no podría aportar nada a todo lo que cuenta ella, y de una manera maravillosa, en *El corazón helado*. Toda la última historia de los españoles está aquí. Una noche tuve la suerte de cenar con Almudena Grandes, tras la presentación del libro de un autor peruano en Madrid. Y se lo dije.

El corazón helado es una novela sobre la traición, pero también es un libro sobre el exilio, interior y exterior, y sobre la guerra. Y sobre cómo los que ganaron esa guerra, no solo en las trincheras sino en los despachos, en los bancos, en el poder económico, siguen sin pagar, siguen disfrutando de sus privilegios. Cuenta la traición de Julio Carrión, a todos y a todo: a su madre y a su hermana, que le abandonaron por amor y a las que condenó al olvido, a su padre, a sus ideales, cambiando de bando tantas veces como quiso, en función del interés, y sobre todo a una parte de su familia, los Fernández, que se exiliaron, que tuvieron que dejarlo todo, y a los que les robó de una forma infame, en un país y un tiempo en el que valía todo. Pero también a su futura suegra, a la que deja en la calle, en una especie de ajuste de cuentas. Traiciona a sus hijos, a los que miente, a los que convierte en mediocres, a sus amigos, a todos, menos a sí mismo.

Pero también es la historia de la traición de Raquel, una mujer que ha crecido rodeada de las historias del dolor y el exilio, de las deudas, jamás pagadas. Como lo es de la traición de Casado rindiendo Madrid, la traición dentro del bando republicano, la traición a los comunistas, la traición de Franco, la traición de los franceses y los ingleses. Tanta infamia. Tanta historia que no habría que olvidar.

Y a la vez es la historia de un amor, tan enorme, tan redondo, tan perfecto, que es capaz de cambiarlo todo. Que cambia la visión que cada uno de los enamorados tiene de sí mismos, de su historia, de su familia. Profundo. Un amor de los que se recuerdan. Tan literario y tan real. También es una novela de amor. Y de desamor. Enorme.

Es una novela llena de historias, llena de venas que riegan el corazón helado, llena de emociones, de dignidad y de infamia, de valores y de memoria, recuperada, llena de personajes perfectamente trazados, algunos apenas dibujados, y otros desmenuzados, que van formando un universo absolutamente reconocible, explicado. Es una novela llena de escenas inolvidables, con una estructura perfecta, que nos va mostrando poco a poco la información hasta que terminamos de entender, de comprender. Y termina con un diálogo asombroso, brutal, que lo contiene todo, que te deja rendido.

Por otra parte, eso es a lo que nos tenía acostumbrados Almudena Grandes, esa forma de contárnoslo todo, de ir tejiendo historias que, para entenderlas, vienen desde el pasado, que se bifurcan, que se vuelven a encontrar. No sé qué vamos a hacer sin Almudena Grandes. Aún duele decir que murió el 27 de noviembre de 2021, con apenas sesenta años, después de dejarnos grandes novelas y de contarnos grandes historias, empeñada en recuperar la memoria de un tiempo infame que nos ha sido velado a los españoles.

Yo siempre he defendido que *Los aires difíciles* era la mejor novela de Almudena Grandes, pero cuando he tenido que elegir qué novela me ha marcado más, me ha construido, me ha emocionado, me ha contado a mí mismo, me ha desvelado mi pasado, he elegido *El corazón helado*. Es una novela brutal.

Hay que leer a Almudena Grandes, de arriba abajo.

97

El festín de Babette
de Isak Dinesen

El festín de Babette es una obra extraña que te cautiva. Leerla es una experiencia, porque como la buena literatura, cada uno saca de ella lo que quiera, lo que necesita. Es una novela sobre la creatividad, sobre el sentido de la vida, sobre lo que merece la pena de verdad, sobre el tiempo que perdemos buscando, sobre lo que hacemos para los demás y para nosotros mismos. Pero también es una obra sobre el destino, e incluso se puede leer desde el punto de vista religioso.

El festín de Babette se publicó en 1958. Su autora, Isak Dinesen es uno de los seudónimos de Karen Blixen, la autora de *Memorias de África*, que nació en Dinamarca en 1885 y murió en 1962. Es una autora notable, muy interesante y con una biografía apasionante.

En Noruega hay un fiordo —o brazo de mar largo y estrecho entre altas montañas— llamado de Berlevaag. Al pie de las montañas, el pequeño pueblecito de Berlevaag parece de juguete, una construcción de pequeños tacos de madera pintados de gris, amarillo, rosa y muchos otros colores.

Así, con este tono de cuento, comienza *El festín de Babette*. En el pueblecito de Berlevaag viven dos damas, en una de las casas amarillas. Son hermanas. Jamás han poseído ningún artículo de moda. Toda la vida han vestido de gris o de negro. Martine y

Philippa. Estas dos damas tan austeras tienen, sin embargo, una criada francesa, Babette, que ha llegado a su puerta hace doce años, fugitiva y sin amigos, y casi loca de aflicción. Pero la verdadera razón por la que Babette llega a la casa de las dos hermanas está en algo que ocurrió mucho tiempo antes, y, dice Isak Dinesen, «más profundamente en el dominio de los corazones humanos». Y así *El festín de Babette* nos cuenta la historia de las dos hermanas, las posibilidades que han tenido de tener pareja, de salir de allí, para hacer otras cosas, como cantar en la ópera, de cambiar, y como su educación, su moral, su timidez, han hecho que sigan allí, viviendo de la misma forma.

> Babette había llegado ojerosa y con la mirada extraviada como un animal acosado; pero en este ambiente nuevo y amable no tardó en adquirir todo el aspecto de una criada respetable y digna de confianza. Había parecido una pordiosera; resultó ser una conquistadora. Su semblante sereno y su mirada firme y profunda tenían fuerza magnética; bajo sus ojos las cosas se ordenaban, calladamente, ocupando ellas solas su lugar.

Sin embargo, siempre ha sido una criada obediente. Porque las dos hermanas desconfiaron de que Babette, en realidad, supiera cocinar. En Francia la gente comía ranas. Así que enseñaron a Babette a preparar un plato de bacalao, y sopa de pan con cerveza y Babette empieza a cocinar lo que quieren las hermanas y poco después parece que ha nacido en ese pequeño pueblo, donde se integra a la perfección.

Pero un buen día a Babette le toca la lotería, en París. Tal cual. Desde hace muchos años compra un billete de lotería francesa a través de un fiel amigo de París. Diez mil francos. Las hermanas temen que Babette regrese a París, pero lo que sucede es maravilloso.

Se acerca el centenario del nacimiento del padre de las hermanas, que fue deán de la congregación. Y Babette propone preparar un festín para celebrarlo. Una verdadera cena francesa. Las hermanas dudan, pero al final acceden. Babette viaja a Francia para encargar las mercancías, que llegan al pueblo poco después. Las hermanas descubren así que los vinos pueden tener nombre, y ven una tortuga viva entre los productos.

Y por fin llega el día del banquete. La mantelería ha sido mágicamente planchada, pulida la vajilla y traídos vasos y frascos solo Babette sabe de dónde. Como la casa del deán no tiene doce sillas, han trasladado al comedor el largo sofá de crin de caballo, y el salón, poco amueblado de por sí, parece de pronto extrañamente desnudo y grande sin él. Martine y Philippa se ponen sus mejores y viejos vestidos negros y los crucifijos de oro de su confirmación y reciben a los viejos Hermanos y Hermanas, que llegan en pequeños grupos y entran en la habitación lenta y solemnemente.

Y lo que ocurre en la cena es maravilloso. Un reencuentro con las cosas que hemos deseado y con las que hemos rechazado. Lo dice uno de los invitados, uno de los antiguos enamorados, que ha vuelto convertido en general: la gracia se derrama sobre todos, y la gracia no impone condiciones y no distingue a nadie en particular. Aquello que han elegido se les da y aquello que han rechazado se les concede también y al mismo tiempo. Todo lo que han rechazado es derramado sobre ellos en abundancia.

Ninguno de los invitados tiene después conciencia clara de ello. Solo recuerdan que los aposentos estaban llenos de una luz celestial. Las viejas y taciturnas gentes recibieron el don de lenguas; los oídos, que durante años habían estado casi sordos, se abrieron por una vez. El tiempo mismo se fundió en eternidad. Mucho después de la media noche, las ventanas de la casa resplandecían como el oro, y doradas canciones se difundían en el aire invernal.

> Las vanas ilusiones de este mundo se habían disuelto ante sus ojos como el humo y habían visto el universo como verdaderamente es. Se les había concedido una hora de eternidad.

Cuando todo el mundo se va, Martine y Philippa se dan cuenta de que la única que no ha cenado es Babette y van a buscarla a la cocina. Babette está rodeada de cacerolas, tan pálida y tan mortalmente agotada como la noche en que apareció y se desvaneció en el umbral. Se ha gastado prácticamente todo lo que tenía en la cena. Cuando las hermanas le dicen que no debería haberlo hecho por ellas, Babette les contesta que no ha sido por ellas, sino que ha sido por ella misma, porque ella es una gran artista. Martine le dice que entonces será pobre toda su vida y Babette le contesta:

—Una gran artista, Mesdames, jamás es pobre. Tenemos algo, Mesdames, sobre lo que los demás no saben nada.

Y de esto trata este libro, al fin y al cabo, sobre eso que saben los escritores y que a nosotros nos emociona, nos hace entender nuestra propia vida, nos da sentido, nos salva, nos abriga, y nos permite avanzar.

98
Oso
de Marian Engel

Oso es una auténtica maravilla para la que hay que estar preparado, que hay que leer sin prejuicios y sin miedos. Es una novela sobre la liberación de una mujer. Es una novela sobre la posibilidad de encontrarse a uno mismo, sobre la posibilidad de renacer y salvarse, es una novela que podría ser una parábola de la vuelta a la naturaleza, pero también es una novela profundamente transgresora, erótica, salvaje, brutal, y delicadísima. Es un canto a la libertad más absoluta.

Cuenta la historia de Lou, una mujer que trabaja encerrada en un despacho en el sótano del Instituto Histórico, metida entre catálogos y papeles, que se acuesta ocasionalmente con su jefe, sin mucha pasión y con ninguna ternura, y que un día recibe el encargo de catalogar una propiedad que ha heredado el Instituto. Un edificio arquitectónicamente notable, lleno de libros, algunos de los cuales pueden ser auténticas joyas, pero que está situado en una pequeña isla en Canadá.

Oso es una de las novelas más destacadas de la literatura canadiense del final del siglo xx. Marian Engel nació en 1933, en Toronto, y murió de cáncer en la misma ciudad, en 1985. Fue una apasionada activista por los derechos de los escritores en todo el mundo, y está considerada una gloria nacional en Canadá. En 1982 fue nombrada Oficial de la Orden Canadiense. Su obra maestra fue *Oso*, publicada en 1976.

Lou llega a la isla de Cary después de recoger suficientes provisiones y de conocer al hombre que la mantendrá en contacto con el mundo exterior, un tal Homer, que tiene una barca y es quien la lleva hasta allí, varios kilómetros río arriba. La casa de la isla es maravillosa, un clásico octógono de Fowler, un estilo de casa único, que fue muy popular en la década de 1850 en Estados Unidos y Canadá. Homer le cuenta que solo los que se acercan en barca conocen el sitio. Le dice que no hay luz eléctrica. Y luego le hace la gran pregunta. «¿Alguien te ha hablado del oso?».

En las propiedades hay un enorme oso medio amaestrado (o por lo menos no salvaje) con el que Lou empieza a convivir. Está atado, en un cobertizo, cerca de la casa. Lou le da de comer.

Acababa de sentarse cuando descubrió al oso mirándola desde la puerta de su cabaña. Oso. Allí. Mirando. Ella también lo miró. En algún momento de nuestras vidas todos tenemos que decidir si somos o no somos platónicos, pensó. Soy una mujer, estoy sentada en una escalera, como tostadas con beicon. Eso es un oso. No es un oso de peluche, no es el osito Pooh, no es el koala del logotipo de una aerolínea. Es un oso de verdad.

Poco a poco Lou empieza tomar confianza con el oso. A veces lo lleva, como si fuera un perro, a pasear por la isla y un día se lo lleva al río. Mientras ella se baña el oso la observa desde la orilla, pero una de las veces se baña con ella, y al salir el oso empieza a lamerle la espalda mojada con su lengua larga y estriada. Es una sensación curiosa.

Una tarde a Lou se le olvida atarlo y cuando ella está trabajando, en el piso de arriba, con la chimenea encendida, oye de pronto el sonido de sus patas dentro de la casa, y cómo sube por las escaleras. Una vez arriba se tumba delante de la chimenea mientras ella trabaja, como un perro. Lou se acostumbra a sentarse a leer en el sofá con los pies desnudos encima del oso.

Lou experimenta un cambio al que es maravilloso asistir. La

vemos cambiar, como si se desprendiera de una piel anterior, de una vida anterior. Hay un momento en el que se pregunta si, como ella, el oso también visualiza transformaciones, si despierta todas las mañanas esperando ser un príncipe y decepcionado de seguir siendo un oso. Pero no solo es físicamente sino también intelectualmente. Está emocionada en aquella casa, ha encontrado auténticas joyas en la maravillosa biblioteca de la casa. Es capaz de entender todo mejor. Pero se siente sola.

Una tarde, cuando está en el sillón leyendo, con los pies encima del oso, decide desnudarse. Se tumba junto al lomo del oso, algo apartada y también apartada del fuego. Desolada, empieza a hacerse el amor. El oso entonces despierta de su sopor y se vuelve. Saca su pecosa lengua. Es gruesa y tiene un surco longitudinal. Y empieza a lamerla.

> El oso lamía. Buscaba. Lou podría haber sido una pulga a la que él estaba persiguiendo. Le lamió los pezones hasta que se le pusieron duros y le relamió el ombligo. Ella lo guio con suaves jadeos hacia abajo. Movió las caderas: se lo puso fácil. «Oso, oso», susurró, acariciándole las orejas. La lengua, no solo musculosa sino también capaz de alargarse como una anguila, encontró todos sus rincones secretos. Y, como la de ningún ser humano que hubiera conocido, perseveró en darle placer. Al correrse sollozó, y el oso le enjugó las lágrimas.

Por la mañana Lou tiene cierta sensación de culpabilidad, como si hubiese descuidado algo. Pero a partir de entonces encuentra en el oso una felicidad extraña y maravillosa. Porque la encuentra en sí misma, en contacto con la naturaleza, viviendo solo con lo básico, ante una relación pura.

Oso no es un libro obsceno. Como mucho puede resultar extraño. Pero está tan bien contado, con tanta sensibilidad y tan acertada, sin ambigüedades ni estridencias, que resulta un libro conmovedor, emocionante, muy brillante y diferente a todo.

Hay una cosa más que quiero contar. Cuando decidí hacer *Oso* en *Un libro una hora* enseguida pensé que solo podría ponerle voz la actriz Marta Poveda. Ella y yo ya habíamos hablado de la novela y a ella le apasionaba. Así que cuando hice la adaptación la llamé y ella me dijo que por supuesto que lo haría. Escuchar su voz narrando *Oso* en *Un libro una hora* es una experiencia extraordinaria que se suma al placer de descubrir la novela. Y grabar con ella, mirarla a mi lado mientras lo grabábamos, fue una experiencia inolvidable.

Hay que leer *Oso*.

Hay que liberarse.

99

El Domingo de las Madres
de Graham Swift

He dejado para los dos últimos capítulos dos libros que hablan de algo esencial: por qué escribimos y por qué leemos. El primero de ellos es *El Domingo de las Madres*, un libro absolutamente sorprendente porque Graham Swift no solo nos cuenta de manera extraordinaria una bella historia, sino que reflexiona sobre la propia creación, sobre el momento exacto en el que descubrimos quiénes somos en realidad y decidimos que queremos contarlo.

La primera parte es deliciosa. Está narrada maravillosamente, es pausada, y nada nos hace pensar hacia dónde va a ir la novela. Todo comienza con dos jóvenes haciendo el amor. Luego, ella lo mira moverse desnudo cruzando la habitación bañada de sol. Él tiene veintitrés años y ella veintidós. Es marzo de 1924. Están en la habitación de él. Ella también está desnuda y nunca había estado allí. Es domingo. El Domingo de las Madres. El día en que las criadas se van a ver a sus madres. Pero Jane no tiene madre y por eso ha podido ir a ver a Paul, el hijo del señor de una casa vecina, que se casa dentro de poco. Es la época en la que las grandes casas se han quedado tan solo con una criada.

Están relajados. Se acarician en la cama. Ella tiene la sensación de tener el control. Está en paz. Pero él ha quedado con su novia. Se tiene que marchar. Se levanta y empieza a vestirse mientras ella se queda en la cama. Paul le dice a Jane que no hace falta que se dé prisa. Sus padres no volverán antes de las cuatro. Le pide que cuando se vaya, cierre la puerta principal. Y le pide que lo deje todo como está.

Cuando Paul se marcha Jane se queda sola en una casa prácticamente desconocida y entonces sucede una de las escenas más maravillosas que he leído.

Jane piensa que debería recoger sus cosas, vestirse e irse de inmediato. Pero él le ha dicho que la casa es suya. Y eso es lo que va a hacer. Ponerse la ropa es en cierto modo una equivocación, una retirada. Sale al rellano, desnuda, a las sombras, y sus pies descalzos pisan la alfombra musgosa. Baja las escaleras. Sus dedos acarician la barandilla. Abajo, el pasillo parece tensarse al ver que se acerca una mujer desnuda. Y de pronto entra en la biblioteca, y al hacerlo desnuda siente una conmoción. Coge uno de los libros de la estantería de enfrente, lo abre, y luego, por razones que no sabría explicar, se lo pega con gesto protector a los pechos desnudos. Y después lo devuelve a la estantería. Nadie sabrá nunca del pequeño viaje y la aventura que acaba de vivir aquel libro.

Cuando sale de la biblioteca pasa por la cocina, come algo, y a continuación sube y se viste. Cuando se da la vuelta para hacer la última fotografía mental de la casa, suena el teléfono. No lo coge. Cuando Jane sale le inunda una libertad inesperada. Siente que la vida puede ser a la vez cruel y dadivosa. Cuando llega a la casa donde sirve le dicen que le tienen que dar una noticia penosa. El joven Paul se ha matado en un accidente de coche. Llegaba tarde, iba deprisa, y se ha estrellado contra un árbol.

Muchos años después a Jane la están entrevistando porque se ha convertido en una escritora de éxito. Le preguntan en qué momento se convirtió en escritora.

Pero nunca revelaría que cuando se convirtió realmente en escritora, o se plantó de verdad la simiente en ella (era una palabra interesante, «simiente»), fue un caluroso día de marzo —cuando tenía veintidós años— en que había vagado por una casa sin un ápice de tela encima —tan desnuda, diríamos, como su madre la trajo al mundo— y se había sentido más ella misma, más Jane Fairchild, de lo que se había sentido en toda su vida, y también, como jamás en la vida, una especie de fantasma.

Y ese descubrimiento tiñe a partir de entonces la novela y la hace, como la buena literatura, profundizar, explorar, descubrir, sorprender, universalizar. *El Domingo de las Madres* hace una reflexión brillante sobre la propia creación literaria, sobre el momento en que descubrimos nuestra voz, descubrimos que queremos contar, narrar, y explicar «muchas cosas que no pueden explicarse». Pero nos habla además sobre la pertenencia, sobre cómo construimos nuestras vidas, sobre cómo nos construye el entorno, el medio, sobre quiénes somos y nuestra capacidad para construir nosotros eso que llaman destino.

¿Podría haber hecho lo que había hecho aquella mañana si hubiera tenido una madre a la que visitar? ¿Podría haber tenido la vida que aún no sabía que tendría?

La noche del Domingo de las Madres de 1924, Jane se siente absolutamente incapaz de conciliar el sueño o de descansar, vuelve a coger *Juventud* de Joseph Conrad, mientras llora, para huir de sí misma, para escapar de los problemas de la vida. Cuando termina ese libro, se da cuenta de que tiene que leer otras obras de Conrad. Ya alberga el deseo secreto de convertirse en escritora.

Jane Fairchild vivirá hasta los noventa y ocho años. Vivirá para haber visto dos guerras mundiales y los reinados de cuatro reyes y una reina. Vivirá hasta ser casi tan vieja como el siglo, y saber que probablemente ha sabido y visto —y escrito— lo bastante. No sabe si puede deslindar lo que había visto de lo que ha vivido de verdad. En eso consiste ser escritora. En abarcar la materia de la vida.

El Domingo de las Madres es una extraordinaria novela sobre la escritura, sobre la literatura sobre lo que significa contar, sobre lo que significa escribir y por qué lo hacemos. Contar historias, contar cuentos, siempre con la insinuación de que traficas con mentiras, dice Jane, dice Graham Swift, pero para ella no es más que la tarea de llegar a la médula, al meollo, al corazón, al núcleo, al fondo: la empresa de contar la verdad. Pero qué es eso en realidad.

Se trataba de ser fiel a la verdadera materia de la vida, se trataba de intentar capturar, aunque jamás se logre, la percepción misma de estar vivo. Se trataba de encontrar una lengua. Y se trataba de ser fiel al hecho —una cosa se seguía de la otra— de que en la vida hay muchas cosas —muchas más de las que pensamos, ay— que no pueden explicarse.

Literatura, al fin y al cabo.

100

Mr Gwyn
de Alessandro Baricco

Las novelas de Baricco tienen la virtud de aparecer en mi vida en el momento en el que las necesito. Me pasó con *Seda*, esa historia maravillosa de amor que cuenta cómo lo exótico, a veces, no te deja ver lo que tienes más cerca, esa reflexión sobre el deseo, maravillosa. Me pasó con *Homero, Ilíada*, o con *Océano mar*, que vinieron a rescatarme en el peor momento de mi vida, y me pasó con *Mr Gwyn*, una novela que explica por qué nos gusta que nos cuenten historias, por qué nos gusta leer.

Y lo hace a través de la historia de un escritor de éxito, Jasper Gwyn, que decide parar, decide no volver a escribir nunca más, con el escándalo de su agente, Tom Bruce Shepperd, que intenta convencerlo de que es una tontería, pero no lo consigue.

Un año y medio después Jasper Gwyn reconoce que echa de menos escribir. No está bien. Una noche pasa por delante de una galería de pintura y descubre qué es lo que quiere hacer: retratos. Un par de semanas después telefonea a Tom para contárselo. Tom no es solo su agente, es el hombre que, doce años antes, lo descubrió, y es su amigo. Tom le pide que le explique mejor lo de los retratos y Jasper no lo consigue, así que le dice que se tratará de llevar de regreso a casa a la gente que retrate.

Alquila una vieja nave donde reparaban motos, y sin quitar ni siquiera las manchas del suelo, coloca allí en medio una cama y un sillón. Luego empieza a preparar la música y se la encarga a un compositor que conoce. Quiere un loop larguísimo y apenas perceptible que forre tan solo el silencio, amortiguándolo. Un fondo sonoro que sea capaz de cambiar como la luz durante el día y, por tanto, de una manera imperceptible y continua. Sobre todo: elegante. Que no haya ni asomo de ritmo, sino tan solo un devenir que suspenda el tiempo, y simplemente rellene el vacío de un transcurrir carente de coordenadas. Algo inmóvil como un rostro que envejece.

Y luego se ocupa de la luz. Y aquí hay otra de esas historias maravillosas en medio de la novela. Jasper Gwyn da con un artesano que hace bombillas. No lámparas, sino bombillas. A mano. Es un viejecito con un lúgubre taller en las inmediaciones de Camden Town. Jasper Gwyn quiere pedirle una luz muy particular, casi infantil, y sobre todo que dure un tiempo determinado. Bombillas, con una intensidad determinada, que mueran tras treinta y dos días de funcionamiento. El viejecito le pregunta si de golpe o agonizando un poco, como si conociera a fondo el problema.

La luz, y las bombillas, para Jasper Gwyn, tienen que ver con el tiempo. Quiere dieciocho bombillas colgadas del techo, a distancias regulares, en hermosa geometría, con bombillas que empiecen a apagarse una a una, al azar, pero todas en un lapso no inferior a dos días y no superior a una semana. Se ve claramente a la débil luz de una última bombilla, dando tardíos retoques al retrato, y aceptando después la oscuridad, al morir el último filamento. Y el viejecito, cuando se lo cuenta, hace uno de esos gestos indescifrables que hacen los artesanos para vengarse del mundo.

Ya solo le queda hacer una prueba. Necesita a alguien. Una mujer, seguramente. Le gustaría empezar con un cuerpo que fuera hermoso descubrir, mirar, observar, pero no tanto que acabara uno deseándola. Y aquí aparece el que para mí es el personajazo de la novela, Rebecca, una mujer que trabaja con Tom, joven, gorda y con una maravillosa sonrisa. Quedan, y Jasper le explica lo que quiere.

Lo que querría es que viniera usted allí, cuatro horas al día, durante unos treinta días, de las cuatro de la tarde a las ocho de la noche. Sin saltarse nunca un día, ni siquiera los domingos. Me gustaría que llegara puntual y que, pasara lo que pasara, permaneciera allí durante cuatro horas posando, que para mí significa, simplemente, dejarse mirar. No tendrá que permanecer en una postura elegida por mí, sino sólo estar en esa habitación, donde le venga en gana, caminando o quedándose echada, sentándose donde le parezca. No tendrá nunca que contestar a preguntas ni que hablar, ni tampoco voy a pedirle que haga nunca nada en particular.

Pero hay un detalle importante. Jasper Gwyn le dice que le gustaría que posara desnuda. Y que eso es una condición imprescindible para el éxito del retrato. Y Rebecca, al final, acepta.

El proceso es maravilloso y Baricco lo cuenta con una ternura, con una sensibilidad, que es difícil no emocionarse. Y luego cuenta el proceso final del retrato, cómo lo escribe, y cómo se lo entrega a Rebecca, impreso en un papel determinado, maquetado de una forma precisa, con una fuente que imita a la perfección las letras que antaño salían de las máquinas de escribir, sin encuadernar. Lo que nunca nos cuenta Baricco es lo que Jasper Gwyn escribe. Pero a Rebecca le parece maravilloso.

Y es la propia Rebecca la que se encarga de buscar clientes, de seleccionarlos, de decirles lo que tienen que hacer. Y se suceden, uno tras otro, hasta once. Hasta que ocurre algo que lo cambia todo. Una muchacha que no cumple las normas. Una noticia en el periódico.

Jasper Gwyn desaparece. Una mañana le llega a Rebecca a la oficina un grueso paquete, acompañado por una carta y un libro. En el paquete están todos los retratos, cada uno en su carpeta. En la carta, Jasper Gwyn le aclara que son las copias y le pide que cierre el estudio y liquide todo. Además, le adjunta el último libro de una tal Klarisa Rode, que acaban de publicar. Rebecca estampa el libro contra la pared. Todo ha terminado, y ni siquiera con esa solemnidad a la que siempre tiene derecho el ocaso de las cosas.

En los años siguientes nadie vuelve a tener noticias de Jasper Gwyn.

Rebecca reconstruye su vida en el plazo de cuatro años, empezando desde cero. Encuentra un trabajo que no guarda relación con los libros, deja a su novio y conoce a un hombre con el que se casa y con el que tiene una niña, Emma. Piensa muy de vez en cuando en Jasper Gwyn, y siempre con una emoción particular. Son recuerdos tenues, como postales enviadas de una vida anterior.

Pero un día, mientras empuja el carrito de su hija por una librería, se encuentra con una oferta especial de libros de bolsillo, y encima de la columna ve un libro de Klarisa Rode, el libro que cuatro años atrás Jasper Gwyn le regaló, el día en que todo terminó. Se lo lleva y cuando llega a casa y se lo lee se queda de piedra al encontrarse su propio retrato palabra por palabra, exactamente el retrato que Jasper Gwyn le hizo años atrás. Primero piensa que Jasper lo ha copiado y se indigna, pero cuando ve la fecha de edición se da cuenta de que Jasper hizo el retrato por lo menos un año antes. A partir de entonces toda su vida se centra en encontrar todos los libros donde Jasper Gwyn, escribiendo con otros nombres, ha ocultado los retratos.

Y un día se va a ver al viejecito de las bombillas, que le pregunta cómo hacía los retratos Jasper Gwyn. Y Rebecca le cuenta que solo escribía historias porque todos tenemos una determinada idea de nosotros mismos y a menudo hacemos coincidir esa idea con un determinado personaje imaginario en el que nos reconocemos. Rebecca le dice que Jasper Gwyn le enseñó que no somos personajes, somos historias. Y que a veces nos quedamos parados en la idea de ser un personaje y lo que tendríamos que entender es que nosotros somos toda la historia, no solo ese personaje. Somos el bosque por donde camina, el malo que lo incordia, el barullo que hay alrededor, toda la gente que pasa, el color de las cosas, los ruidos.

—Jasper Gwyn decía que todos somos una página de un libro, pero de un libro que nadie ha escrito nunca y que en vano buscamos en las estanterías de nuestra mente. Me dijo que lo que estaba intentando hacer era escribir ese libro para la gente que iba a verlo. Las páginas justas. Estaba seguro de poder conseguirlo.

Por eso leemos. Por eso buscamos en los libros. Para encontrarnos. Por eso nos reconocemos en historias lejanas que nos cuentan historias de ballenas, de lugar recónditos donde las cosas todavía no tienen nombre, de hombres transformados en insectos, y nos reconocemos, y nos emocionamos, y eso nos salva, nos explica, nos abriga, nos enseña, nos hace crecer.

Ese ha sido el mayor placer de mi vida. Leer. Buscarme en las historias. Y contarlo.

Agradecimientos

Este libro no existiría sin David Trías, mi editor. Ha sido quien más me ha animado a escribir, en tiempos difíciles. Gracias por tu amistad, tu talento y tu profesionalidad. Y gracias a Cristina Lomba, que me preguntaba una y otra vez cómo iba el libro y que me ha cuidado durante todo el proceso.

Quiero agradecer su apoyo a mis amigos, los Tipitis. Gracias por aguantar mis turras y mis noticias, por preguntarme, cada vez que nos veíamos, cuántos capítulos llevaba, por animarme y por escucharme hablar de libros, todo el rato. Teneros a mi lado es un privilegio. Seguiremos celebrando.

Gracias a Paloma, mi hermana, siempre preocupada por mí, desde lejos, desde hace tanto tiempo. Por estar, sin embargo, tan cerca. Gracias por buscar billetes de avión antes de que el libro estuviera siquiera corregido.

Gracias a Cristina, encontrada, al fin, por acompañarme, por leer por encima de mi hombro, por emocionarse con cada capítulo, por corregir los textos con tanto cariño y tanto talento, por la complicidad, por la admiración, por las risas, por el tiempo, por la felicidad, por el amor. Este libro contiene tu voz, además de la mía, la voz de quien soy cuando estoy contigo.